칭다오 영사의 생생한 현장 리포트

특명,
재외국민을
보호하라

명,

재외국민을

보호하라

강원

칭다오 영사의 생생한 현장 리포트

생각나눔

차례

제4장 | 기억에 남는 사건·사고

제5장 | 타국에서 외로운 죽음을 맞이한 한국인들

프롤로그

　　내가 4년간 근무했던 칭다오 총영사관은 사건 사고 발생 건수가 전 세계 공관 중에서 3위에 해당할 정도로 많은 곳이었다. 나는 휴일은커녕 명절도 없이 밤이나 낮이나 전화가 오면 사건 현장으로 달려나갔다. 목숨을 담보로 하여 시간을 다투는 사건들도 비일비재했고 그런 사건이 하나씩 해결될 때마다 가슴을 쓸어내려야 했다.

　낯선 나라에서 그 수많은 사건을 해낼 수 있었던 원동력은 종교의 힘도 있었다. 나는 가톨릭 신자로 하느님께서 나라는 연약한 존재를 통해 그런 힘든 일을 해낼 기회를 주셨다고 생각했다. 그래서 늘 감사한 마음으로 현장으로 달려나갔고, 내가 할 수 있는 한 최선을 다해 사건을 처리했다고 자부한다.

　지금까지 중국 현장에서 영사가 하는 일들을 쓴 책은 경험을 통해서 쓰인 내용보다는 통계와 수치, 혹은 피상적인 안내 책자에 불과한 것이 많았다고 생각한다. 그래서 내가 영사의 신분으로 몸소 체험한 현장의 생생한 이야기를 쓰면 실제로 중국 방문을 하는 사람들에게 조금이나마 도움이 될 수 있고, 중국 사회를 이해하는 폭도 넓어지지 않을까 하는 마음에 이 책을 쓰게 되었다.

　그리고 무엇보다 내가 중국에서 생활하면서 느꼈던 불편한 진실은 바로 우리 중국 동포에 대한 오해와 잘못된 편견이다. 이 책에서도 여러 번 언급했지만, 중국 동포들은 생각했던 것보다 훨씬 잘살고 있고, 대한민국 일이라면 언제든 앞장서서 도우려고 많은 노력을 기울이고 있다.

도올 김용옥 교수가 칭다오에서 강연을 한 적이 있다. 여러 이야기를 했지만, 나는 그중에 "조선족은 한국의 소중한 자산이며 조선족과 한국인 간의 화합은 중국에서 한민족의 미래를 만드는 중요한 요소가 될 것."이라는 말에 공감한다.

흔히 우리가 알고있는 조선족 동포들은 영화 「청년경찰」에 등장하는 왜곡된 인물들이 아니라는 점, 그리고 그들에 대한 오해와 편견도 풀어주고 싶었다. 결국, 우리가 조선족이라고 부르는 중국 교포들이 우리가 중국에 진출할 때 본격적인 교두보 역할을 할 수 있으리라 생각한다. 따라서 우리가 먼저 편견을 버리고 그들의 손을 잡을 때 서로 이해하고 우리 대한민국의 기상을 펼칠 수 있을 것이다.

산둥성은 한국과의 지리적 근접성 및 친근한 환경, 코리아타운 형성에 따른 생활편의 등을 이유로 안전사고, 국외도피사범, 불법체류자가 급증하고 있으며, 최근에는 보이스피싱, 스포츠토토 등 범죄 목적 입국자 등이 급증하고 그에 따른 공범 상호 간 납치, 감금, 폭행 및 마약 사범 등 범죄도 증가하고 있다.

특히 중국에 장기체류하거나 출장차 방문한 40대 이상의 중년 남성이 심근경색, 호흡곤란 등으로 사망하는 경우가 많은데, 이는 도수가 높은 중국 술을 과음한 것이 상당 부분 영향을 미친 것으로 보인다. 또 이외에도 골프장 안전사고, 교통사고 등 많은 사건이 발생하고 있어 주의를 요한다.

재외공관을 찾는 우리 국민에게 한 가지 부탁드리고 싶은 것이 있다. 우리는 주재국의 법령을 준수하고, 법의 테두리 내에서 영사 서비스를 제공하기 때문에 다른 나라의 법을 어겨가면서까지 무리한 요청을 해결할 수 없다는 점을 이해해주셨으면 한다. 가령 한국에서는 채권추심 과정에서 협박을 가하거나 신변에 위협을 가하면 그 자체로도 문제가 되는데, 중국에서는 개인 간에 처리해야 할 민사 사안 정도로 여기고 있고, 우리 영사에게는 집행권한이 없어 중국 공안도 매우 소극적으로 대응하는 경우가 많다. 사실 그런 부분에 대해서는 우리 영사관 직원들도 답답함을 느끼고 있다. 다만 그러한 어려움이 있다는 점을 우리 국민께서 이해해주시기를 바랄 뿐이다.

또 본문에도 언급했지만, 출국금지 명령을 받은 우리 국민은 출국금지를 해제할 방법이 없는 경우가 많고, 중국에서는 긴급구호를 받을 수 없는 상황이 비일비재했다. 그러나 병들어 죽어가는 사람을 보고만 있을 수 없어 한국에 있는 가족을 찾아 어렵게 통화를 해서 제발 가족애를 보여달라고 애원해도 이미 오래전 인연을 끊은 사람이라면서 도와줄 수 없다는 차가운 대답이 돌아오는 경우가 대부분이었다.

그 어느 병원에서도 받아주지 않는 환자를 길바닥에 그대로 버려둘 수 없어 이곳저곳 보호시설을 찾아 고생하던 동료들의 애쓰는 모습도 눈에 선하고, 아무도 받아주지 않던 우리 국민 환자를 "같은 핏줄인데 좀 봐주십시오."라고 막무가내로 밀어붙였던 나의 무례한 부탁을 단 한 번도 거절한 적 없이 흔쾌히 받아주시고 간호를 해주셨던 백두산 양로원 손옥남 설립자님과 김설화 원장님께도 진심으로 감사드린다.

그 외에도 감사를 드릴 분들이 너무 많다. 무료변호를 도맡아 해주던 최옥금 변호사, 언제나 필요한 병원비며 경비를 선뜻 기부해주셨던 한인사회 단체장들, 도움의 손길을 외면하지 않고 가장 빨리 달려와 도와주시던 그분들에게 받은 고마운 마음을 어떻게 갚을 수 있을까…? 그러나 어느새 시간은 흘러 입은 은혜를 갚지 못하고 임기가 다해 한국으로 돌아오게 되었다.

한국으로 돌아와 나는 내가 할 수 있는 일을 해서 고마움을 갚아 나가기로 했다. 그래서 중국 교포가 많은 대림동에 법률사무소를 열고 한국에서 불이익을 당하는 우리 교포들에게 도움의 손길을 내미는 방법을 선택했다. 또 중국에 진출하고자 하는 한국인들에게도 역시 도움을 주고 싶다.

지금도 수많은 사건을 해결하기 위해 발로 뛰며 고생하는 해외의 우리 영사관 직원들에게 감사를 드린다. 아울러 부족하고 투박하지만 진솔한 마음을 담아서 출간하는 이 책이 중국에서 생활하는 우리 국민에게 조금이나마 도움이 되기를 바라는 마음이 간절하다.

2020년 12월 이강원

손으로, 발로, 온몸으로

한국인들의 중국사랑은 남다릅니다. 조선 시대 중국에 한 번도 가본 적이 없는 우리 선조들은 시문(詩文)을 통하여 중국 사랑에 빠지게 되었지요. 그때는 사서삼경을 어려서 다 떼면 천재 소리를 들었다 합니다. 고전 이야기에 머무르지 않고 문물에 관한 이야기를 하자면, 근대에 들어 서양 문물과 선진과학이 들어오면서 일본 사랑, 미국 사랑에 빠지는 현상도 일어났습니다.

우리 민족의 도전정신과 이문화(異文化)에 대한 호기심과 이를 좋아하는 마음은 예나 지금이나 다를 바가 없습니다. 그래서 우리 국민은 해외에 가장 많이 나가는 국민이 되었습니다. 아는 것만으로는 부족하다고 생각한 나머지, 몸소 외국에 나가서 보고 즐기는 것이 일상처럼 되었습니다. 즐기는 것이 최선이라는 2500년 전 공자의 가르침을 떠올리게 합니다.

"知之者不如好之者, 好之者不如樂之者."(아는 것은 좋아하는 것만 못하고, 좋아하는 것은 즐기는 것만 못하니라.) 이는 외교관이 해외 근무지에서 가져야 할 기본적인 마음가짐이기도 합니다.

외교관들이 평소 업무수행에서 가장 중점을 두고 노력을 기울이는 부분은 주재국 인사들과 좋은 인적 네트워크를 구축하는 것입니다. 주재국의 인사들과 좋은 '꽌시'를 유지하고 신뢰를 쌓아서 서로 정보를 교환하고 필요한 일이 있으면 도움을 주고받게 됩니다. 다양한 부서의 핵심 인사들과 개인적인 인간관계가 튼튼해야 일을 잘 처리할 수 있고 유능한 외교관으로 인정받게 됩니다.

이강원 영사님과의 소중한 인연을 가져다준 곳은 주칭다오 총영사관입니다. 이 영사님은 2014년 2월부터 4년간 영사로 재직하면서 사건·사고에 연루된 우리 국민에게 도움을 주는 재외국민보호 업무 담당 영사였습니다. 이 영사님의 중국사랑 또한 남다릅니다. 이 영사님의 중국사랑은 짝사랑이 아니라, 양방통행이었습니다. 그는 만나는 중국인들이 한국에 대하여, 특히 이 영사 본인에 대하여 매우 호감이 가게 하는 특유의 재능을 지닌 유능한 외교관이었습니다. 그가 구축한 '꽌시'는 자주 빛을 발휘했습니다. 그의 친화력과 인간적인 면모는 현지 한인사회와 동포사회에도 잘 알려진 미담이었습니다.

2017년 5월 9일의 웨이하이 유치원 차량 참사는 돌이켜보고 싶지 않은 가슴 아픈 사건이었습니다. 42일간의 대응 과정이 매우 어려운 일들의 연속이었으며 이 영사님의 헌신적 활약과 평소 그가 구축해놓은 '꽌시' 덕에 잘 수습할 수 있었습니다.

이 영사님은 하루도 거르지 않고 '11 천사'의 가족들과 함께했습니다. 슬픔을 함께 나누고 언제나 그들의 처지에서 해결하려고 노력했습니다. 가족들이 있는 곳에 항상 그가 있었고, 가족들이 찾을 때는 언제나 기꺼이 달려갔습니다. 하루의 시작과 마무리도 가족들과 함께했습니다. 이 기회에 이 영사님의 노고를 치하합니다. 그리고 11천사들이 못다 한 꿈을 하느님의 나라에서 꼭 이루기를 두 손 모아 기도합니다.

이강원 영사님께서 중국 산둥성을 무대로 활약하신 외교관 생활과 장기간 공직생활의 어제와 오늘을 담은 『특명, 재외국민을 보호하라』를 출판하게 된 것을 진심으로 축하드립니다. 이 영사님의 언(言)과 행(行)은 항상 풍족함을 느끼게 합니다.

"一言以蔽之, 手之舞之足之蹈之也."

한마디로 표현하자면, 손으로 하다 발로하다 온몸을 던져서 하는 모습입니다. 이 책을 통하여 이 영사님의 인간미와 함께 따뜻한 배려의 마음과 풍요로움을 공감해 보시기를 권유합니다.

2020년 12월 좋은 날
제10대 주칭다오 대한민국 총영사관 총영사 이수존

실천하는 양심, 실천하는 영사

이강원 영사가 본국으로 돌아간 뒤 칭다오에서의 외교관 생활을 정리하여 책으로 출간한다는 소식을 듣고 너무나도 기뻤다. 한밤중에도 교민들을 위해 달려왔던 그의 영사 생활이 책자로 엮으면 얼마나 흥미로운 일들이 많을까 기대되었다.

뒤돌아보면 이강원 영사와의 만남은 운명적으로 이어졌다고 생각된다. 연변일보 칭다오 지사장으로 근무하면서 처음 만난 이강원 영사는 다부진 몸매에 서글서글한 눈빛과 탄력 있는 발걸음이 인상적이었다. 경찰 출신 영사라고 들었는데 몸에 밴 직업적인 특성은 숨길 수 없구나, 그런 느낌을 받았다.

어느 날, 교민단체 모임이 있을 때의 일이다. 교민 담당 영사가 없기에 사적으로 이 영사에게 나는 축사를 부탁했다. 부탁하면서도 솔직히 그가 들어줄까 걱정이 되었다.

"알겠습니다. 어떤 내용으로 하면 되겠습니까?"

뜻밖에 이 영사는 조금도 귀찮아하는 기색 없이 말했다.

"조선족 행사니까, 그냥 편하게 올라가셔서 덕담 몇 마디 해주시면 됩니다."

그는 망설이지 않고 마이크 앞에 섰다.

그날 행사에서 나는 이강원 영사의 축사를 처음으로 들었다. 그는 다른 사람들처럼 미리 준비해 온 연설문을 주머니에서 꺼내 읽지 않고 머릿속에 있는 말들을 관객들과 이야기하듯이 소통하면서 차분하게 축사를 했다. 그의 말은 이내 관중석을 휘어잡는 카리스마를 보여주었다.

외교관들이 흔히 보여주는 형식적인 인사가 아닌, 마치 고향 친인척들과 대화를 나누는 듯한 풋풋한 인사말이 인상적이었다. 한중 친선과 교민들, 그리고 조선족들의 화합을 위해 최선을 다하겠다는 말에 관중석에서는 박수갈채가 터졌다. 그렇게 나는 이 영사와 친분을 갖게 되었다.

이 영사와는 또 다른 인연의 끈이 있다. 어느 날 새벽, 이 영사에게 전화가 걸려왔다.

"허 기자님, 급한 일이 있어서 전화를 드렸습니다. 지금 여기에 여권도 없고 돈도 없는 한국인 한 분이 계시는데, 며칠간 묵게 해줄 수 없겠습니까? 비용은 제가 알아서 드리겠습니다."

나는 이 영사의 부탁에 흔쾌히 응했다.

"네, 오십시오. 이 영사님 부탁이라면 얼마든지 협조해 드리겠습니다."

알고 보니 보이스피싱 피해를 입은 한국인을 구출하였는데, 오갈 데

가 없어서 전화를 걸었다고 했다. 나는 당시 세한 레포츠에서 오피스
텔을 경영하고 있었던지라 사양하지 말고 보내라고 말했다.

　이 영사와 함께 새벽길을 달려온 사람은 젊은 청년이었다. 취직을 시
켜준다는 친구의 전화를 받고 중국에 왔는데 취직은 사기이고 와서 보
니 보이스피싱이었다고 했다. 그는 오자마자 여권과 휴대폰을 빼앗겼
고 두들겨 맞기까지 했다고 한다.

　"중국 공안에 신고하시지 그러십니까?"

　나는 이 영사에게 물었다.

　"물론 신고를 했습니다. 그러나 아시다시피 이런 사람들은 자꾸 자리
를 바꿔서 활동하기 때문에 행적을 파악하기 힘듭니다."

　이 영사는 생각 같아서는 범죄 소굴에 뛰어들어 그들을 박살 내고
싶지만, 신분이 외교관이라 그럴 수도 없다고 말했다. 함께 있는 젊은
청년은 어찌나 혼이 났던지 넋을 잃은 것만 같았다. 이 영사의 말에 의
하면 그는 협박에 못 이겨 부모님에게도 전화를 걸었고 근 천만 원 정
도의 피해를 보았다고 했다.

　"저런 친구들은 구출했다고 해서 그냥 두어서는 안 됩니다. 심리 안정
도 시켜야 하고 새로운 출발을 할 수 있도록 심신을 보살펴야 합니다."

이 영사는 그 청년이 체류하는 동안 하루도 빠지지 않고 와서 불편한 것이 없는지 돌보아주었고 청년의 얼어든 가슴을 형제 같은 우애로 풀어주었다.

무사히 출국한 날, 그 청년은 이 영사의 손을 잡고 말했다.

"영사님 덕분에 저는 호랑이 굴에서 탈출할 수 있었습니다. 어떻게 감사를 드려야 할지 모르겠습니다…"

이런 일화는 또 있다. 어느 날 한밤중에 역시 이 영사가 전화를 걸어왔다.

"기자님, 여기에 의지할 데가 없는 사람이 있는데, 협조 좀 부탁드리겠습니다."

나는 아무것도 묻지 않고 선뜻 보내라고 하였다. 이 영사가 협조를 부탁한다면 정말 다급한 경우가 대부분이었기 때문이었다.

잠시 후 이 영사는 한 남자를 보냈다. 그는 승용차 문이 비좁을 정도로 배가 남산만 했는데 이미 중병에 걸린 환자였다. 이야기를 들어보니 그는 회사가 망해서 현재 빚더미에 앉았고 몸은 병이 들었으며 가족 중에서 연락이 닿는 사람이 없다고 했다. 이 영사는 일단 볼모로 잡힌 사람을 성공적으로 구출해 내기는 했으나, 역시 안심하고 보낼 곳이 없었다고 고마워했다.

"이 영사님 덕분에 살아났습니다."

그 사람은 나에게 이 영사가 위험을 무릅쓰고 달려왔기에 구출될 수 있었다고 말했다. 이 영사는 모든 비용은 알아서 해드릴 것이니 우선 이분을 잘 보살펴 달라고 거듭 부탁했다.

"볼모로 잡힌 사람들을 구출하려면 위험도 따르는 법인데 무섭지 않던가요?"

나중에 나는 이 영사를 만나 따뜻한 커피 한 잔을 따라 주면서 물었다.

"대한민국 국민을 위해 최선을 다하는 것은 대한민국 외교관의 응당한 책무라고 생각합니다."

이 영사는 자신이 당연히 해야 할 일을 했을 뿐이라고 대답했다. 이 영사는 이번에도 그 사람을 위해 날마다 찾아왔고 불편한 것이 없는지 일일이 체크했다.

베트남과 필리핀에서 사업을 하다가 중국에 온 한국인 권 사장은 이 영사가 날마다 그 사람을 찾아와 안부를 전하는 것을 보고 감탄하며 말했다.

"저런 영사님을 만난 것을 축복으로 생각해야 합니다. 어디에 가서도 저런 영사는 못 만납니다."

얼마 후 그 사람은 이 영사 덕분에 양로원에 모셔졌으나 안타깝게 양로원에서 인생을 마감했다. 이 영사는 생면부지의 한국인의 마지막을 지켜준 칭다오 백두산 양로원에 감사패를 전달하고 양로원 원장과 나를 청해 맛있는 음식을 사주었다.

지난 몇 년간 이 영사와 나는 한밤중에도 전화할 수 있는 친밀한 관계를 유지했고 이 영사의 전화는 24시간 오픈되어있었다. 그는 호방한 성격이다 보니 친구도 많았고 대인관계가 원만했다. 그리고 그가 영사로 있던 지난 4년간 '문제의 한국인'들은 모두 우리 오피스텔에 와서 투숙했다.

섭외호텔이 아닌 자그마한 오피스텔에서 내가 여권도 없고 돈도 없는 한국인을 먹여주고 재워줄 수 있었던 것은 전적으로 이 영사와의 친분이 있었기 때문에 가능했다.

이후 칭다오 모 단체에서 칭다오의 한민족역사를 정리하는 공정을 기획하였다. 나는 '발로 뛰는 영사'로 이강원 영사를 추천하겠다고 하였다. 그러나 아쉽게도 그 공정은 흐지부지해지고 말았고, 나 역시 이강원 영사를 '발로 뛰는 영사'로 추천하려던 생각을 접어야 했다.

이 영사는 임기를 마치고 본국으로 돌아간 후 해양경찰청으로 복귀하였다는 소식을 전해 들었다. 언제나 투철한 사명감과 나라에 대한 절대적인 충성심을 가진 그가 꼭 바다의 '수호신'이 되리라 생각했다. 그리고 얼마 후 다시 좋은 소식이 날아들었다. 그가 법률사무소를 차렸다는 소식이었다.

나는 무릎을 '탁' 쳤다. 법률사무소야말로 그에게 안성 맞춤한 일이라는 생각이 들었기 때문이었다. 어떤 일이든 몸소 실천하는 영사, 불의를 보면 참지 못하는 영사, 나는 이강원 영사가 어디에서 무슨 일을 하며 살던 결코 양심을 저버리는 일은 하지 않으리라는 것을 믿어 의심치 않는다. 끝으로 칭다오의 체험담을 생생하게 기록한 책을 낸 이강원 영사님을 진심으로 축하하며 어떤 내용이 쓰여 있을지 기대를 해본다.

2020년 12월 9일

연변일보 칭다오 지사장 허강일

"이강원 영사님이 떠난 그 자리, 너무 크고 허전해…."

칭다오에 사는 교민과 조선족 동포들은 아직도 이강원 영사님을 잊지 못하고 그리워하고 있다.

이강원 영사님은 2014년 2월부터 주칭다오총영사관에서 사건·사고에 연루된 교민들을 보호하고 도움을 주는 재외국민보호 업무 담당 영사로 재직하셨다. 당시 그는 도움이 필요한 사람들에게 언제 어디서나 연락만 하면 손을 내밀어 주는 따뜻하고도 정의로운 영사님이셨다.

이강원 영사님의 친화력은 정말 대단했다. 사건이 생기면 중국 공안국과 밀고 당기는 밀당이 필요했는데, 외교 관계상 어려운 일에도 그가 나서면 중국 공안도 이강원 영사님의 열정과 교민들을 사랑하는 마음에 감동하여, 일 처리가 쉽게 풀리곤 했다. 그는 밤낮을 가리지 않고 교민을 위하여 봉사하였다.

칭다오 현지에서는 사건·사고에 연루된 한국 교민들이 많이 발생했다. 그 당시만 해도 정말 많은 사고가 발생했는데 그때마다 그 자리에는 어김없이 이강원 영사님이 계셨다.

또 그의 철학은 나를 감동시켰다. "대한민국을 망신시키고 교민의 위상을 떨어뜨리는 사람일지언정 죄를 지은 사람 역시 대한민국 국민 아니겠냐고, 우리가 신경 안 쓰면 그 사람은 누가 대변하겠느냐?"라고 열변을 토하던 이강원 영사님이 생각난다.

2016년 설날, 현지 교도소에 들어간 교민들을 위하여 "명절이니까 이 사람들 얼마나 고향 생각이 나겠습니까? 회장님, 이분들에게 먹을 수 있는 식품을 전달했으면 합니다."라는 제안을 받아서 이강원 영사님과 함께 전달한 기억도 있다.

이강원 영사님의 따뜻한 마음이 또 한 번 나를 감동시킨 적이 있었다. 바로 중국 웨이하이에서 유치원 차량 화재로 한국 어린이 11명 등 모두 12명이 사망한 사고가 있었을 때의 일이다.

한국 국적 4~7세 어린이를 포함하여 총 11명의 원아를 태우고 경제개발구에 위치한 중세국제유치원으로 이동하던 통학버스가 교통사고로 인해 화재가 발생하여 통학버스에 탑승 중인 원아 11명과 차량 운전기사가 현장에서 사망한 큰 사건이 발생했다. 한국인 어린이 11명이 사망한 사건으로 한국 및 중국 언론에 보도된 대형사건이었다.

당시 이강원 영사님은 화마가 우리 아이들을 할퀴고 간 그 끔찍한 사고 현장에서 그 어린 천사들이 얼마나 큰 고통 속에서 신음하면서 세상을 떠났을까를 생각하는 것 자체가 큰 충격이라고 괴로워하셨다.

그리고 중국 정부와의 협조체제 구축 및 언론 대응 방안 등에 필요한 조치를 이행함으로써 신속한 초기대응이 이루어지도록 하셨다. 오랜 기간 재외국민 보호업무를 경험했던 외교관의 노련함을 엿볼 수 있었다.

이강원 영사님은 사고대책 본부를 마련하고, 웨이하이시 정부 시장님이 직접 나와 현장 지도를 하고 공안국장 등 정부 관계자들의 협조를 부탁하여 신속한 조치가 이루어질 수 있었다.

웨이하이시에 숙소를 마련하고 유가족들이 마음을 안정시킬 수 있도록 따뜻하게 보살피고 걱정하지 마시라고, 총영사관을 믿고 기다려 달라고 하는 배려심에 유가족도 안정을 찾고 협조를 해주었다. 사고에서 수습, 보상까지 2개월이란 긴 시간 동안 제대로 씻지도 못하고 잠도 쪽잠을 자면서 헌신적으로 봉사한 결과 웨이하이시 교민과 칭다오시 교민들로부터 뜨거운 찬사와 격려를 받았다.

대한민국에 이강원 영사님 같은 공무원이 있다는 사실에 교민의 한 사람으로서 자랑스럽게 생각한다. 그의 진심을 느껴서인지 그는 중국 본토 사람들과 조선족 동포 사이에 인기가 대단했다. 그래서 힘들고 어려운 일이 생기면 이강원 영사님을 찾는 사람들이 많아졌다.

이강원 영사님은 노래도 잘 불러서 한국주간축제 때 초청가수로 초대하여 교민들 화합에 큰 도움이 되었다. 비록 지금은 한국에 계시지만 아직도 이강원 영사님을 그리워하는 교민들이 많이 있고 나도 그 시절이 그립다.

이번에 한국으로 귀국한 이강원 영사님이 칭다오 영사 시절 겪었던 일들을 생생하게 기록해 책으로 낸다는 소식을 듣고 매우 반가웠다. 아마 이 책은 중국을 찾는 한국 사람이나 중국에 거주하는 우리 교민들에게 좋은 길잡이가 될 것을 믿어 의심치 않는다. 바쁜 시간을 쪼개 책을 집필하신 이강원 영사님의 노고에 감사드리고 아울러 그의 무궁한 발전과 건강을 기원한다.

칭다오 한국인(상)회 회장 이덕호

제1장

-

열한 명 우리 천사들을 기리며...

중세유치원 통학버스 방화사건 1

2017. 5. 9. 11:50 한 통의 급박한 전화

2017년 5월 9일, 아침부터 이슬비가 부슬부슬 내리던 날이었다. 오전 11시 50분경 중국 웨이하이 한인상공회 김종유 회장으로부터 급박한 전화 한 통이 걸려왔다.

"이 영사님, 큰일 났습니다! 오늘 아침 9시 무렵인데요. 웨이하이시 고기술개발구를 출발한 중세국제학교 유치부 차량이 타오쟈쾅 터널을 통과하던 중 화재가 발생한 것으로 보입니다. 공안이 출입구를 통제하고 있고, 통학버스에 있는 지도교사와는 연락이 닿지 않는 상황입니다. 학교에서도 지금 여러 방면으로 알아보고 있지만, 아무래도 큰 사고가 발생한 것 같습니다. 상황이 매우 위급하니 영사님이 직접 현장으로 출동해서 조치해야 할 듯합니다."

김종유 한인상공회 회장은 사고 관련 상황 파악이 아직 안 됐고, 유치원생들의 행방이 묘연하다고 전했다. 통학버스의 터널 통과 시각은 일반적으로 대략 오전 9시 전후, 이 터널을 통과하는 데에는 출근 시간임을 고려하더라도 채 5분을 초과하지 않는 게 일반적이었다. 그런데 정오가 다 되어가도록 터널 출입은 중국 공안들에 의해 통제되었고 중세학교 측과 한인회가 여러모로 알아보고 상황을 파악하려고 했으나, 방법이 없다면서 사고 상황의 위급함을 알려온 것이다.

전화를 받는 순간부터 나는 분명 대형 사고가 발생했다는 것을 직감적으로 느낄 수 있었다. 엄습해오는 불안감을 떨쳐낼 수가 없었다. 나는 즉시 이수존 총영사님에게 상황을 보고하고 현장으로 출발하면서 계속해서 확인되는 상황을 긴급으로 보고하겠다고 하였다.

점심도 거른 채 무작정 현장으로 출발하면서 여러 가지 상황을 추측해보았다. 통학버스가 터널을 통과하는 시간이 대략 오전 9시 전후이고, 이 터널을 통과하는 데에는 출근 시간임을 고려하더라도 채 5분을 초과하지 않을 것이다. 그런데 정오가 다 되어가도록 통학버스에 같이 탑승한 지도교사와 연락이 닿지 않고 있고, 더군다나 터널 입구가 중국 공안들에 의해 통제되었음에도 우리 아이들의 행방은 묘연한 상황이다. '그렇다면, 아! 이를 어찌하면 좋단 말인가?' 제발 내가 예상한 그런 끔찍한 참사가 일어나지 않기만을 간절히 기도하면서 이동하였다.

칭다오 총영사관에서 웨이하이 타오쟈쾅 현장까지는 약 300km의 거리였다. 아무리 빨리 달려도 3시간은 족히 걸리는 거리였다. 상황이 제대로 파악되지 않아 조급한 마음이 가득했다. 차량으로 이동하는 중에 웨이하이 중세국제학교 행정실장, 김종유 한인회장, 최현철 영사협력원, 웨이하이시 공안국, 웨이하이시 정부 외사판공실 관계자 등 모든 인맥을 동원해 상황을 체크하면서 취득한 내용을 총영사관에 보고하였고, 공관 사고대책반에서는 외교부에 관련 사항을 보고하고, 사고 수습지원을 위한 현장대책반을 꾸려나감과 동시에 언론사의 취재 요청에 대응하는 체제로 신속히 움직이기 시작했다.

현장으로 이동 중 날아든 비보

사고 현장으로 이동하는 차 안에서 웨이하이시 외사판공실 양즈웨이 주임으로부터 청천벽력과도 같은 소식이 전해졌다. 양주임으로부터 최초로 청취한 사고 발생 경위와 피해 상황은 다음과 같다.

산둥성 웨이하이시 고기술개발구에 거주하는 한국 국적 4~7세 어린이를 포함하여 총 11명의 원아를 태우고 경제개발구에 위치한 중세국제유치원으로 이동하던 통학버스가 교통사고로 인해 화재가 발생하여 통학버스에 탑승 중인 원아 11명과 차량 운전기사가 현장에서 사망하고 중국인 인솔 교사는 중화상을 입고 인근 웨이하이 시립병원에 이송되었다는 것이다.

나는 그때까지 파악된 상황을 총영사에게 즉시 보고하고, 피해자 명단을 파악하는 데 주력하였다. 나의 보고를 받은 이수존 총영사는 긴급회의를 소집하여 웨이하이 현지에 현장지휘본부를 설치하고 총영사관과 현장 지휘본부의 역할 분담을 조율하게 하였고, 외교부에 긴급전문을 보고하고 이를 바탕으로 신속대응팀 파견 여부에 관한 검토, 건의를 했다.

또한, 중국 정부와의 협조체제 구축 및 언론 대응 방안 등 필요한 조치 내역을 빠짐없이 지시함으로써 초기대응이 신속하게 이루어지도록 하였다. 오랜 기간 재외국민 보호업무를 경험했던 외교관으로서의 노련함이 돋보이는 신속한 조치였다.

2017. 5. 9. 15:00 웨이하이시 정부 장후이 시장의 사고브리핑

사고 발생 사실을 처음으로 연락받은 나는 사고 당일 오후 3시경에 사고 현장인 타오쟈쾅 터널 입구에 도착했다. 터널 앞에는 버스를 사무 공간으로 개조한 웨이하이시 사고대책본부가 마련되어있었고, 웨이하이시 장후이 시장이 직접 나와 현장을 지휘하고 있었다.

중세유치원 통학버스 사고현장(타오쟈쾅 터널 입구)

나는 사고 현장 도착 즉시 웨이하이시 장후이 시장과 중국 측 사고 현장 책임자로 웨이하이시 공안국장을 겸직하고있는 이에리원 부시장으로부터 사고가 발생한 경위와 한국인 피해자 명단, 피해자에 대한 후속 조치 등에 관한 설명을 들었다.

나는 사고가 발생한 경위와 한국인 피해자 명단에 대해 꼼꼼하게 물었다. 나와 평소 친분이 있던 장 시장은 나를 보자마자 망연자실한 표정을 지으면서 한국인 피해자에 대해 진심 어린 위로의 말을 전하고 그간 웨이하이시 정부가 조치한 사항에 대해 상세히 설명해주었다.

웨이하이시 정부는 09:00경 터널 내부에서 쓰레기 청소 차량과 통학버스가 충돌하여 화재가 발생하였고, 사고 발생 즉시 신고를 접수하여 공안 및 소방당국, 구조대원 등이 출동하여 구조작업을 진행하였고, 09:27경 차량 화재에 대한 진화를 종료하였으며, 웨이하이시에 있는 3개 병원의 구급 차량 4대를 이용하여 희생된 사망자 12명을 수습하고 중상인 인솔 교사에 대해서는 웨이하이시립병원에 후송하여 응급조치하고 있으며, 통학버스 전면부 출입구 앞에서 어린 여자아이와 중국인 여성 인솔 교사가 몸에 불이 붙은 채로 발견되었고, 중국인 운전기사와 나머지 원아는 모두 통학버스 내부에서 불에 타 숨진 채 발견되었는데 사망한 원아 중 한국인이 4명이고, 중국인이 7명이라고 했다.

봉황망(鳳凰網) 등 일부 중국 매체에 따르면 출근 시간 러시아워로 소방차가 현장에 늦게 도착했고, 게다가 주변 차량은 불이 붙은 버스를 보고도 그냥 지나치거나 일부 운전자들은 차를 세우고 사진 찍기에만 열을 올렸다는 보도도 있었기에 나는 장 시장의 설명을 듣고 그 자리에서 이해되지 않는 의문점에 대해 재차 물었다.

평소 출퇴근 시간대의 타오쟈쾅 터널 내부는 차량 이동량이 많아 지체구간임에 비추어 설령 앞차와 충돌이 있었다고 해도 차량 화재로 이어지기가 어려운 상황이고, 설령 차량 화재가 발생하였다 해도 차량이 전소되기 전에 성인인 운전기사와 인솔 교사에 의해 충분히 화재가 진압될 수 있었을 것이며, 왕래하는 차량에 의해 발견되어 차량이 전소되기 전에 원아들의 구출이 충분히 가능했을 것이라는 점을 들어 어떻게 상황이 이처럼 최악으로 치달을 수 있었는지에 대해 추궁하듯 따져 물으면서 사고 원인조사 과정과 화재 발생 초기에 진화가 제대로 이루어지지 않은 점에 대해 다그치듯 캐물었다.

이에 장 시장은 "현재 과학적이고 신중한 조사가 진행 중이고, 그 결과가 아직 나오지 않았다."라면서 신속한 사고 경위를 파악한 후 총영사관에 즉시 알려주겠다고 했다. 장 시장은 나에게 한국인 어린이가 마치 4명뿐이라고 설명하였으나, 웨이하이 중세 국제학교는 모두 한국인들만 입학이 허락된 교육기관이기 때문에 희생된 11명의 원아 모두는 우리 국민 자녀가 명약관화했고, 피해자의 부모들이 한-중 국제결혼을 통해 자녀를 낳았기 때문에 복수국적자 신분이라서 중국 정부 입장에서는 복수국적자를 중국 국적으로 여기는 것으로 판단하였다.

나는 장 시장에게 공정하고 신속한 사고원인 조사, 희생자들의 정확한 신원파악, 터널 내부에 진입하여 현장 확인이 이루어질 수 있도록 요청하고, 웨이하이시 정부의 브리핑 내용을 전화로 정리하여 전문을 통해 외교부에 보고하였다.

2017. 5. 9. 16:00 터널 내부 진입, 화마가 할퀴고 간 현장

웨이하이시 정부 이에(ye) 부시장의 안내로 사고가 발생했던 타오쟈쾅 터널 내부로 들어갔다. 터널 내부는 완전히 통제되어 사고수습 담당 부서 관계자 이외에는 출입이 엄격히 금지된 상태였다. 터널 입구에서 300미터 가량 진입한 지점에서 사고가 발생하였고, 사고가 발생한 지 다섯 시간이 지났음에도 자욱한 연기와 매캐한 냄새로 가득했다.

전소하여 뼈대만 앙상하게 남은 통학버스가 현장의 처참함을 더했다.

화마가 우리 아이들을 할퀴고 간 그 끔찍한 사고 현장에서 그 어린 천사들이 얼마나 큰 고통 속에서 신음하면서 세상을 떠났을까를 생각하는 것 자체가 나에겐 큰 충격이고 고통이었다. 눈앞에 보이는 현실을 받아들일 수 없었다. 너무도 처참하였다. 도대체 이 상황을 어떻게 헤쳐나가야 하고, 아이들의 부모님은 어떻게 대면해야 할지 막막하고 가슴이 답답해서 숨이 막힐 지경이었다.

중세유치원 통학버스 전소된 모습

무거운 발걸음으로 터널을 벗어나는 순간부터 나의 휴대전화기는 각 방송사와 언론사의 문의 전화가 쇄도하였다. 처음에는 MBC 등 일부 방송사 기자의 취재에 응대하였으나, 사고수습과 언론대응을 동시에 진행할 수 없다는 점을 설명하고 총영사관 언론 대응팀에 문의토록 조치하고 현장수습에만 열중하였다.

나는 현장 책임자로서 해외 위난 대응 매뉴얼에 따라 정확한 사고내용과 수습상황을 파악하기 위해 사고 현장에서 웨이하이시 정부로부터 전달받은 통학버스 탑승자 명단과 중세 국제학교 행정실에서 제공한 명단을 비교하면서 총영사관 행정지원팀의 도움을 받아 여권 정보시스템 전산망을 통해 희생자 명단을 파악했다. 현장에서 우리 어린이의 희생자 명단을 확인한 결과 원아 11명 중 한국 국적은 모두 10명이고 나머지 한 명만이 중국 교포 자녀로 확인되었다.

피해자의 부모들이 자녀가 복수국적자임을 공개하는 것에 대해 통상 민감하게 생각하고 있기에 대외 공표 시에는 '한국인 10명(복수국적자), 중국인 1명'과 같이 해당 복수국적자가 가급적 부각되지 않는 방식으로 하는 것이 바람직하다고 판단하였고, 더군다나 총영사관의 입장에서는 주재국의 사고 현장 최고 책임자인 장 시장과의 긴밀한 협조 관계를 유지하면서 신속한 사고수습을 위해 전력을 다해야 하는 상황이었기에 굳이 중국 측에 국적별 희생자 숫자로 마찰을 일으키고 싶지 않아 별다른 반응을 보이지 않으려 노력했다.

2017. 5. 9. 16:30 이수존 총영사 현장 도착 및 총영사의 강력한 당부

나의 보고를 통해 사안의 중대함을 인지한 주칭다오 대한민국 총영사관 이수존 총영사가 사고 당일 16:30경 사고 현장에 도착했다. 총영사는 나와 함께 곧장 터널 앞에 임시로 마련된 웨이하이시 사고 현장 지휘본부에서 사고 발생 경위 및 피해현황에 대한 브리핑을 청취하였다.

그 자리에서 총영사는 유가족의 입장에서 한 치의 오해가 생기거나 의문이 생기지 않도록 철저한 사고조사와 신속한 사후수습을 중국 정부에 여러 차례 당부하였다. 또한, 총영사관과 웨이하이시 정부 간 긴밀한 협조 및 핫라인을 유지하고, 웨이하이시의 책임 있는 당국자가 총영사와 함께 유가족을 직접 만나 현재까지의 상황과 향후 대응 방향에 대한 설명을 요청하였다.

총영사가 웨이하이시 정부 당국자와 대책을 강구하고 있는 도중 재중국 한인회 전용희 수석부회장으로부터 전화가 왔다. 유가족들이 서너 곳의 장소에 분산되어 유가족의 불만이 심각한 상황으로 치닫고 있고, 상황 파악이 전혀 이루어지지 않고 있다는 것이다. 나는 이 상황을 총영사에게 보고한 후, 사고 현장을 벗어나 유가족이 머무는 장소로 이동하였다.

사고 발생 직후, 중국 정부는 자신들의 경험에 비추어 가족을 잃은 유가족들이 한곳에 모여 있으면 그 슬픔이 가중되고 요구사항과 불만도 증가하여 대응이 더 어려워지기 때문에 유가족을 분산하는 것이 관례라고 하였다. 하지만 우리 측에서는 도저히 그 제안을 받아들일 수 없었다.

총영사관과 유가족이 수시로 만나 위로하고 협의를 해야 하는 상황에서 불편이 가중될 우려가 있고, 모든 유가족이 한 장소에 대기하면서 사고수습 과정을 명확하게 확인할 수 있도록 하는 것이 그들에 대한 도리이고, 유가족이 머무는 곳에 현장대책본부를 설치하여 신속한 유가족 지원이 가능하다고 판단했기 때문이었다.

중세유치원 통학버스 방화사건 2

2017. 5. 9. 17:00 유가족들과 첫 대면

나는 사고 현장을 떠나면서 전용희 수석부회장과 통화하여 분산된 상태로 애타게 자녀들의 피해 상황을 기다리는 유가족들을 웨이하이시 고기술개발구에 있는 창웨이 호텔에 모두 모이시도록 해달라고 협조를 요청하였다.

사고 당일 17:00경 아이들의 부모와 조부모, 친지 등 사고 소식을 접한 150여 명의 유가족이 침통한 표정으로 창웨이 호텔 1층 대회의실에 모였다.

슬픔에 잠긴 유가족들을 보는 순간 나는 그 상황에서 고개를 들고 첫인사조차도 차마 건넬 수가 없었다. 그저 고개를 숙이면서 말했다.

"총영사관에서 나온 이강원 영사입니다…. 뭐라고 위로의 말씀을 드려야 할지 모르겠습니다. 중국 당국과 협의하여 최대한 신속하게 사고 수습을 위해 노력하겠습니다…."

"지금 우리 아이들은 어디에 있는 겁니까?"

"어느 병원에 입원해 있는 겁니까?"

"왜 우리 아이들을 못 보도록 통제하는 겁니까?"

"도대체 우리 아이들이 어떻게 된 것인지 말씀해주십시오."

울음 섞인 원망이 여기저기서 쏟아져 나왔다. 아이를 잃은 슬픔으로 가득 찬 가족들과 처음 대면하는 순간에 어설픈 형식적인 인사는 유가족들의 고통을 더 가중시키고 총영사관에 대한 신뢰를 떨어뜨릴 수 있었기에 조심스럽게 대응해야만 했다. 인생을 살아오면서 그때 처한 상황은 나에게 있어 가장 괴롭고도 절망적인 순간으로 기억될 것이다.

한국을 떠나 해외에서 열심히 살아가는 우리 젊은 아빠 엄마들에게 가장 소중한 아이들의 죽음을 어떻게 설명해야 할지, 그 아이들이 그 뜨거운 불구덩이 속에서 얼마나 고통스럽게 우리 곁을 떠나야만 했는지를 설명해야 하는 나의 신세가 참으로 처량했다. 나와 유가족의 만남은 그렇게 시작되었다.

2017. 5. 9. 17:30
웨이하이시 YE 부시장의 브리핑, 신원확인이 어려운 상태

웨이하이시 이에 부시장이 유가족을 대상으로 사건 관련 브리핑을 진행했다. 사고 경위 및 사후 조치 등의 설명에 이어 특히, 희생자 12명 중 성인인 운전기사 이외에 나머지 사망자는 시신 훼손 정도가 심하여 신원확인이 어려운 상태라고 전했다. 사고원인에 대하여 웨이하이시는 사고조사특별팀을 구성하여 산둥성 정부 조사팀과 협력하여 심도 있는 조사를 통해 신속한 조사 결과를 도출하겠으며, 진전사항은 그 즉시 총영사관과 유가족에게 알리겠다고 했다. 이에 부시장의 브리핑이 끝나고 유가족 일동은 긴급대책 회의를 통해 유가족 대표 2명을 선정했다.

2017. 5. 9. 18:30 유가족 대표에게 다짐하는 총영사관의 약속

총영사와 나는 유가족 대표들과 면담을 했다. 총영사는 유가족 대표들에게 위로의 말을 전달하면서, 모든 외교역량을 동원하여 신속한 사고원인 규명과 유가족 지원을 위해 최선을 다하고 향후 발생하는 상황에도 적극적으로 대처할 것을 약속했다. 브리핑을 듣고 온 유가족 대표는 희생자 신원확인이 최우선이라며 무엇보다도 DNA 검사를 가장 먼저 요청했다.

2017. 5. 9. 23:15 1차 DNA 검사 완료

웨이하이시로부터 DNA 1차 검사가 완료되었다는 연락이 왔다. 사고 발생 다음 날 새벽 0시 20분경 현장지휘본부 현장 팀은 유가족과 함께 웨이하이시 빈의관으로 이동하여 싸늘한 주검으로 냉동고에 누워있는 자녀들을 확인했다. 희생된 원아들의 시신은 그 훼손 정도가 너무 심하여 이루 말로 형용할 수 없을 지경이었다. 화마에 의해 시신 일부분만 남은 아이도 있었고, 외관상으로는 도저히 누가 누구인지 구별을 할 수 없을 지경이었다.

2017. 5. 10. 02:00 새벽에 개최된 유가족 대책 회의

자녀들의 시신을 확인한 유가족이 창웨이 호텔에 돌아온

시간은 새벽 2시가 다 되어갈 무렵이었다. 희생된 아이들의 모습을 확인한 부모님들은 그 충격이 너무 커 말을 꺼내지 못했고, 모두가 눈물을 흘리면서 그 현실을 받아들이지 못했다. 유가족 중 실신하여 긴급하게 병원에 후송되는 상황도 발생하였다. 사고 처리를 위해 유가족과 면담을 해야 했지만, 차마 면담 제의도 꺼낼 수 없을 정도로 참담한 심정이었다. 하지만 유가족의 아픔을 함께한다는 심정으로 현장지휘본부는 유가족의 요청사항을 취합하기 시작했다.

유가족의 요청사항은 다음과 같았다.

조속한 사고원인 규명 및 책임자 처벌

유가족의 건강 악화에 대한 대책

유가족의 침식 및 생필품 제공

국내 체류 유가족의 중국 방문을 위한 조속한 비자 발급

사건 처리를 위한 통역 서비스 등

빈의관 추가 방문

사고 현장(터널 방문)

분향소 설치

나는 곧 대처방안으로 건강 상태를 체크할 의료진 배치 등을 중국 측에 요청하였고 최우선으로 유가족의 심리적인 안정과 쇼크 등을 방지하기 위해 심리상담사를 통한 외출 프로그램 등 심리치료를 병행하여 유가족의 건강과 심리안정에 주안점을 두었다.

2017. 5. 10. 17:10 사고 현장에서의 희생자 헌화식

웨이하이시의 협조로 사고 현장 교통을 통제한 후 유가족이 직접 사고 현장에 방문하여 살펴보고 희생자의 넋을 기리기 위한 헌화식이 이루어졌다.

물론 사고 현장이 눈물바다가 되었음은 굳이 설명하지 않아도 충분히 가늠할 수 있을 것이다.

중세유치원 통학버스 사고현장에서 유가족이 헌화하는 장면

웨이하이 유치원 참사 희생자를 애도하는 추모행렬

웨이하이 유치원 통학버스 참사 유가족 심리치료 장면

중세유치원 통학버스 방화 참사 후일담

산둥성 웨이하이시에서 발생한 유치원 통학버스 화재 참사에 대해 한중 양국정부는 최고지도자까지 나서며 큰 관심을 보였다.

주칭다오 대한민국 총영사관은 사고 직후 이수존 총영사를 비롯하여 내가 총대를 메고 있는 일명 '칭다오 총영사관 선발대'가 웨이하이시에 사고 대책본부를 설치하고 현장대책반을 가동하였다.

김장수 주중 한국대사도 웨이하이를 찾아 희생자 유족들을 만나 위로하고 직접 사고가 발생한 현장에서 사고 경위에 대한 설명을 들었다. 또 사고 수사를 맡은 쑨리칭 산둥성 부성장 겸 공안청장을 만나 사고원인의 신속한 규명과 책임자 처벌을 요청했다.

임성남 외교부 제1차관도 추궈홍 주한 중국대사를 면담한 자리에서 중국 측의 지속적인 협조와 지원을 당부했다. 그뿐만 아니라 문재인 대통령을 비롯해 한국 정치권에서도 화재 참사에 대해 깊은 애도를 표하며 큰 관심을 나타냈다.

중국 측에서도 큰 관심을 보였다. 시진핑 중국 국가주석과 리커창 총리 등 중국 지도부가 애도의 뜻을 이례적으로 표하고 사고 처리에 최선을 다하라고 지시했다.

쑨리칭 산둥성 부성장도 "시진핑 국가주석의 지시에 따라 사고조사와 책임 규명, 사후처리에 총력을 기울이고 있다."라며 철저하고 공정한 수사를 약속했다. 웨이하이시 당국은 관할 지역에 이번 참사에 대한 애도를 표한다는 취지로 결혼식 때 폭죽을 터뜨리거나 풍선을 띄워 올리는 행위를 자제하도록 했다.

이렇듯 한중 양국이 정부 차원에서 큰 관심을 보이며 사고 경위 파악 및 수습지원 방안을 모색하였고, 곳곳에서 안전에 대해 깊게 고민하는 시간을 보냈다.

한편 분향소에는 마음을 함께 나누기 위해 몰려든 조문객과 자원봉사자들의 발길이 끝없이 이어졌다. 음료 및 물품을 기부하는 재외국민들, 봉사팀을 꾸려 시간을 나눠 섬기는 각 단체의 모습에 훈훈한 감동이 전해지기도 했다. 한 번도 본 적이 없는 아이들이지만, 가슴 아픈 소식을 들은 교민들, 조선족 동포사회, 웨이하이 시민 등이 분향소를 찾아 눈시울을 붉히며 애도를 표했다.

사고 결과 발표가 늦어지면서 유족들은 애타는 마음을 표현할 방법이 없어 매일 촛불 의식, 편지 낭송, 심리치료 등을 통해 버티고 있었다.

나는 현장대책반을 지휘하며 매일 웨이하이시 관계자와 만나서 실무자 회의를 진행하고 유족들의 입장을 전달하며 끝까지 최선을 다했다. 또 유족들을 위로하고 마음의 안정을 위해 한중 양국 심리치료 전문가들을 초청해 심리치료를 진행하였다.

그러나 이 화재 참사는 중국인 운전기사의 방화에 의한 계획적 범행이라는 중국 당국의 발표에 많은 사람이 놀라움을 표시했다.

중국 정부는 합동 브리핑을 갖고 이번 참사는 학교 측의 해고 통보에

앙심을 품은 운전기사의 방화가 원인으로 사고 당시 버스 운전기사가 앞 차량에 추돌한 뒤 심신미약 상태에서 차에 불을 질렀다고 수사 결과를 발표했다.

왕진청 산동성 공안청 부청장은 "운전기사 충웨이쯔가 기존 월급이 1,500위안가량 줄어들었고 범행 전날 학교에서 해고 통보를 받았다." 라며 "이에 불만을 품은 충 씨가 4월 20일 라이터와 휘발유 등을 구입해 차량에 보관한 뒤 당일 방화행위를 저질렀다."라고 말했다.

운전기사 충웨이쯔는 아이들을 끝까지 구하려고 했던 것으로 전해진 데다 유족들도 평소 아이들의 타고 내리는 것을 도와줬던 심성이 좋았던 사람으로 알고 있었다. 또 합동 분향소에서 아이들과 함께 조의를 표해왔기 때문에 방화행위를 했다는 결과에 많은 사람이 충격을 받았다.

조사 결과가 발표된 후 각종 SNS에는 '유족들을 생각하니 너무 안타깝다.', '공식 발표를 조금 더 기다려보자.', '손바닥으로 하늘을 가릴 수 있나?' 등의 메시지들이 올라왔다.

이 소식을 전해 들은 유족들도 석연찮은 점이 많다며 강하게 반발했다. 총영사관 사고 대책본부를 직접 지휘하던 이수존 총영사는 유족들의 불만이 심각하다며 납득할 때까지 관련 내용을 설명해줄 것을 중국 측에 요청했다.

이에 중국 당국은 "폐쇄회로 2,000개 이상을 확인하고 3만 시간 분량의 동영상을 분석한 결과"라며 유족들에게 관련 영상을 공개하며 3회에 걸쳐 보충 설명을 했고 유족들은 결국 조사 결과에 수긍하겠다는 입장을 표명했다.

중국 당국은 유족들의 보상 문제도 보상조사팀을 구성해 적극적으로 협력할 것을 약속했다. 이에 따라 13명의 희생자가 발생한 웨이하이시 유치원 통학버스 화재 참사는 어이없게도 운전기사 방화에 의한 사건으로 마무리되었다.

11 천사들을 기리며…

　　사고 발생 첫날 유가족을 처음 대면한 순간 이수존 총영사는 유가족에게 심심한 위로의 말을 전달하면서 창웨이 호텔에 총영사관 현장대책반을 꾸려 유가족과 함께 지내면서 향후 발생하는 상황에 적극적으로 대처하겠다는 점을 설명하고, 곧이어 웨이하이시 정부에서 사건 관련 브리핑을 진행하였다.

　웨이하이시 당국이 유가족을 대상으로 브리핑한 내용은 다음과 같다.

　사고 발생 즉시 웨이하이시 정부는 공안, 소방당국, 구조대원 등이 총출동하여 구조작업을 진행하였고, 09:27에 차량 화재에 대해 진화를 종료하고, 3개 구급차량 4대를 통해 사망자 12명을 수습하고 중상인 인솔 교사에 대해 시립병원에 응급조치 중이며, 산둥성의 중증 화상 전문가를 파견받아 치료했다. 그러나 희생자 12명 중 성인인 운전기사 이외에 나머지 사망자는 시신 훼손 정도가 심하여 신원확인이 어려운 상태였다. 사고원인에 대하여는 웨이하이시 정부는 사고조사 특별조사팀을 구성하여 성정부 조사팀과 협력하여 심도 있는 조사를 통해 신속한 조사 결과를 도출하겠으며, 진전사항은 그 즉시 총영사관과 유가족에 대해 알려드리겠다고 약속했다.

나는 뜬 눈으로 날을 새어가면서 유가족에게 지원할 사항을 하나하나 챙겼고, 유가족의 요청사항을 취합하였다. 한국에 체류 중인 희생자의 조부모님들을 비롯하여 유가족이 중국에 방문하려면 반드시 비자 발급이 우선되어야 했기에 웨이하이시 외사판공실 양즈웨이 주임을 창구로 하여 신속한 도착비자 지원, 유가족 건강 상태를 체크할 의료진 배치 등을 중국 측에 요청하였다.

사고 발생일부터 이틀 후인 5월 11일까지 이수존 총영사를 비롯한 공관 현장 대책본부 모든 근무자에게 단 1초의 수면 시간도 허락되지 않을 정도로 긴박하게 시간이 흘러갔다.

사고 발생 후 5일간은 큰 고통 속에서 식음을 전폐했던 유가족들에게 심리치료를 받게 하는 것도 큰 곤욕이었다. 일일이 찾아가서 이 상황을 이겨내기 위해서는 우리 엄마와 아빠의 건강도 중요하다는 점을 설명하고 심리적 안정을 위해 심리치료를 받을 것을 요청하였으나, 어떤 엄마는 아이들이 희생되었는데 나만 편해지자고 심리치료를 받는 것이 너무 미안해서 도저히 받아들일 수 없다면서 눈물로 심리상담을 거부하는 상황까지 발생했다. 참으로 안타까운 일이 아닐 수 없었다.

웨이하이시 양즈웨이 주임과는 매일 2회 이상 업무협의를 진행하면서 사고원인 규명이 다소 장기화할 수 있다는 느낌을 받았기에 유가족 지원에 최우선 순위를 두고 업무를 처리했다. 중국 측에는 유가족에 대해 사고원인 규명이 지연되는 이유를 충분히 설명할 수 있도록 요청하였음은 물론이다.

나는 대한민국 공무원으로서 부여된 임무를 수행한다는 수동적인 자세보다는 오히려 유가족의 입장에 서서 그들의 가족이 되어 일을 헤쳐나가자고 다짐하였다.

그럴 수밖에 없는 사정은 너무도 많았다. 합동 분향소에 걸려 있는 우리 천사들의 영정사진을 보면 어찌 저리도 해맑고 어여쁜지…, 볼 때마다 목이 메었다. 저 천사 같은 우리 아이들이 하루아침에 이런 비극을 맞이했다는 사실을 도저히 믿을 수 없을 정도였다.

사고 발생 3일째 되는 날, 대책본부 맞은편에 있는 호텔 회의실에서 유가족 대표인 김미석 씨와 둘만의 면담을 했다. 유가족 대표 입장에서 요청사항을 듣고 중국 정부에 그 내용을 전달하는 면담으로 끝날 수 있었으나, 그렇게 덩치도 크고 건장한 가은이 아빠가 힘이 빠진 모습을 보니 남 같다는 생각이 들지 않았다.

김미석 씨는 자신의 휴대전화기에 저장된 가은이의 동영상을 보여주었다. 밝은 웃음을 짓고 노래를 부르고, 자전거를 타고, 아빠에게 애교를 부리는 가은이의 생전 모습을 보니 나도 모르게 눈물이 났다.

나는 가은이 아빠에게 진심으로 말했다.

"내가 아무래도 가은이 아빠보다는 나이도 많고, 가은이의 모습을 보니 그 슬픔이 너무 크게 다가옵니다. 나는 그냥 영사가 아니라 미석 씨의 형이 되고 가은이의 큰아빠가 되어 최선을 다해 사고원인 규명과 유가족이 바라는 방향으로 일이 진행될 수 있도록 돕겠습니다."

나의 진심이 통했는지 이후 가은이 아빠와는 형과 동생 사이가 되었고, 그 이후로 11명 천사의 아빠들은 모두 내 동생이 되고, 엄마들은 제수가 되었다.

사고 발생 4일째부터 매일 아침과 저녁에 있었던 유족회의에 영사 신분이 아닌 유가족 신분으로 참석하여 유가족의 애로사항을 청취하고 진행 상황을 설명하면서 때로는 그들의 아픔을 달래주는 역할을 40여 일 넘게 했다.

유가족과 나와의 사이에 형과 아우라는 관계 설정이 우리의 신뢰를 더 쌓게 하였고, 나에게도 많은 의미 부여가 되었다고 생각하고 있다.

너무나 큰 불행을 겪다 보면 평소에 유지되었던 평정심도 잃을 때가 있고, 때로는 처한 상황을 모면하려는 극단적인 모습도 보일 수 있다. 나는 그럴 때마다 형의 입장에서 동생들을 다독거리면서 고통스러운 시간을 나름대로 현명하게 헤쳐나갔다고 자부한다.

유가족들이 묵고 있는 곳은 호텔이라 결혼식이 자주 있었다. 호텔에 결혼식이 있는 날이면 나는 버스를 대절하여 유가족과 바람을 쐬러 나갔다. 그리고 함께 나가지 않는 사람들을 배려해 호텔 측에 결혼식 이 끝난 후 폭죽을 터뜨리는 행사를 TV 화면으로 녹화해서 틀어달라 고 부탁하였다.

나는 사건 이후 10여 일이 지나는 동안 옷을 갈아입으러 집에 가지 못했다. 직원들이 칭다오에 있는 집에서 옷을 받아다가 가져다주고 나 서야 옷을 갈아입었다. 집에 잠시라도 다녀올 수 있었으나, 유가족들 을 두고 자리를 비울 수가 없었다. 어떤 어머니는 내가 잠시 칭다오에 다녀올 수도 있다는 소식을 듣고 불안감을 호소했다는 말을 전해 들었 다. 그렇게 마지막까지 나는 그들과 함께했다.

2017년 6월 17일 오후 7시, 방화사건의 희생자 합동 영결식이 있었 다. 그동안 사건 원인 규명 및 조사 결과 발표의 지연, 5회에 걸친 피 해 보상 문제의 협상, 장례문화 및 관습의 차이 등 여러 요인으로 장 례 또한 지연되어 사건 발생 40일이 지나서야 웨이하이시 교외의 산

중턱에 마련된 웨이하이시 빈의관에서 합동 영결식이 거행되었다.

영결식은 한인상회의 주관으로 하기로 하고 그 준비를 위하여 사전에 장례위원회를 구성하여 거행하였다. 웨이하이 한인상회 회장이 장례위원장을 맡고 다수의 교민단체가 협조하기로 하였다. 특히 한국과 장례문화가 전혀 다름에도 그 많은 조문객의 음식을 새벽부터 성심성의껏 준비해준 웨이하이 애심여성협회 류홍란 회장님을 비롯한 회원님들의 노고에 깊이 감사드린다.

영결식에는 주중대사, 총영사, 영사, 한인회, 조선족 동포단체, 유가족과 친지 등 300여 명이 참석하여 정중하게 거행되었다. 영결식 진행과 사회는 내가 보았다. 하늘나라로 떠나간 아이들의 이름을 한 명 한 명 호명할 때마다 흐르는 눈물을 참을 수 없었다.

중세유치원 희생자 합동 영결식

나는 영결식을 치르고 그다음 날 유가족들이 감사의 마음을 담아 마련한 저녁 식사에 웨이하이 한인회 간부들과 함께 참석하였다. 그리고 부끄럽지만 나는 유가족들에게 감사패를 받았다. 이후 42일 만에 칭다오로 돌아왔다.

유가족이 있는 곳에는 항상 내가 있었고 유가족이 찾을 때는 무조건 그들에게 다가갔다. 새벽에 현장지휘본부로 출근하면 유가족들을 만난 후 일과가 시작되었으며 일을 마치고 밤중에 숙소로 돌아가기 전에도 유가족들의 방을 일일이 돌아보고 안부를 물은 후 돌아갔다. 그렇게 하루 이틀 사흘이 지나면서 신뢰가 쌓여갔다. 나 외에도 총영사관 직원들은 42일간 연인원 총 303명이 현장지휘본부를 지켰다.

중세유치원 희생자 유가족으로부터
받은 감사패

그동안 휴식 없이 장기 근무를 하면서 쌓인 피로와 충격과 불안 심리에 따른 수면 장애 등으로 상당 기간 고통을 겪어야 했다. 아이들의 장례를 마치고 집으로 돌아온 후 거의 일주일간 정신이 몽롱하고 내가 누구인지도 잘 모를 정도로 잠도 못 자고 말수도 없어졌다. 평소 나는 영사들끼리 식사할 때도 늘 분위기를 이끄는 편이었는데 평상으로 돌아와서도 거의 한 달간 부쩍 말수가 줄어들었다. 아마 그간의 긴장이 한순간에 풀린 모양이었다.

사건이 마무리되고 1주년 추모식을 준비하면서 새로 부임하신 박진웅 총영사님이 낭독할 추모사를 나에게 작성하여 달라는 요청을 받았다. 현장 최일선에서 42일간 유가족과 함께했던 내가 추모의 마음을 가장 잘 표현할 수 있다는 취지였다.

그리고 사고 이후 많은 교민과 동포사회의 후원과 노력으로 웨이하이에 한국인학교가 생겼다. 아이들의 희생으로 개교한 학교였다. 새로 개교한 학교 입구에는 11 천사들의 모습이 담긴 동판이 걸려있다. 그리고 유가족 대표인 김미석 씨는 아이들의 희생이 헛되이 되지 않게 하기 위해 11 천사들을 가슴에 품고 웨이하이 영사협력원으로 활동하면서 재외국민의 권익보호를 위한 봉사활동에 매진하고 있다.

추 모 사

5911 천사들

2017년 5월 9일…, 봄비가 부슬부슬 내리던 그 날 아침….
사랑하는 11명의 소중한 천사들이 우리의 곁을 떠나갔습니다.

별이 된 우리 천사들의 이름을 하나하나 불러봅니다.

김가은, 김서진, 김현우, 박나연, 왕예박, 이상율, 이승현, 이지혜, 임
연아, 정승빈, 최명우.

지난 1년의 세월은 우리 모두에게 참아내기 힘든 아픔의 시기였고,
우리 천사들이 생각날 때면 가슴 한쪽이 저리는 시간이었습니다.

지난 5·9 참사는 소중한 우리 천사들을 잃으신 유가족분들에게는
청천벽력과도 같은 슬픔이었습니다. 그리고 옆에서 유가족 여러분들을
지켜보던 우리 모두도 크나큰 충격에 빠졌습니다.

그런데도 우리 모두는 그 슬픔을 함께 나누면서 아픔을 함께하고자 노력했었습니다. 유가족 지원, 분향소 지킴이, 장례 지원 등 연인원 2,000여 명이 넘는 우리 이웃들의 자원봉사가 지속되었습니다.

　그리고, 법률 자문과 유가족분들의 심리치료를 위한 심리상담 등이 이루어지는 등 한인사회와 동포 여러분들의 희생과 봉사가 있었기에 유가족분들이 용기를 잃지 않고 그 힘든 시기를 버텨낼 수 있었다고 생각합니다.

　작년 5·9 참사 이후로 웨이하이지역 한인사회와 동포사회가 서로 돕고 단합하는 계기가 마련되었고, 저희 총영사관도 대형사건·사고 대응에 있어서 대응 체제 구축 및 사고수습 절차를 면밀하게 파악하게 됨으로써 다시는 이와 같은 사건·사고가 발생하지 않도록 마음가짐을 새롭게 하는 계기가 되었습니다.

　중국 정부도 사고 초기부터 중앙정부 차원에서 관심을 가지고 사고 원인 규명 및 사고수습을 위해 노력하였고, 산둥성 부성장을 총괄 책임자로 지정하여 범정부 차원의 지원도 있었습니다. 무엇보다 중국 현지의 교통 시스템, 통학버스 안전관리 등 인재에 의한 사고방지에 관심을 두고 대처하는 계기를 마련했다고 생각합니다.

　우리 모두는 결코 그날의 참사를 잊지 않을 것입니다.

　우리 천사들의 무고한 희생이 절대 헛되지 않도록 우리 모두가 다시금 생명과 안전의 고귀한 가치를 되새기고 노력해야 할 것입니다.

　우리 천사들의 희생으로 다시는 이러한 슬픔이 반복되지 않도록 우리 모두에게 주어진 숙제를 하나하나 풀어나가야 한다고 생각합니다.

　우리 재외국민 자녀들의 안전한 통학이 보장되고, 안전한 생활환경

조성을 위해 우리 모두는 더욱 노력해야 할 것입니다.

살아있는 우리에게 남은 몫은 우리 아이들에게 고귀한 생명의 가치와 안전한 제도가 정착된 사회를 만들어주는 것이라고 생각합니다.

올해 봄 개교한 웨이하이 한국학교 설립 과정에 있어서 유가족 여러분들의 적극적인 동참과 지지가 있었다고 알고 있습니다.

우리가 기적처럼 한국학교를 개교할 수 있었던 것은 우리의 천사들이 우리 가슴속에 묻혀 있었기 때문에 우리 모두가 용기를 낼 수 있었다고 생각합니다.

이 자리를 빌려 총영사로서 유가족 여러분을 비롯한 모든 분께 감사의 마음을 전합니다.

시간이 흘러도 줄어들지 않을 유가족분들의 슬픔을 덜어드리기 위해 우리 이웃은 계속해서 여러분과 함께할 것입니다.

우리 천사들이 오늘 이 자리에 찾아와 사랑하는 엄마, 아빠의 손을 잡아줄 것만 같은 날입니다.

만약 우리 천사들의 손길이 느껴지시거든 눈물 대신 사랑스러운 다독임으로 천사들을 맞이해주시기 바랍니다.

우리 11명 천사의 넋을 위해 기도하겠습니다.

우리 천사들의 평안한 안식을 빕니다.

감사합니다.

2018. 5. 9. 주칭다오 대한민국 총영사관 총영사 박진웅

웨이하이 한국학교 개교식

2017년 5월 9일 웨이하이시에서 발생한 유치원 버스 화재 사고로 한국 유치원생 11명이 목숨을 잃는 참사의 아픔을 딛고 2018년 3월 초 문을 연 웨이하이 한국학교(이원오 교장) 개교 기념식이 5월 25일 오전에 진행되었다.

웨이하이 한국학교에 설치된 희생자 동판

주칭다오 대한민국 총영사관 박진웅 총영사, 웨이하이시 정부 관계자, 웨이하이 한국인(상)회 전용희 회장, 중국 8개 한국학교 관계자 및 학부모와 학생들이 이날 기념식에 참석하였다.

기념식에 앞서 학교 정문 출입구에 마련된 유치원 참사 희생자 조형물 앞에서 한국학교 설립의 기초를 만들어준 희생자들의 넋을 기리고 안전한 학교를 만들겠다는 다짐의 의미로 추모식 및 헌화 행사가 치러졌다.

웨이하이 한국학교는 한중수교 후 한국 기업과 한국인이 가장 먼저 진출한 웨이하이지역 한국 교민들이 오랫동안 염원해온 일로 유치원 버스 참사 희생을 계기로 대한민국 교육부, 주칭다오 대한민국 총영사관과 한국 교민, 웨이하이시 정부의 지원으로 개교하게 되었다.

웨이하이 한국학교의 개교는 예산확보 및 관련 법령 개정 등 정부의 지원도 있었지만, 한국학교 설립에 대한 공감대를 형성하고 5·9 11 희생자 보상금을 비롯한 모금 활동을 통해 설립 자금을 마련한 동포사회의 헌신이 있었기에 그 짧은 시간에 기적처럼 개교할 수 있었다.

웨이하이 한국학교는 유치원 통학버스 방화사건 이후, 유가족은 학교 설립 기금 마련을 위해 보상금 전액을 기부하고 동포사회도 적극적으로 모금 활동을 한 결과 현지에서 약 156만 위안을 마련하였다.

한국 교육부도 신속하게 학교가 설립될 수 있도록 관련 법령을 개정해 운영 승인 신청 기간을 6개월에서 4개월로 단축하였으며, 개교지원비 등 예산을 확보하는 한편 학교장을 포함해 14명 교사와 함께 재외 한국학교 최초로 행정실장을 파견하는 등 웨이하이 한국학교 개교를 적극적으로 지원했다.

11 천사들의 희생으로 그 싹을 틔우고 대한민국 정부, 웨이하이 한국학교 설립추진위, 교민, 동포 사회의 염원을 담아 설립된 웨이하이 한국학교가 향후 명문학교로 발전하는 한편 많은 글로벌 인재들을 배출하여 한중 교류 협력의 가교역할을 하기를 마음속 깊이 응원한다.

제2장

-

물무산 정기를 이어받아

나의 유년 시절

나는 1970년 가을, 굴비의 고장으로 유명한 전라남도 영광군에서 2남 1녀 중 장남으로 태어났다. 집안은 전형적인 농가의 평범한 가정이었으나, 6대 종손이어서 조부모님과 부모님께 많은 기대와 사랑을 한 몸에 받고 자랐다. 경제적으로 풍족하지는 않았으나, 가족끼리 서로 아끼는 화목한 대가족 울타리에서 학창 시절을 보냈다.

어린 시절에는 아이들과 온 동네를 뛰놀던 개구쟁이였다. 공부는 뒷전이었다. 학교에서 단체 관람했던 영화 '성웅 이순신'을 보고 감명을 받아 대나무로 활을 만들어 쏘며 이순신 장군 흉내를 냈다. 또 마을 뒷산을 오르내리며 어른도 잡지 못하는 노루를 잡는다고 온산을 헤매고 다녔다. 지금도 그때를 생각하면 아무런 근심 없이 지냈던 추억 속의 시간이 그립다.

방학에는 아이들과 삼삼오오 모여 아카시아 나무로 칼을 만들었다. 어려서부터 누구에게도 지기 싫어했던 나는 다른 친구들보다 더 멋지게 보이기 위해 손잡이에 문양을 새기기도 했다. 옆 동네 아이들과 애써 가다듬어 만든 나무 칼로 '나를 따르라!' 고함을 지르며 전쟁놀이를 하고 눈싸움을 하다 보면 40여 일의 겨울방학도 순식간에 끝이 났다.

개학이 코앞으로 닥쳐오면 숙제를 하느라 초비상이었다. 대부분의 방학 숙제는 개학 전에 몰아치기로 했다. 방학식 때 받았던 '탐구생활'을 펼쳐서 순식간에 풀었던 신공은 지금 생각해도 놀라울 지경이다.

그러나 언제까지나 어린 시절에만 머물 수는 없는 법, 즐거웠던 초등학교 시절은 순식간에 지나갔다. 나는 영광읍에 있는 해룡중학교에 진학하게 되었다. 당시는 지금처럼 선행학습을 하던 때가 아니어서 알파벳도 모른 채 영어 수업을 시작했다. 평소 노는 데 정신이 팔려서 공부에는 별 관심이 없었으니 매 수업이 어렵고 따라가기 힘들었다.

어린 시절 늘 나와 함께했던 죽마고우 김윤석(현 주식회사 팔도 지점장)이 떠오른다. 영국의 한 출판사에서 상금을 내걸고 '친구'라는 말의 정의를 공모한 적이 있었는데 수천 통이나 되는 응모엽서 중 일등은 '친구란 온 세상 사람이 내 곁을 떠났을 때 나를 찾아오는 그 사람'이었다. 또 인디언들은 친구를 '내 슬픔을 등에 지고 가는 자'라고 말한다. 내가 생각하는 진정한 친구는 언제 어느 때나 아무 부담 없이 만날 수 있고 만나서 별 이야기를 하지 않아도 편안한 친구, 그리고 무엇보다 내가 잘되었을 때 진심으로 기뻐해 주는 친구다. 윤석이는 바로 그런 친구였다. 내가 힘들고 어려울 때 항상 내 옆에서 힘이 되어주었고, 나의 아픔을 자기의 아픔처럼 생각하는…, 개구쟁이 시절부터 늘 나와 함께했던 친구였다. 내가 중매를 서서 결혼했고, 사실 피를 나눈 형제보다 더 끈끈하고 애틋한 친구다. 지금도 나는 그런 친구가 내 곁에 있다는 사실이 고맙고 든든하다.

공부에 눈을 뜨게 된 것은 중학교 2학년 즈음이었다. 다른 과목은 별로 생각나지 않는데 유독 무서웠던 영어 선생님이 기억난다. 영어 시간에 선생님이 내준 단어시험을 통과하지 못하면 대나무로 만든 매로 손등을 맞았는데 너무 아팠다. 나는 공부를 해야겠다는 생각보다 어떻게든 매를 맞지 않기 위해 단어를 외웠다.

영어 공부를 어떻게 해야 하는지 방법을 몰랐고 "I am Tom."도 읽을 줄 몰라 한글로 "아이 엠 톰"이라고 써놓고는 그때그때 위기를 넘겼다. 그런데 죽어라 단어를 외우다 보니 어느새 영어 시간이 기다려졌다. 공부에 흥미를 느끼게 되자 성적이 점점 올라갔다. 장남인 내가 공부를 잘하게 되자 가족들의 기대치가 높아졌고 오가며 격려를 받게 되자 자긍심도 높아졌다.

1학년 때 학급 인원은 60명이었고 나는 반에서 20등 정도를 했다. 그런데 2학년 때부터 공부에 맛을 들이게 되자 등수가 올라가기 시작했다. 처음에는 10등을 하다가 5등, 3등 이렇게 조금씩 성적이 올라가는 재미가 쏠쏠했다. 성적이 오르자 성취감도 생기고 어깨도 으쓱해졌다. 그 사이 집안의 기대는 내 성적보다 월등하게 올라가 있었다.

정의감에 불탔던 학창 시절

고등학교는 영광의 명문 학교인 해룡고등학교에 장학생으로 입학했다. 시골 학교치고는 한 학년에 600명이나 되는, 규모가 큰 학교였다. 고등학교에 올라가면서부터 학교 활동에도 관심을 갖게 되었다. 학년장, 반장, 향토문화조사반이라는 동아리의 회장을 거치면서 나름의 자부심과 우월의식을 갖고 학교생활에 매진하던 나에게 인생의 전환기가 찾아왔다.

고등학교 2학년 시절, 아마도 사춘기가 한창일 때였다고 생각된다. 어려서부터 정의롭지 못한 장면을 보면 참지 못하는 성격은 여전하였다. 특히 어른들의 모순된 행동, 그중에서도 약자에 대한 배려가 없는 장면을 목격할 때면 가슴 속에서 불끈불끈 불덩이가 치솟았다.

학기 말이 되자 총학생장 선거가 시작되었다. 당시 선거는 간선제였으나 민주화 열풍이 불어오던 시점이었다. 나는 간선제를 직선제로 바꾸자고 제안했다. 학교생활도 열심히 했고 공부도 잘했으며 친구들에게 인정도 받고 있던 터라 직선제로 투표해도 당연히 당선되리라 생각했었다. 그런데 막상 선거를 시작하니 판세가 달라졌다. 여학생들에게 인기가 많은 동창생 후보가 선거유세 과정에서 기타를 치고 노래를 부르고 선거운동을 하자 표가 그쪽으로 몰렸고, 우월의식에 젖어 친구들을 배려하지 못하고 때로는 불같은 성격을 참지 못하는 단점이 단초가 되어 투표 결과 낙선이었다. 솔직히 떨어질 것으로 생각지 않았다가 결과를 보니 큰 충격이었다. 어떤 친구들은 "강원이 너 잘난 척하는 꼴 혼 좀 내주려고 일부러 떨어뜨렸다."라는 말도 서슴지 않았다. 나는 솔직히 자존심에 금이 가 마음이 편하지 않았다.

그러던 어느 날, 평소에 별로 마음에 들지 않던 선생님과 트러블이 있었다. 동아리 회장이었던 나는 여러 가지 봉사활동을 많이 다녔다. 하루는 한복을 곱게 차려입고 양로원으로 봉사활동을 나갔다. 어르신들에게 맛있는 것도 대접해 드리고 말동무도 해드리고 목욕도 시켜주는 의미 있는 봉사였다. 그날은 한복을 입고 절을 올렸는데 문제의 선생님이 사진이 잘 안 나왔다고 여러 번 절을 다시 시켰다. 중요한 것은 사진이 아니라 마음인데 누구에게 보여주기식 봉사를 강요하는 선생님이 못마땅했다. 더군다나 제사를 지내는 것도 아닌데 절을 몇 번씩 한다는 것도 싫었다.

평소에도 선생님은 보여주는 걸 좋아하셨고 가끔 술을 드신 후 실수도 하셨다. 아무튼 내가 생각했던 교사상이 아니라 정말 마음에 들지 않았다. 언제나 그렇듯이 불의를 보고 참지 못하는 성격이 발동해서 선생님에게 사진이 뭐 그리 중요하냐고 말씀드렸던 것 같고 선생님은 어김없이 내 발언을 묵살하셨다. 나는 어리다는 이유로 내 의견을 받아들이지 않는 현실을 참을 수 없었다. 안 그래도 학생장 선거에 떨어져서 나름대로 자존심도 상하고 의기소침했던 나는 질풍노도의 시기를 겪으면서 극단적인 선택을 하게 되었다.

불행은 몰려서 오는 법이라고 했던가? 하필이면 그즈음 집안의 경제

사정이 악화되는 아픔까지 겹쳤다. 고3이 되었으나 자아에 대한 확신이 서지 않아 새로운 도전의 길을 찾고자 고민했다.

고교 3학년이던 1988년 4월 즈음, 나와 갈등을 겪던 그 선생님이 수업을 위해 교실에 입실하시자 나는 손을 들고 일어났다. 의도적이고 계획된 반항이었다.

"선생님 저는 오늘 친구들에게 꼭 하고 싶은 말이 있습니다. 개인적인 사정으로 오늘 학교를 그만두려고 합니다. 마지막으로 할 말이 있으니 한마디만 하고 떠나게 해주십시오."

선생님은 별생각 없이 그러라고 하셨다.

나는 친구들에게 이러이러한 사정으로 더는 학교에 다닐 수 없게 되었고 좀 더 큰 곳에서 경험을 쌓고 싶다고 울면서 말했다. 그리고 서울에서 공부해서 좋은 대학에도 입학하고 꼭 성공해서 다시 고향으로 돌아와서 친구들을 밝은 모습으로 보러오겠다는 말을 남기고 학교에 자퇴서를 제출했다. 서울로 갈 준비를 미리 해두었던 나는 선생님이 보는 앞에서 가방을 메고 유유히 교실을 벗어나 교문을 걸어 나왔다.

학교에 자퇴서를 내기 전에 어머니에게 서울로 가서 공부하겠다고 말씀드렸다. 엄한 아버지에게는 비밀로 해달라고 부탁드렸다. 어머니는 여러 가지 이유를 들어 나를 말렸으나, 워낙 내 결심이 확고해서 꺾을 수 없다는 것을 아시고는 묵묵히 나를 지원해주셨다.

서울로 상경하다

서울로 상경하여 어머니가 마련해주신 돈으로 자취방을 얻고 본격적으로 공부를 시작하기로 마음먹었다. 상경한 직후에는 학원과 독서실을 등록하는 등 나름으로 열심히 공부했다. 그러던 어느 날, 어머님에게 전화가 왔다.

"너 서울 가고 담임선생님이 몇 번 전화를 거셨다. 결석 처리만 하고 아직 자퇴 처리는 안 했다고 하시더라. 너 지난번에 반에서 1등을 했다는데…, 강원이를 놓치는 것이 너무 아깝다고…, 지금이라도 늦지 않았으니 다시 학교로 돌아오라고 하셨다. 집으로 돌아와라."

어머니는 간곡하게 말씀하셨다. 그러나 나는 어머님께 열심히 공부해서 꼭 성공하겠으니 너무 걱정하지 말라고 달래드렸다.

그렇게 시간이 흘렀다. 그런데 논두렁 촌에서 놀던 내가 서울에 와보니 휘황찬란한 유혹을 떨쳐낼 수가 없었다. 나는 유흥업소에서 아르바이트하는 선배들과 어울렸다. 뒤늦게 눈을 뜬 서울의 유흥가는 신세계였다. 공부는커녕 선배들과 어울려 놀다 보니 어느새 시간이 훌쩍 지나있었다.

자취방은 늘 북새통이었다. 내 자취방은 아지트로 변해 매일 10여 명의 선배, 친구들이 몰려와 좁은 방에서 함께 뒹굴었다. 다 같이 어려운 시간을 보내는데 찾아온 사람들을 돌려보낼 수도 없는 일이었다. 그것이 의리라고 생각했다. 어머니가 보내주신 쌀과 김치로 많은 인원이 먹어대니 밑반찬은 금방 바닥이 났다. 그렇다고 어머니에게 음식이 부족하고 생활비가 부족하다는 말을 꺼낼 수도 없었다. 결국, 나는 일용직 공사장에 나가 하루 1만 8천 원의 일당을 받고 일을 해 쌀과 반찬거리를 샀다. 배추를 사서 김치도 직접 담갔다. 대입 검정고시에 합격하고도 1년이라는 시간을 그렇게 흘려보냈다.

그러던 어느 날, 예고 없이 어머니가 서울로 오셨다. 어머니는 자취방에 몰려와 있는 선배와 친구들을 보고 기겁을 하셨다. 술 담배를 모르는 착한 아들이라고 생각했는데 담배 냄새가 진동하는 방안과 널브러진 소주병을 보고 어머니는 기가 막혀 눈물을 흘리셨다.

어머니는 집으로 함께 내려가자며 짐을 꾸리셨다. 그제야 나는 정신이 번쩍 들었다. 내가 원했던 서울에서의 삶이 분명 지금과 같은 상황은 아니었다. 어머니가 서운해하시고 마음 아파하시는 것이 충분히 이해가 갔다. 아마 믿었던 도끼에 발등을 찍히는 마음이셨을 것이다. 아들의 배신감에 얼마나 실망하셨을까 하는 생각이 들자 못난 모습을 보여드린 것이 너무 부끄러웠다. 나는 그 자리에서 무릎을 꿇고 어머니에게 사죄를 드렸다. 한 번만 더 기회를 주신다면 절대 부끄럽지 않은 아들이 되겠다고 진심으로 말씀드렸다.

그리고 약속을 지키기 위해 그 즉시 짐을 꾸려 상계동에 살고 계시는 이모님 댁으로 거처를 옮겼다. 비록 짧은 방황의 시절이었지만, 지금도 돌이켜보면 나는 그 시절이 결코 쓸데없는 시간은 아니었다고 생각한다. 이후로 나는 내 생활이 나태하고 나약해질 때마다 그 시절을 떠올리며 자신을 다잡고 있다.

이모님 댁으로 들어간 뒤 독서실에 다니며 정말 열심히 공부했다. 1년 동안의 공백을 메꾸느라 더 열심히 했던 것 같다. 비록 원하던 성적에는 미치지 못했으나, 서울시립대 경영학과에 합격했다.

대학에 입학해서 학교 공부도 열심히 했지만, 나는 공부보다는 사회에 빨리 발을 내디디고 싶었다.

여름방학이 되자 작은아버지가 운영하시는 '주식회사 코아트라인'에서 아르바이트를 시작했다. '코아트라인'은 스테인리스 3중 바닥 냄비를 만드는 주방기구 제조회사였다. 서울에 사무실이 있어서 아르바이트하기에 안성맞춤이었다.

나는 어떻게 하면 매출을 올릴 수 있을까 고심하다가 작은아버지에게 광고 잡지에 판촉물 광고를 내보자고 제안하였다. 그 광고를 보고 말만 들으면 누구나 알 수 있는 모 대기업 판매기획팀에서 들어오라는 연락이 왔다. 당시 그 기업에서 세제 제품을 처음 출시하였는데 매출을 많이 올리는 슈퍼마켓이나 대형 상점에 냄비 세트를 사은품으로 주겠다는 제안이었다. 나는 소신껏 담당자와 협상을 했고 이야기가 잘되어 계약을 체결했다. 매출액은 1억 5천만 원이었다.

나는 곰솥 손잡이에 금장을 두르자는 아이디어를 내기도 했다. 작은아버지에게 그렇게 해도 타산이 맞느냐고 여쭈어보았다. 다행히 타산이 맞는다고 하여 손잡이에 금장을 둘러 출시했다. 고급스러움에 차별화를 둔 냄비는 날개 돋친 듯 팔려나갔다. 아르바이트생이 홈런을 날린 것이다.

당시 그 기업에서는 물품대금으로 약속어음을 지급해주었는데 대부분의 어음 지급기일이 3개월인데 반해 그 기업의 어음은 한 달 이내로 해주었다. 거의 현금이나 마찬가지였다.

그런데 하루는 대기업 판매기획팀 관계자가 또 나를 불렀다. 그는 대 뜸 물건을 이렇게나 많이 팔아주었는데 어째서 사례를 하지 않느냐고 힐난했다. 나는 좋은 물건을 싸게 주면 기업으로서는 그게 더 좋은 일 이라고 생각했는데 사회 전반에 깔린 부조리함은 여전히 성행하고 있 다는 것을 깨달았다.

이후로도 나는 광고 기획 회사, 고려인삼제품(주) 등에서 판매 아 르바이트를 했다. 이 일을 통해 나는 나에게 남이 갖지 못한 남다른 친근감과 영업능력이 있음을 알게 되었다. 이후 나는 학교에 다니면 서도 여전히 학교 공부보다는 실제로 사회에 진출하여 써먹을 수 있 는 현실적인 공부에 중점을 두었다. 그러는 사이 학점은 자연스레 바닥을 기고 있었다.

내가 20대 초반이었을 때 당시 80세가 넘으셨던 할머니, 할아버지 께서 당신들 생전에 장손의 결혼식을 보고 싶어 하셨다. 결혼하기에 는 이른 나이였지만, 집안 어른들의 강력한 권유로 일찍 결혼식을 올 렸다. 군대가 먼저였으나 남동생이 먼저 군대에 갔기 때문에 기다려야 했다. 24살 어린 나이에 결혼식을 올리자마자 곧바로 공군 현역병으로 입대하였다. 그리고 광주 제1전투비행장에서 행정병으로 근무하다가 30개월의 군 생활을 마치고 제대하였다.

검찰맨의 삶을 되돌아보게 한 금융기관 대출 비리 사건

제대하고 나니 아내와 상병 때 낳은 아들, 한 가정을 책임져야 하는 가장이라는 막중한 책임감이 어깨를 짓눌렀다. 어떻게든 제대로 된 직장을 가져야 한다는 생각이 들었다.

어느 날, 영광에 있는 공립도서관에서 공부하다가 우연히 법원직 공무원 시험을 준비하고 있는 친구를 만났다. 당시 나는 지방 행정고시를 준비하고 있었는데 그 친구의 말이 검찰청 쪽이 여러 가지로 전망도 있고 업무특성이 너와 적합하다면서 그쪽으로 공부하는 것이 어떻겠냐고 권유했다. 듣고 나니 나의 성격에 맞는 직업군이라서 괜찮겠다는 생각이 들었다.

그때가 97년 2월이었다. 시험은 5월 말이라 공부할 수 있는 시간은 겨우 4개월뿐이었다. 영어, 한국사, 행정법 등의 과목은 미리 준비하였기에 별로 문제가 없었으나, 형법, 형사소송법 등은 생소한 과목이었다. 운이 좋게 시험에 합격하면 좋겠지만 그렇게 쉬운 공부가 아니어서 1년을 더 준비할 생각도 가지고 있었다. 그러나 어떻게든 최선을 다해 합격하고 싶었고 정말 열심히 공부했다. 다행히 결과는 합격이었다. 당시 KBS에서 방영한 '용의 눈물'이라는 드라마 시청을 빼고는 오롯이 공부에만 몰두하였다. 남들은 몇 년씩 공부해도 통과하기 어렵다는 시험을 나는 운이 좋게 짧은 시간에 합격한 것이다.

합격 후 인천지방검찰청 부천지청으로 발령을 받아 곧바로 일을 시작했다. 당시 나는 '부천의 호치키스'라 불렸다. 한번 물면 절대 놓지 않는다고 해서 붙여진 별명이었다. 검찰청 일은 원래 정의로움을 갈망하는 나와 너무 잘 맞았다. 나는 사회현상의 부조리를 파악하여 범죄를 추적하는 이 일이 나의 천직이며 내가 하는 일이 결국 정의 사회 구현이라고 생각했다. 정말 열심히 일했고 인정도 받았다.

검찰청에서의 나의 생활은 그야말로 역동적이었다. 검찰청 체육대회가 열리면 혼자서 7명의 선배를 차례로 씨름대회에서 넘어뜨리는 투지도 선보였고, 각종 행사에서 사회를 도맡아 보면서 노래도 곧잘 부르곤 하였다. 그러나 열정적인 삶을 살다 보니 그에 따른 실수도 잦았다.

2000년도에 있었던 일로 기억된다. 당시 인천지방검찰청과 중국 천진시 인민검찰원은 자매결연을 했기에 매년 상호 기관 방문이 있었다. 천진시 인민검찰원 장바오량 검찰장을 비롯한 방문단이 인천지검과 부천지청을 방문하였고, 당시 기획업무를 맡고 있던 나는 기념사진과 대표단의 활동사진을 사진관으로부터 전달받았기에 천진시 인민검찰원에 국제우편으로 보내야만 했다. 아무런 생각 없이 단지 '중국'으로 표기하는 것보다는 좀 더 세련되게 '중화민국 천진시 인민검찰원 장바오량 검찰장 귀하.'라고 써서 우편물을 보냈다. 그냥 '중국' 또는 '중화인민공화국'으로 표기해야 맞았으나, 당시 대만을 의미하는 '중화민국'으로 표기하여 우편을 보냈으니 외교적인 결례를 범한 것이었다. 그 문제로 외교부를 통해 인천지검으로 강한 불만의 메시지가 전달되었고 당시 총무과장은 나를 불러 "이 수사관으로 인해 외교분쟁이 생길 수도 있

게 되었으니 빠른 해결책을 찾아야 한다. 당신이 책임져라."라고 힐난
했다. 나는 그 당시 단 한마디의 중국어도 할 줄 몰랐다. 궁리한 끝에
한글로 나의 실수를 솔직히 인정하고 용서를 구한다는 내용의 편지를
썼다.

　존경하는 장바오량 검찰장님 귀하
　저는 인천지검 부천지청에서 기획업무를 담당하고 있는 이강원
입니다. 귀하가 한국방문 기간 중 수행하면서 일정을 안내했던 당
사자입니다. 저의 무지와 실수로 인해 심려를 끼친 점에 대해 진심
으로 사죄드리오며, 이로 인해 한중 양국 간 우정에 손상이 가지
않기를 간절히 희망합니다. 전적으로 저의 실수입니다. 이번 기회
를 통해 중국에 대해 더 많이 공부하는 계기로 삼겠습니다. (이하
생략)….

이렇게 초안을 작성해 검찰청 정문 앞에 있는 중국 화교가 운영하는
'홍보성'이라는 상호의 중국식당에 찾아가서 가장 비싼 음식을 주문하
였다. 그리고 주인장에게 편지를 보여주며 자초지종을 설명하고, 가장
예의 바른 어투로 나의 편지 내용을 중국어로 번역해 달라고 부탁드렸
다. 그렇게 해서 별다른 문제가 생기지 않고 당시의 위기를 넘겼던 기
억이 난다.
　검찰 초년병 시절, 나의 이런 성격을 파악하시고 내가 소신껏 일할
수 있도록 배려하고 지도해주신 현재우 국장님께 진심 어린 감사를 드
린다. 검찰청에서 상사와 부하직원으로 만난 현재우 국장님과 나는 가

톨릭교에서 세례성사와 견진성사를 받을 때 대부(代父)와 대자(代子)의 인연으로 이어졌다.

나는 지금도 대부님의 기대에 부응하기 위해 최선을 다해 살아가고자 노력하고 있고 대부님은 나를 위해 지금도 격려와 응원을 아끼지 않으신다. 참으로 좋은 인연이다.

시간이 흘러 2009년, 그즈음 검찰은 '떡값'을 챙긴 '비리 검찰'이라는 오명을 쓰고 있었다. '떡값'은 모 재벌로부터 정기적으로 돈을 받아왔던 검찰이 이 사실이 언론에 알려지자, "명절에 일상적으로 주고받을 수 있는 떡값 정도지 뇌물이 아니다."라고 하여 붙여진 명칭이었다. '떡값'을 받은 검찰이 그 재벌에 대해서는 선뜻 수사에 나서지 못하고, 수사에 나서더라도 미적대기 일쑤라는 세간의 비난이 쏟아졌다. 그런데 그런 일은 내 주변에서도 일어나고 있었다.

2009년 당시는 빌라 붐이 일어나 여기저기서 빌라를 지었다. 그런데 대출 브로커가 시중 은행을 속이고 이중계약서를 작성하는 일이 비일비재했다. 실제 분양은 6천만 원인데 이중계약서에 8천만 원으로 작성하여 은행 돈을 착복하는 사례였다.

한번은 상가건물로 지은 물건이 물량이 많아 분명 분양에 애를 먹고 있었는데 며칠 사이에 한 사람이 친인척 이름으로 많은 대출을 받은 것이 내 눈에 띄었다. 아무리 생각해도 이해되지 않았다. 분명히 한 회사의 사무실인데 101호, 303호, 506호 등 연관성 없게 계약이 되어있었다. 건물이 미로가 아닌 이상 어떻게 왕래할 것인지 의심이 갔다. 그래서 일단 조사해보니 역시 불법 대출을 한 것이 드러났다. 그런데 조사를 하는 과정에서 금융기관 임직원들이 너무 여유가 있고 진술을 제대로 하지 않는 것이었다. 나는 인간적으로 그들의 마음을 움직이기 위해서 가족들이 도시락을 싸 와서 먹게도 하고 편의를 보아주었는데 진술에 일관성도 없고 겁을 먹지도 않았다. 그런데 하루는 조사를 받으면서 내게 물었다.

"수사관님 혹시 연락 못 받으셨습니까?"

"무슨 연락이요?"

"참 이상하네…."

순간 비협조적으로 나온 이유가 따로 있었구나, 하는 생각이 들었다. 나는 의심의 눈초리로 캐물었다.

"제가 알기로는 한 사람당 7천만 원씩 총 1억 4,000만 원을 모아 수사관님께 전달한다고 해서 변호사에게 주었는데…, 왜 수사관님은 계속해서 우리를 압박하고 수사 강도가 갈수록 강화되는지 이유를 모르겠습니다. 저는 아무 문제 없이 곧 풀려날 거라고 들었는데요…."

그 말을 듣는 순간 나는 머릿속이 하얗게 변했다. 나의 상관이었던 분이 나의 명예는 아랑곳없이 변호사라는 직위를 가지고 나를 이용하여 돈을 버는 수단으로 사용하다니…, 정말 불쾌하기 이를 데 없었다.

나는 그 수사와 관련해서 돈 한 푼 받은 적 없고, 물론 제안을 받은 적도 없었는데 나도 모르게 오명을 쓰고 있다고 생각하니 너무 화가 났다.

"뭔가 잘못 알고 계신 것 같습니다. 나는 그런 제안을 들은 적도 없고, 물론 들었다고 해도 받아들일 마음도 없습니다. 자, 이제는 제대로 진술하지 않으면 불이익을 당하실 겁니다. 변호사에게 돈을 전달한 경위에 대해서 빠짐없이 진술하시기 바랍니다."

단호한 내 말에 그제야 그는 포기하고 진술을 시작했다. 나는 그 사람의 진술을 토대로 상황을 정리하여 A4 9장에 상세히 적어서 상부에 보고서를 올렸다.

며칠 후, 사건청탁 명목으로 돈을 가로챈 모 간부 출신 변호사가 검찰 조사를 받으러 왔다가 나를 보고는 아는 척을 했다.

"이런 더러운 자식."

나는 더한 욕을 하고 싶은 것을 참으며 뒤돌아섰다. 아무리 '비리 검찰'이라는 소리를 들으며 검찰의 권위가 추락하고 있었어도 그것은 다른 세상의 일이라고 생각했는데 바로 내가 주인공이 되는 날도 있으리라고는 상상조차 하지 않았던 일이었다.

박봉이지만…, 나름 검찰맨의 자부심으로 살아왔는데…, 나를 그런 식으로 매도한 그 변호사가 너무 야속했다. 그리고 시간이 흐르면서 나의 수사로 인해 괴로워하는 수감자 가족들을 보는 것도 예전과 달리 편하지 않았다. 또 어느 순간부터 수사에 대한 관념이 조금씩 변해가는 나를 느꼈다. 사실 수사는 좀 더 냉정해야 하는데, 측은지심의 마음이 드는 순간 어려워진다.

나의 자존심을 심하게 깎아내린 그 사건이 있고부터 나는 조금씩 나의 인생을 되돌아보았다. 한번 회의가 들기 시작하자 나는 검찰을 떠나고 싶다는 생각이 서서히 꿈틀대기 시작했다.

이후로도 시간은 하루하루 지나가고 있었다. 솔직히 검찰에서 수사하면서 때로는 목에 힘을 주면서 권력기관의 끝물을 느낀 적도 있었다. 그리고 나쁜 놈들을 내 손으로 정리한다는 사명감도 있었다. 그런

데 자꾸 내가 서있는 자리가 뭔가 내가 있을 자리가 아니라는 회의가
들었다. 그렇게 검찰을 떠나고 싶다는 생각이 깊어지던 어느 날, 새로
운 기회가 나에게 다가오고 있었다.

해양 유류 오염 사고

검찰이 비난을 받는 사이 해양경찰청은 10년 동안 조직이 2배로 커져 있었고, 국민에게 칭찬받고 있었다. 그러는 사이 해양경찰청에서 검찰 수사관을 영입하는 계기가 생겼다. 사실 검찰에서 경찰로 이직하는 경우는 거의 없었다. 그러나 나의 철칙은 고등학교 때나 그때나 변한 것이 없었다. 즉 누구에게 보이는 일을 하는 것보다 보람 있는 일을 하는 것이 내 소신이었다. 검찰이든 경찰이든 나에게 중요한 것은 일 자체의 보람과 사명감이었다.

검찰청 퇴임식 장면

나는 검찰에서의 한계를 딛고 국민에게 사랑받는 조직이면서 21세기 블루오션으로 생각했던 해양 분야의 전문가가 되고자 하는 소망으로 전직하기로 마음먹었다. 무엇보다 이원 조직이던 검찰과 달리 같은 옷을 입는다는 점과 능력치에 따라 더 많은 기회가 주어진다는 점에서 좋게 다가왔다.

해양경찰청에서 검찰 수사관을 영입한다는 소식에 지원했는데 지원자가 27명이었고 그중 2명이 합격하였다. 다행히 2명의 합격자 명단에 내 이름이 있었다. 그렇게 해서 해양경찰청에서 근무하게 되었다.

근무를 시작하자마자 3일 만인 2014년 1월 31일, 여수에서 원유 부두 해양 유류 오염 사고가 터졌다. 이날 오전 9시 35분께 전남 여수시 낙포동 G사 원유 2부두에서 싱가포르 국적 유조선 우이산호(16만 4천 169t)가 접안을 시도하다 송유관 3개를 파손해 최소 655㎘에서 최대 754㎘의 원유 등이 바다로 유출되었다.

나는 곧 여수 현지로 파견되어 원유 유출 사고 현장으로 달려갔다. 석유를 만드는 원재료인 원유는 점성이 강하고 뭉치는 힘이 더 강해서 보통 물 위에 떠 있다가 썰물 때 찌꺼기가 바위틈이나 모래틈으로 들어갔다. 그런데 원유는 석유보다 훨씬 닦기가 힘들었다. G사 측에서는 송유관이 위로 꺾여 있었기 때문에 기름이 새지 않았다고 진술하고 있었다. 그러나 현장에 가보니 송유관이 ㄴ자 모양으로 꺾여서 꺾인 부위가 파손되었음을 확인할 수 있었다.

여수 시민들과 국민은 1995년 씨프린스호 사고의 악몽을 떠올리며 마음을 졸였다. 불행 중 다행으로 유조선에서의 유출은 없고 유출량도 소량(800L)이며 신속히 방제가 이루어지고 있다는 초기발표가 있었으나, 해양경찰청이 조사한 결과 16만 4천L(164t)의 엄청난 기름이 유출되었다는 것이 확인되었다. 결국, G사가 사건을 은폐한다는 의혹이 따르는 대목이었다.

20년 전, 700t이라던 유출량이 5,035t으로 늘어나고, 기업은 사고를 축소하기 위해 뇌물을 뿌리고, 기관장(해경서장, 군수 등)들과 국회의원이 줄줄이 사법처리되었던 씨프린스호 사고의 부끄러운 기억이 떠올랐다. 그 전철을 밟지 않으려면 철저한 조사와 원인 규명이 답이었다.

원인을 파악하기 위해 1개월이 넘는 기간 동안 발로 뛴 결과, 운항 부주의로 선박과 부두 시설물을 파손하고 기름을 유출한 혐의(해양환경관리법 위반, 업무상 과실선박파괴, 업무상 과실치상)로 우이산호 주 도선사 A(64세) 씨를 구속했다.

A 씨는 지난 1월 31일 오전 9시 35분께 여수시 낙포동 G사 원유 2부두에 배를 대는 과정에서 선박의 안전 속력을 제어하지 못한 과실로 송유관을 들이받아 선박을 부두에서 벗어나지 않도록 고정하는 작업(일명 줄잡이)을 하던 이 모(46세) 씨를 다치게 하고 최소 655kℓ에서 최대 754kℓ의 원유와 나프타 등을 유출해 인근 해상과 해안을 오염시킨 혐의가 인정되었다.

그러나 위험 상황에서 적절한 조치를 하지 않아 사고를 유발한 혐의의 선장 B(37세) 씨와 적절한 초기 방제조치를 방해하고 증거인멸 교사 혐의의 G사 원유 저유 팀장 C(55세) 씨에 대해 각각 청구한 사전구속영장이 법원에서 증거인멸이나 도주 우려가 없다는 이유로 받아들여지지 않아 불구속 입건하였다.

또 우이산호 부 도선사(58세)와 G사 생산1공장장(54세), 해무사(47세), 원유 저유 팀 직원 2명 등도 사고 유발 책임과 사고 발생 이후 초동조치 미흡, 지휘·감독 소홀 등의 혐의로 각각 불구속 입건하고, 우이산호 소유자인 오션탱커㈜와 G사 법인도 관계법에 따라 입건했다.

이후 이 사건은 G사가 어민들에 대한 피해보상 등 모든 책임을 지겠다고 하고, 관련된 8명의 피의자에 대한 보강조사를 마무리하고 검찰에 송치하였다. 처음부터 무죄를 주장하던 대기업 G사의 주장을 탄핵하고 관련 증거를 수집하는 수사를 집중적으로 전개하여 대기업의 사회적 책임과 안전불감증에 경종을 울린 사건이었다.

나는 이번 사건을 통해 대형 사고의 현장 수사에 있어서는 경찰의 수사 능력이 빼어나다는 사실을 깨달을 수 있었다. 내가 제대로 된 의견서를 작성할 수 있도록 현장에도 동행하면서 어려운 용어들을 설명해주는 등 경찰의 현장 수사 역량을 몸소 실천해준 이경열 경감이 특히 고마웠다. 20년 넘게 해경에서 수사를 담당했던 이 경감은 나의 든든한 팬이 되어주었고, 그의 도움으로 나는 해양경찰 구성원으로 안착할 수 있었다.

이후로도 나는 해외에서 천연가스 등 자원을 수입하는 모 공기업의 부실경영과 경영진의 도덕적 해이에 따른 구조적인 횡령비리, 국고보조금을 전용하여 자신들의 주머니를 채우는 등 국가 예산을 낭비한 해양스포츠 부문의 모 체육 단체 등과 관련된 굵직한 사건을 의욕적으로 해결하려고 하였고, 심도 있는 수사를 진행하였다.

그러나 해양경찰청 해체 발표에 따른 본청의 광역수사 기능이 없어짐에 따라 수사 미종결 상태에서 수사의견도 제시하지 못하고 인천지방검찰청 특수부로 수사 중이던 사건을 송치하였던 아픈 기억이 있다. 수사를 업으로 하는 사람들에게는 수사 결과물을 제대로 내놓지도 못하고 외부환경에 의해 중단되는 상황을 맞이하면 그만큼 의기소침해지는 일도 없다.

해양경찰청 해체 발표, 외교관에 도전하다

2014년 4월 16일 인천에서 제주로 향하던 여객선 세월호가 진도 인근 해상에서 침몰하면서 승객 304명(전체 탑승자 476명)이 사망·실종된 대형 참사가 일어났다. 검경합동수사본부는 2014년 10월 세월호의 침몰 원인에 대해 화물 과적, 고박 불량, 무리한 선체 증축, 조타수의 운전 미숙 등이라고 발표했다. 이후 2017년 3월 '세월호 선체조사위원회 특별법'이 합의되면서 세월호 선체조사위원회가 출범했고, 이에 세월호 인양과 미수습자 수습·수색 등이 이뤄졌다.

특히 세월호에는 수학여행을 떠났던 단원고등학교 2학생 학생 325명이 탑승하여 어린 학생들의 피해가 컸다. 지금도 그 사건을 떠올리면 전 국민의 가슴이 아려온다.

세월호 사건이 터진 후, 결국 해양경찰청이 해체되는 초유의 사태가 벌어졌다. 2014년 5월 19일 박근혜 대통령이 세월호 참사 관련 대국민 담화에서 해경 해체를 발표하였다. 박 대통령은 대국민담화에서 세월호 참사에서 수백 명의 인명이 희생된 데 대한 책임을 물어 해양경찰청을 해체하고 안전행정부와 해양수산부를 대폭 수술하겠다고 했다.

박 대통령은 특히 검경 합동 수사과정에서 희생에 대한 책임론이 비등해져 가는 해경에 대해 비판을 했다. 그간 해양경찰청이 수사와 정보 분야의 덩치만 키우느라 구조에 소홀히 하였고, 더군다나 해경 간부 중에 경비함정 근무 경험이 없는 경우도 있다는 것을 대통령 담화로 접하면서 망연자실하지 않을 수 없었다.

수사 특채로 해경 식구가 된 나는 수사부서 해체에 따라 같이 동고동락했던 직원들과 뿔뿔이 흩어지게 되었다. 내 생활도 쑥대밭이 되었다. 잘해보려고 옮겼던 직장이 사라진 셈이었다. 앞으로 어떻게 살아가야 할지 막막하기만 했다. 조직의 향방이 결정되지도 않은 상황에서도 비상근무 체제는 지속되었다. 사무실 한쪽에 침낭을 깔고 잠을 청하면서 내가 서있는 곳은 어디이며, 나는 누구인가 하는 끊임없는 고민으로 온밤을 하얗게 지새우는 날도 있었다.

해양경찰청에서 국민안전처 산하 해양경비안전본부로 조직이 개편된 후 3005함 경비함정 행정관으로 부서를 옮겼다. 험한 겨울 바다에 나가 풍랑을 헤치고 달리는 3천 톤급 경비함정을 타고 근무를 하는데 중국어선들이 우리 해역을 침범하는 일이 다반사였다.

불법조업 중국어선을 발견하면 단속을 통해 조사하고 불법행위가 확인되면 나포를 해야 했는데 그러려면 우선 조타실부터 확보해야 했다. 그러나 중국어선들은 조타실을 강철판으로 둘러싸고 창문은 촘촘한 쇠창살을 설치해서 우리 해경의 진입을 막았다. 더군다나 수십 척의 중국어선을 하나로 묶는 연환계(連環計)를 써서 필사적으로 저항하는 상황을 생생하게 직접 지켜보면서 나는 놀라움을 금치 못했다. 3천 톤급의 대형 경비함정임에도 좌우로 크게 흔들리면서 마치 함정이 뒤집힐 것만 같은 급박한 상황에서 나는 몸의 중심도 제대로 잡지 못할 정도였고, 그 공포는 실로 엄청났다. 그중 산둥성에서 출항한 중국어선들이 많았다. 중국어선의 극렬 저항하는 모습을 보면서 내가 모르는 세계도 정말 많다는 것을 느꼈다. 한편으로는 중국 어민들의 무허가 불법 조업을 보면서 근본적인 이유는 무엇이고, 저 문제를 어떻게 뿌리부터 근절하는 방법이 없을까 고민해보았다.

3005함에서 근무를 수행하고 있던 그즈음 해양경찰청 고위 간부의 권유로 상하이 총영사관 주재관에 응시해보는 게 어떻겠느냐는 제안을 받게 되었다.

"검찰청에서 잘 지내던 자네를 어렵게 뽑아서 이직시켰는데 이렇게 자네를 고생시키게 되어서 미안하게 생각하네…. 그런데 자네는 중국 어도 잘하고 하니 상하이 영사로 가는 걸 적극적으로 추천해주겠네. 한번 고민해보게."

주재관으로 갈 수 있으면 좋겠지만, 경쟁도 치열했고 사실 중국어 실력도 그리 내세울 정도는 아니었다. 또 유학을 다녀온 것도 아니어서 그저 사명감과 각오만으로 덤비는 수밖에 없었다. 간부는 나에게 중국어 실력이 어느 정도인지를 물었다. 중국어 공부는 2011년 인천지검에 근무할 즈음부터 시작했다.

중국어 공부를 시작하기 훨씬 전인 2002년, 중국 WTO 가입 이후 대중국 투자 무역의 급속한 확대로 인하여 인적, 물적 교류의 폭발적 증가에 따라 민사분쟁 및 형사사건의 발생이 급증하고 있었다. 중국 관련 범죄가 늘어나면서 중국 관련 수사를 하는 데 대화가 통하지 않으니 답답하기 이를 데 없었다.

그런데 2011년, 자기 계발 공부를 1인당 80시간 정도를 채워야 하는 제도가 생겼다. 나는 그 시간을 중국어 배우는데 할애했다. 처음에는 행정안전부에서 제공하는 공무원이 공부할 수 있는 인터넷 제도를 활용하여 독학으로 공부를 시작했다. 무슨 일이든 한번 시작하면 끝장을 보는 성격이라 중국어 한어수평고시인 신 HSK 4, 5, 6급을 차례대로 땄다. 당시 5급이면 외교관에 지원할 수 있는 자격이 주어졌다.

막상 중국어를 배워보니 수사에 도움도 되었고 재미도 있었다. 그리고 지적 호기심도 생겨서 외국어대학교 20주 코스에 도전하였다. 월요일부터 금요일까지 새벽 6시 반에 출근하여 4시 반에 퇴근하면 곧장 인천 주안역에서 서울에 있는 외국어대까지 왕복 4시간을 다니면서 공부했다. 전철에서 MP3로 열심히 공부하면서 20주를 채웠다. 그러자 또 오기가 생겼다. 이왕에 시작한 것 내친김에 학위도 따보자는 생각이었다. 결국, 사이버외국어대 3학년에 편입하여 중국어 학위를 따게 되었다.

2013년 3월에는 중국연구회를 창립하고 창립세미나 사회를 중국어로 보면서 업무 전문성을 키우고자 다방면으로 노력하였다. 그렇게 중국어를 공부한 것이 이렇게 쓰임새가 있게 될 줄은 상상하지 못했던 일이었다. 모 간부가 내게 권한 곳은 상하이였다. 그런데 내가 알고 지내는 모 과장이 역시 상하이 영사를 지원한다는 사실을 알게 되었다. 해양경찰청에서는 나를 추천하여 외교부에서 경쟁할 수 있도록 밀어주겠다고 했지만 내 성격이 용납하지 않았다. 왠지 굴러온 돌이 박힌 돌을 빼는 것 같아서 싫었고 어쨌든 해경 식구의 권리를 침해하는 것 같아서 상하이를 포기하고 칭다오로 지원하였다.

나는 주재관 동기 및 포부에 대해 다음과 같은 글을 작성하여 제출하였다.

재외국민이 주재국 법령을 위반하였을 때, 재외국민 보호 방법으로는 영사 관계에 대한 비엔나 협약에 의거, 우선 재외국민 주재국의 법령을 위반하여 유치, 감금된 경우 주재국 영사와 자유로운 통신을 할 수 있는 권리를 부여하도록 주재국과의 협력을 강화해야 합니다. 또 재판을 받을 경우, 영사 서비스 차원에서 법률 자문, 변호사 주선 등의 방법으로 재외국민을 보호해야 하며, 중국인과의 관계에서 그들의 문화를 알고 함께 어울리며 친분을 형성하고 자신이 원하는 것을 얻을 수 있는 '꽌시 문화'를 선용할 수 있는 친화력이 매우 중요하다고 생각합니다. 왜냐하면, 외교란 사람의 마음을 사는 것이기 때문입니다. 상대방의 마음을 움직여 서로 손을 맞잡고 대화를 할 수 있도록 하는 것, 그것이 외교이고, 영사가 재외국민을 위해 봉사할 수 있는 기본소양이라고 생각합니다. 만약 저에게 소임이 부여된다면 어려움에 처한 재외국민들에게 동생, 형으로서 믿고 의지할 수 있고 타국에서 느낄 수 있는 불편함을 해소하는데 진력하겠습니다.

저는 검경에서 근무하면서 대중국 업무와 관련한 출입국사범, 관세 사범, 외환 사범, 보이스피싱, EEZ 어업법 등을 비롯한 수많은 사건을 처리하는 등 실무적으로 많은 경험을 체득하였으며, 비록 유창하지는 않지만, 특유의 친화력으로 중국인 친구와 어려움 없이 소통하여 지속적인 친분을 유지하고 있습니다. 이처럼 대중국 업무수행을 위한 저만의 자산을 바탕으로 우리 국민의 권익을 위해 즉각적이고 실효적으로 대처할 자신감도 충만하며, 이러한 경험이 있는 제가 가장 큰 능력을 발휘할 수 있는 업무가 바로 영사업무라고 생각합니다.

영사로 재직하는 동안 중국에 서버를 두고 있는 짝퉁 스포츠 토토 사이트, 불법 인터넷 도박사이트, 보이스피싱, 한국인 범죄자 국외 도피 등 범죄와 관련하여 필연적으로 한국인의 포섭 대상이 되거나, 한국인을 대상으로 하는 범죄에 깊숙이 연관된 조선족의 생활양식 변화(동북 3성에서 칭다오 등 대도시로의 이주, 중국 체류 한국인 관련 업무, 한국 체류 선호, 연길 등 자치지구 공동화 현상 등)에 따른 신종범죄 발생 원인분석 및 사회문제가 되는 중국 관련 범죄를 효과적으로 대처하는 방안, 중국 어민의 배타적 경제수역(EEZ) 내에 무허가 불법조업이 끊이지 않고 있는 이유에 대한 원인분석 및 이에 대한 효율적인 대책 방안, 중국 관련 범죄에 대한 효율적인 대응과 범죄 예방을 위한 중국 형사사법 체계에 대한 정확한 이해를 바탕으로 실질적인 한중 형사사법공조 방안 등을 연구하여 복귀 후 업무에 적극적으로 반영할 수 있는 토대를 마련코자 합니다. (이하 중략)

서류를 접수하고 원어민과의 면접시험을 1차로 진행해서 통과하고, 7~8명의 교수진 앞에서 2차 심층 면접도 보았다. 경찰청 에이스들과의 경쟁에서 이기리라고는 생각하지 않고 담담하게 결과를 기다렸다. 얼마 후 합격하였다는 소식이 전해졌다. 그러나 아쉽게도 상하이를 지원했던 동료는 탈락이었다.

제3장

-

칭다오 입성

칭다오 부임 첫날, 문등학 백주에 취해

2015년 2월 12일 오전, 중국 칭다오행 비행기를 타고 부임지로 떠났다. 원래 부임일은 다음 날인 13일이었으나, 전임 영사가 반드시 소개해야 할 귀인이 있다면서 하루 일찍 출발하기를 요청했다. 새롭게 일하는 칭다오에서 최선을 다하겠다는 마음가짐으로 며칠 분의 옷가지만 챙겼다.

칭다오로 향하는 비행기에 올라 나는 각오를 새롭게 다졌다. 칭다오로 발령을 받았을 때 호형호제하며 지내던 한국해양기술 대표이사인 안승환 박사와 술 한잔을 나누면서 나누었던 대화가 떠올랐다.

"내가 외국에 자주 나가면서 느낀 점을 하나만 이야기하겠네. 외국에 나가서 어려운 일을 당했을 때 우리 대사관에 전화해서 도움을 청한 적이 있었거든, 그런데 만나서 하는 첫 대화가, 외국에 나와서 사고를 치지 마라, 나라 망신시키지 말라 하면서 도움은커녕 오히려 질책을 먼저 하더라고. 정작 필요한 도움은 제대로 주지 않으면서…, 그때 우리나라가 선진국이 아니라는 걸 처음 피부로 느꼈네. 외국에 나가보면 알게 될 거야. 어려운 일을 당했을 때 얼마나 막막한지를…, 내가 대한민국 국민으로 해외에서도 우리나라가 내 든든한 뒷배경이 되어준다는 느낌, 그걸 느낄 수 있게 열심히 해주게. 자네라면 성품이 좋아서 아마 열심히 할 수 있을 거라 믿네."

나는 그 말을 가슴에 새겼다. 맞는 말이라는 생각이 들었기 때문이었다. 가령 우리 아이와 다른 아이가 싸웠을 때 잘잘못을 따지기보다 먼저 우리 아이 편에 서서 바라보는 시각, 그것이 바로 부모가 아이를 키우는 감정이 아닐까 싶었다. 영사의 역할이 바로 그런 거였다. 잘잘못을 따지고 책임을 지는 문제는 이후의 일이었다. 먼저 우리 아이를 보듬어 안는 것, 그 마음이면 충분했다.

이런저런 생각을 하는 동안 칭다오에 도착했다. 중국은 한국보다 한 시간이 늦었기에 출발시간과 도착시간이 거의 같았다.

도착 즉시 나는 총영사관 총무과에서 제공한 차를 타고 곧장 총영사관에 도착하여 총영사님께 부임 신고를 마쳤다. 이후 직원들과 인사도 나누지 못한 채 곧장 전임 영사인 강태원 영사(현재 북경 대사관 영사 재직 중)의 안내로 칭다오에서 300km가량 떨어진 웨이하이로 출발하였다.

한국 관광객들이 즐겨 찾는 웨이하이에는 체류 중인 한국인이 대략 3만 명이었다. 특히 우리나라와 가장 가까운 곳에 있기에 사건 전담 영사에게는 업무 수요가 매우 많은 지역이었다.

한국에서 출발하여 짐도 제대로 풀지 못하고 웨이하이에 도착하자 저녁 시간이었다. 웨이하이시 경제구 한락방에 위치한 한국인 식당에서 웨이하이시 공안국 비에은타오(別恩陶) 국장, 김종유 웨이하이시 한인회장을 비롯한 한인회 간부들을 만났다.

비에은타오 국장의 이름을 한국식으로 부르면 '별은도'였다. 가끔 자신이 설운도 동생 '별은도'라는 농담을 자주 했었다. 별 국장은 한국인들이 웨이하이시에서 정착하는 데 많은 도움을 주었던 사람이고, 그분과의 친분을 유지하는 것이 한국인 보호 업무의 첫걸음이라는 전임 영사의 조언을 받고 첫 만남이지만 깊은 인상을 주고 싶었다.

별은도 국장은 매우 호탕하고 정직한 사람이었다. 그러나 그는 술 좋아하고 사람 좋아하는 평범한 아저씨이면서도 업무 처리는 냉철했다.

그는 술을 권하면서 대뜸 말했다.

"이강원 영사님은 인상은 좋은데, 무엇보다 오늘 술을 얼마나 잘 마시는지를 보고 앞으로 우리 관계를 정립하는 데 참고하겠습니다."

비록 농담조의 말일지라도 앞으로 수년간 협력해야 하는 파트너의 마음을 사려면 오늘만큼은 정신을 바짝 차리고 나의 주량이 넘치더라도 참아보기로 마음먹었다.

중국 백주는 알코올 도수가 낮은 것도 보통 40도에서 54도에 육박하고, 더 독한 술은 71도 정도였다. 술을 많이 마셔서 잘 기억나지는 않지만, 웨이하이시의 지방 명주인 문등학(門燈鶴)은 40도가량의 술이었다. 그런데 그날 아무리 못 마셨어도 500mL짜리 두 병씩을 마셨던 것으로 기억된다. 그 많은 술을 마시면서 별 국장과는 정말 많은 대화를 나누었다. 의기가 투합한 우리는 그 자리에서 7살이 많은 별 국장을 형님으로 모시기로 하고, 한중 관계 발전 및 중국에 체류 중인 한국인들의 안전한 삶을 위해 적극적으로 협력하기로 약속하였다.

알고 보니 별 국장은 나를 시험했던 것이다. 중국 관료들은 상대방을 처음 대할 때 술을 먹여보고 그 사람의 행동 패턴을 살피고 친구가 될 것인지를 판가름하는 경우가 흔했다.

나는 정말 열심히 마셨다. 마시면서도 실수를 하면 안 된다는 생각에 정신을 차리려고 노력했다. 다행히 나는 첫 시험 관문에 합격했다.

그날 이후 별 국장과 나는 친한 형제처럼 지냈고 4년 내내 그에게 많은 도움을 받았다. 사건이 발생하면 가장 먼저 별 국장과 상의하여 처리하였고, 그는 내 뒤에서 든든한 배경이 되어주었다.

칭다오에서 귀국한 뒤에도 별 국장과는 여전히 친분을 유지하고 있다. 별 국장의 딸 결혼식에도 참석하여 축사도 하고, 분위기를 살리기 위해 축가를 불렀는데 다행히 코로나 19가 시작되기 전이라 중국에 다녀올 수 있었다.

별 국장과의 첫 만남을 마치고 호텔로 돌아왔다. 그런데 호텔 방문 앞까지 카드키를 대고 입실한 것까지는 기억이 나는데 그 이후의 기억은 전혀 없었다. 아침에 일어나보니 나는 호텔 입구 신발을 벗는 곳에서 양복을 입은 채로 쓰러져 있었다. 어떤 일이 있어도 중국 당국자에게 약한 모습을 보이지 않으려 했던 부임 첫날의 몸부림이었다.

그날 별 국장과 함께 의형제의 결의를 다졌던 술이 바로 문등학이라는 술이었다. 여기서 잠깐 문등학이라는 술을 소개하고자 한다.

문등(文登) 지역은 산둥반도(山東半島)의 동부에 위치하며, 한국 사람들의 방문이 많은 옌타이와 가까운 지역이고 웨이하이시에 속하는 지역이다.

옛날부터 문등 사람들은 스승을 존중하고 교육을 중시하며 문학을 선호하고 의리를 지키면서 지식과 인재의 양성을 중시하는 전통적인 문화가 있는 지역이다. 문등학의 역사가 유구하여 옛날 춘추시대부터 공자의 훌륭한 제자가 문등에 가서 유가 사상을 널리 전파하였을 뿐

만 아니라 진나라 때 진시황도 문등에 방문하여 그 당시 문등의 공덕
을 찬양하여 문등(文登)에 초문대(招文台) 유적을 남겼다.

즉 문등학은 단지 일종의 학문이 아니라 문등 중국 땅에서 발생한
역사적인 사건 문등(文登)의 발전과 문등의 번영 등이 이런 문화적인
분위기와 중국 전통 미덕까지 담긴 이름이라 할 수 있다.

문등학 백주

문등학을 생산하는 '이양 그룹'은
1956년에 설립이 되었고, 산둥성
문등 경제 개발구 주해동로 26호
소재이다. 이 회사는 70여 년의 백
주 양조 경험이 있으며 산둥성에
서 곡물 백주 생산 기업 중 품질이
우수한 회사로 인증받은 기업이다.

그리고 농향 백주의 우수한 품
질과 제품은 산둥 백주 10대 브랜
드 호칭을 받았다. 무엇보다도 형
제의 연을 맺은 뒤 지금까지 연락
하면서 지내는 별 국장과 나를 연결해준 술이 바로 문등학이기에 그
술의 진한 향기를 잊을 수 없어 가끔 한국에서도 마시고 있다.

문등학은 값도 그리 비싸지 않으면서 가성비 최고인 깊은 향기를 품
고 있는 술이라 이 지면을 통해 소개하였다. 지금은 한국에서도 정식
수입하고 있는데 고품질의 중국 백주를 손쉽게 구해서 마실 수 있다는
사실이 반갑다. 지금도 문등학을 마실 때면 별 국장의 웃는 모습이 떠
오른다.

산둥성(山東省) 개황(概況)

산둥성은 북위 34°~38° 사이(한국 중부 이남 지방과 동일 위도 상 위치)에 있고, 서쪽으로는 하남성, 북쪽으로는 하북성, 남쪽으로는 안휘성·강소성과 인접하다. 면적은 15.7만㎢로 중국 전체면적의 1.6%에 해당한다. 동서 길이 약 700㎞, 남북 길이 420㎞로 우리나라의 1.5배 크기이고, 해안선은 3,000여km이다.

인구는 2019년 기준으로 10,070.21만 명이고, 중국 총인구의 10% 가량을 차지한다.

기후는 연평균 기후 11~14℃로 우리나라와 유사하나 혹한이나 혹서가 없다.

산둥성이라는 지명의 유래는 태항산(太行山)의 동쪽에 있다고 하여 얻은 이름이다.

춘추전국시대(기원전 770년~기원전 221년)에 제(齊)나라, 노(魯)나라 2개 제후국이 중국 역사에 큰 영향을 미쳤다 하여 산둥지역을 제노(齊魯) 지역이라 부르며, 현재 산둥성은 약칭을 '노(魯)'로 표기하고, 성도는 지난(濟南)이며, 17개 지급(地級) 시와 60개의 현으로 구성되어있다.

산둥성 전체를 관할하는 대한민국 총영사관은 칭다오에 있다. 통상적으로 총영사관은 성도인 지난(濟南)에 있는 것이 맞겠으나, 중국 정부와 협의를 통해 산둥성에서 한국인들이 가장 많이 거주하는 칭다오에 두기로 한 것이다.

2018 대한민국 국경일 리셉션 기념사진

칭다오는 중국 산둥성(山東省) 산둥반도 남부 해안에 있는 도시다. 본래 한적한 어촌이었는데 1897년 독일이 교주만을 침략하여 이듬해 교오조계조약으로 이곳을 차지하여 군항을 건설했다. 제1차 세계대전 이후 일본이 점령했다가 1922년 중국으로 반환되었으며, 1930년에 시가 되었다. 칭다오라는 지명은 이 지역에 있는 작은 섬의 이름을 따서 붙인 것이다. 칭다오는 수심이 깊은 부동항(不凍港)으로 중국 유수의 무역항으로 알려져있다.

교육기관으로는 해양대학이 있고, 관광지에 루쉰공원, 중산공원, 라오산, 중국과학원, 해양연구소 등이 있다. 경치가 아름다워 휴양지로 유명하며 최근에는 칭다오 맥주로도 널리 이름을 알리고 있다.

칭다오 총영사관에서 관할하는 지역은 산둥성 전체이며 산둥성에서 장기 거주 중인 우리 재외국민은 약 10만 명, 조선족 동포는 20여만 명이다. 재외국민은 유학생이 상대적으로 적고, 40~60대의 중소기업 경영자 및 소규모 자영업자가 가족과 함께 거주하는 형태가 일반적이다. 한국 진출 기업은 6,000개에 이르고 있다.

항공편 200편 외 매주 30여 편의 선박이 당지 6개 항(칭다오, 웨이하이, 옌타이, 스다오, 룽청, 르자오) 등에서 한국 3개 항(인천, 평택, 군산)으로 운항 중이며, 일명 '따이공(보따리상)'이라고 칭하는 화물운반자들을 비롯하여 사건 사고에 연루될 가능성이 큰 국민의 입출항이 빈번하고, 비정상적인 화물의 유동량이 매우 큰 지역이다.

산둥성 사건 사고 특징

산둥성은 한국과 지리적으로 가장 인접해 있기에 우리 국민과 관련된 사건 사고가 자주 발생하는 편이다.

주칭다오 대한민국 총영사관은 '365/24 시스템'이란 슬로건 아래 사건접수 초기부터 현장 출동 지원을 원칙으로 하고 있다. '365/24 시스템'이란 365일 24시간 출동태세를 유지한다는 의미로, 실제 현장을 직접 가봐야 답이 나온다는 기본 원칙을 표현한 것이다.

총영사관 직원들은 이 슬로건을 구체적으로 사망(병원 내 사망 제외), 납치 감금, 기업분규 등 사건에 적용하였다. 다행히 적극적인 현장 조치로 인해 사건·사고 발생 건수는 지속해서 증가했으나, 실제로 살인, 감금치사 등 큰 피해로 비화하는 경우는 많지 않았다.

총영사관은 현장 출동 외 교민간담회, 홈페이지 및 인터넷 카페 등 홍보를 강화하고, 중국의 사건·사고 관련자들과 지속적인 네트워크 유지로 우리 국민 보호에 만전을 기하고 있다. 이를 위해 영사관과 주요 한인 단체 간부들과 네이버 밴드, 카카오톡 단체 채팅방을 개설하여 운영 중이다.

그리고 총영사관은 현지 중국 공안과의 네트워크를 매우 중요시하고 있으며 경찰 영사와 외사담당 공안과의 정례적인 모임을 갖고 있다.

산둥성은 한국과의 지리적 근접성 및 친근한 환경, 코리아타운 형성에 따른 생활편의 등을 이유로, 긴장 이완에 따른 안전사고, 국외도피사범, 불법체류자 등이 매우 많으며, 최근에는 보이스피싱, 스포츠토토 등 범죄 목적 입국자 등이 급증하고 그에 따른 공범 상호 간 납치, 감금, 폭행, 마약 등 범죄도 증가하고 있는 편이다.

수교 초기에는 한국 기업의 진출로 지역경제가 발달하여 한국에 우호적이었으나, 1998년 IMF와 2008년 금융위기 등 2회에 걸친 경제위기 이후 한국인들의 부도, 임금 체불, 야반도주 등으로 인한 피해도 상당하여 한국에 대한 부정적 이미지 역시 강했다. 혹시 경제분규 및 채권·채무 등이 발생했을 때 한국인이 아무런 피해변제 없이 도망갈 수 있다는 부정적인 인식이 매우 강하다는 인상을 받았다.

칭다오 총영사관은 사건 사고처리시스템(이컨슬) 통계 기준, 매년 600여 건의 사건이 발생하여, 전 세계 공관 중 사건 사고 발생 건수가 가장 많은 곳 중 하나이고, 지속해서 증가 추세이다. 특히 기업분규가 폭력 사건으로 변형되거나, 행려병자 수준의 극빈층 재외국민들이 다수 거주하고 있는 상황에 기인한 사건 등 복잡·다양하고 즉각적인 해결이 어려운 사건 발생 비중이 매우 높은 실정이다.

칭다오 우리 국민은 소규모공장을 설립하여 중국인들을 고용하는 노동집약적 제조업(공예품이 대표적), 중국 현지 생산제품을 한국에 납품하는 무역업, 중국 전자상거래에 물품에 대한 한국 구매대행, 식당 등 소규모 자영업 등의 업종에 종사하는 경우가 많다. 그런데 시장조사나 법률 지식, 서류화된 계약서, 언어능력 등 사전준비 없이 중국 시장을 너무 쉽게 생각하고 진출하는 경우가 많아, 상대적으로 리스크가 높고

문제 발생 시 대응능력이 떨어진다. 특히 중국 직원에게 업무와 통역 등을 전적으로 일임하다가 관계가 악화하여 피해를 보는 경우도 비일비재하다.

대표적으로 금전 거래 관계에서 발생하는 분쟁(중국에서는 경제분규라 칭함)으로 인한 납치, 감금, 폭행, 협박 및 업무방해 등의 사건이 매우 빈번하게 일어나고 있다. 중국은 채권추심을 위해 지인 또는 불량배를 동원, 물리적인 해결을 시도하는 경우가 많은데 이를 일반적인 정서로 인식하고 있다.

중국 공안은 경제분규를 원인으로 하는 사건 사고(사기, 횡령, 감금, 업무방해 등)의 경우 당사자 간 합의를 통해 스스로 해결토록 하고 적극적인 개입을 하지 않는 것이 일반적이라 이로 인해 중국 공안과의 업무협조에 많은 어려움이 발생하고 있다.

중국 공안과 업무협의 장면 (좌측이 저자)

또 민·형사를 분리하는 우리 국민의 법감정과 맞지 않아, 외국인(한국인)에 대한 중국 정부의 부당한 대응에 총영사관이 소극적 대응을 한다는 비난으로 표출되는 경우가 잦았다. 더욱이 채무변제 수단으로 납치 감금 사건이 발생한 경우, 영사의 현장 출동 등 적극적인 개입으로 신변안전이 확보된 이후에도, 가해자들이 공안 조사 이후 불입건되거나 석방되어 재차 우리 국민을 납치, 감금하는 경우가 잦아 총영사관 사건 사고 담당 영사의 업무 부담이 커지고 있고, 더욱이 사건 미해결에 대한 피해자들의 민원도 끊이지 않고 있다. 사실상 공안 등 중국 정부의 협조를 기대하는 것이 어려운 현실이다.

우리 국민이 귀국하거나 가해자가 수사기관에 구류되는 등 종국적으로 신변안전이 확보되지 않는 이상, 신변위협에 따른 총영사관의 지원을 호소하는 우리 국민과 별다른 조치를 취하지 않는 중국 공안 사이에서 사건 사고를 전담하는 영사에게는 지속적인 업무 부담이 크다고 할 수 있다.

단순 폭행 사건이 멱살이나 삿대질만으로도 즉시 형사입건하는 우리나라와는 달리, 폭행이 있다 하더라도 정도가 약하다면 불입건 또는 치안관리법(우리의 경우 경범죄처벌법에 해당함.)으로 처벌하는 경우가 많고, 심하게 피해를 입은 경우에도 공안 법의가 발급한 법의 감정서가 있어야만 입건할 수 있다.

한국과의 지리적 인접, 중국 의료에 대한 불신 등으로 대다수 국민이 국내에서 치료하여 공안이 요구하는 법의 감정을 준비하지 못해 불입건되는 경우가 많고, 그런데도 형사피의자에 대한 처벌이 이루어지지 않는다며 불만을 표시하는 사례가 빈번했다. 다행히 내가 근무하는 동안, 국외도피사범 국내 송환 실적은 중국 공관 중 1위였다.

생계 곤란으로 중국 현지에서 불법체류하고 있는 우리 국민이 매우 많으며, 중국은 불법체류에 대한 처벌(통상 벌금 인민폐 1만 위안)을 반드시 요구하고 있어, 경제 능력이 없는 우리 국민의 경우, 설령 건강이 악화하는 어려움이 있더라도 한국으로 돌아가지 못하고 어쩔 수 없이 중국에서 체류해야만 하는 재외국민이 늘어나는 추세다. 또 행려병자에 대한 보호시설이 있기는 하나, 외국인은 입소가 어려워 이에 따른 불법체류, 행려병자 문제가 심각하다.

이처럼 재외공관은 헌법상 규정된 국가의 기본의무인 재외국민 보호를 위하여 최선의 노력을 기울여야 한다. 그러나 현실적으로 불명확한 돌발 상황이 많이 발생하기 때문에 외교부에서는 재외국민 보호를 위해 수사 경험이 많은 경찰관을 대상으로 주재관 선발시험을 거쳐 선발한 후, 나와 같은 경찰 영사에게 재외국민 보호 업무를 취급하도록 하고 있다.

산둥성 기업분규와 관련하여 생각나는 사건이 있어서 정리해 본다.

내가 영사로 부임하고 얼마 되지 않았을 때의 일이다. 어느 날, 한국 기업 주재원 3명이 중국 공인들에게 숙소 출입문이 봉쇄되어 출입이 불가하다는 취지로 도움을 요청해왔다. 나는 즉시 현장으로 출동하였다.

가서 보니 체육용품을 제작하는 회사였는데, 공인들은 대부분 중국 시골 촌민들로 구성되어있었다. 그들은 수개월째 임금을 받지 못하였으나 한국회사는 임금 체불 상태를 그대로 방치하고 철수하려는 움직임을 보였다. 이를 눈치챈 중국 촌민들은 임금을 해결하기 위해 숙소 출입문을 봉쇄하고 한국 주재원의 출입을 막은 것이었다. 대부분 중국 공인들은 한국 기업이 회사가 어려워지면 자신들을 방치하고 회사를 그대로 놔둔 채 도망간다는 인식을 하고 있었다.

나는 회사관계자를 면담하여 한국 본사에 건의하여 조속한 시일 내에 체불임금을 지불하고 회사를 정상화하겠다는 약속을 받았다. 그들은 천연덕스럽게 그렇게 하겠다고 약속했고 당시 나는 영사 초년병 시절이라 그들의 약속을 철석같이 믿었다. 아니 사실 내 생각에 밀린 임금을 지불하는 것은 너무나 당연한 일이었기 때문에 믿고 안 믿고의 문제를 따질 계제가 아니었다.

기업분규 현장에서 중국 촌민들을 설득하는 장면

나는 분노하고 있는 수백 명의 공인에게 다가가 그들을 달랬다. 대한민국 영사로서 한국 기업과 중국 공인들의 안타까운 장면을 보니 마음이 아프다면서 여러분들이 한솥밥을 먹던 한국 임원들을 자유롭지 못한 상태로 있게 하는 것은 옳지 못하니 그들을 믿고 시위를 중단하여 달라고 부탁했다. 다행히 그들은 회사는 믿지 못하지만, 대한민국 영사인 나의 말은 믿겠다면서 시위를 중단하고 귀가하였다. 그런데, 시위대가 물러나자 한국인 운영진은 야밤에 짐을 싸서 도주하고 말았다.

다음 날 날이 밝자 한국에서 나에게 한 통의 전화가 걸려왔다.

"영사님 감사합니다. 영사님 덕분에 무사히 한국으로 돌아왔습니다. 그리고 저희 회사는 채무가 너무 많아서 회사 문을 닫기로 하였습니다."

나는 그 말을 듣고 마치 망치로 머리를 세게 얻어맞은 기분이었다. 간밤에 공인들을 붙들고 이러면 안 된다고 사정을 했던 일들이 머릿속에 오버랩되었다.

"그렇다면 중국 공인들과 한 약속은 어떻게 되는 건가요? 밀린 임금은…"

잠시 후 믿을 수 없는 말이 전화기를 타고 흘러나왔다. 그의 답변은 무책임하기 그지없었다.

"저희 회사는 철수하기로 했고, 사실 회사는 임금을 지불할 능력이 없습니다."

나의 말을 철석같이 믿었던 중국 공인들에게 했던 말은 그야말로 휴짓조각이 되었고, 대한민국의 국격은 훼손되었다. 이제 중국 공인들은 임금 체불은 곧 회사가 문을 닫는다는 인식이 머리에 각인될 것이다. 물론 오죽하면 야반도주를 할까 하며 회사 입장을 헤아리려 했지만, 너무 무책임한 우리 기업의 잘못된 행태가 쌓이고 쌓여서 기업분규 해결 시 더욱 사람을 믿지 못하는 어려움으로 남는다는 생각에 씁쓸하기 그지없었다. 이후로 나는 그 경험을 바탕으로 나의 말 한마디 한마디가 더 위중하고 엄중하다는 교훈을 깨달았다.

영원한 나의 멘토, 이수존 총영사와의 인연

내가 칭다오 영사로 부임한 2015년, 제10대 주칭다오 대한 민국 총영사관은 이수존 총영사였다. 살아가면서 누구나 멘토가 되는 사람이 있는데, 이수존 총영사님이 내게는 바로 그런 분이셨다. 나는 그 분의 철학을 믿고 따랐고 존경했다.

이수존 총영사는 2015년 4월 칭다오 한국 총영사관 총영사로 부임한 이래 산둥성 한겨레사회의 화합과 발전을 위해 많은 노력을 해왔으며 지역 정부와의 친선교류에도 적극적인 역할을 해왔다.

그리고 중국인과 원활하게 소통할 수 있는 중국어 실력, 중국의 경제, 사회 문화 등 각 분야에 대한 깊은 이해, 중국의 전략정책에 대한 정확하고 독특한 견해, 특히 30여 년에 걸친 중국과의 인연은 총영사 직에 걸맞은 인사임을 깨닫게 했다. 그는 칭다오로 오기 전 상하이 영사로 근무한 경력도 있었다. 무엇보다 총영사님은 어느 장소에서건 겸손하셨고, 굉장히 청렴하신 분으로 누구에게나 귀감이 되셨다.

"자네의 그 착한 성품으로 재외국민을 위해 꿋꿋하게 일해라, 언제나 내 도움이 필요하면 도와주겠으니…."

이처럼 내가 마음껏, 진심으로 일할 수 있도록 언제나 뒤에서 든든한 버팀목이 되어주셨다.

이수존 총영사님이 대만에서 정무담당 대표보로 재직하고 있을 때 괴한에게 의문의 피습을 받았던 사건이 발생했다.

1995년 3월 18일 새벽 3시 20분경(한국 시간 새벽 4시 20분), 한국-대만 항공회담 우리 측 대표단 수행을 마치고 귀가하여 승용차 문을 열고 내리는 순간 갑자기 괴한이 나타나 예리한 칼을 목에 들이댔다. 그는 너무 놀라 순간적으로 저항했고 괴한은 칼로 기관지 옆과 왼손을 찌르고 곧 달아났다. 그는 부인에 의해 급히 국태 의원으로 옮겨져 2시간에 걸쳐 수술을 받았으나 다행히 생명에는 지장이 없었다.

현장에서 사건을 목격한 부인은 괴한이 칼을 들이대면서도 돈이나 금품을 전혀 요구하지 않았다며 괴한의 정체와 사건 동기가 몹시 의심스럽다고 밝혔다.

관계자들은 사건 발생 시간이 너무 깊은 심야라 일반 강도가 활동하기에는 부적절하다고 말하며 최선을 다해 조사하겠다고 약속했다.

이 사건은 한국과 대만의 관계가 지난 92년 국교단절 후 아직 완전히 정상화되지 않았고 북한과 대만의 관계 개선이 급진전하고 있는 시기에 발생한 데다 이수존 총영사관님이 당시 한국 외무부에서 파견한 정무(政務)담당 관리여서 사건 동기가 비상한 관심을 끌었다.

대만 정부는 이 사건과 관련하여 한국 정부에 유감을 표시했으며, 사건 수사에 나섰다. 대만 경찰은 반한 감정으로 인한 보복, 개인적인 원한관계 등으로 방향을 잡아 수사를 펼쳤으나 초동수사단계에서 현장보존, 목격자확보 등 수사 미비로 사건은 미궁에 빠졌다.

이수존 총영사님은 사건 이후 10여 일 만에 병원에서 퇴원했으나 심한 후유증 때문에 정상적인 생활에 어려움을 겪었다. 사건 당시 받았던 충격과 불안감으로 집 밖으로 외출하지 못했고 식도 부위의 상처로 인해 음식을 삼키는 데도 한동안 지장을 받았다.

"만약 그때 칼이 조금만 더 안쪽으로 들어왔더라면 나는 아마 죽었을 거야."

이수존 총영사님은 그때 자신은 이미 한 번 죽은 목숨이었다면서 그래서 이후로 더 열심히 인생을 살았다고 말씀하셨다.

이수존 총영사님은 평소에도 주칭다오 총영사관의 가장 큰 임무는 '재외국민보호'라고 말하며, 경제외교 및 문화교류 확대 추진 등을 통해 한·중 양국이 더욱 화합하고 상생할 수 있도록 노력해 나가야 한다고 강조했다.

2018년 1월 2일 이수존 총영사는 이임 인사를 통해 "재임 기간 가장 힘들었던 것은 영사관 건물 이전이었고, 가장 마음이 아팠던 일은 웨이하이 유치원 차량 화재 참사 건이었다."라고 말했다. 그리고 "현재 한국과 산둥성 간 연간 무역액이 250억 위안에 달하고, 한국의 대산둥 투자액은 360억 위안에 달하는데 여기에는 재산둥 20여만 명 조선족들의 역할을 무시할 수 없다."라고 덕담을 아끼지 않았다.

이수존 총영사님은 내가 알기로도 개인적인 주머니를 털어 많은 선행을 해왔으나, 외부에 알려지기를 원하지 않았다. 재임 기간 한중친선협회의 주요 사업인 선천성 심장병 어린이 구조사업에 개인적으로 동참하며 중국 어린이 2명에게 새 생명을 선물하고 새로운 삶의 기회를 제공했다. 또 백두산 양로원 침대도 자비로 다 갈아주셨다.

이수존 총영사님의 도움으로 구조된 홍지현 양은 당시 3살로 중국 옌지 출생이었다. 홍 양은 태어날 때부터 심한 선천성 심장병을 앓고 있었지만, 가정형편이 어려워 치료받지 못하고 있었다. 홍 양의 아버지 홍 모 씨는 "별다른 능력이 없어 식당 종업원 등의 일을 하며 겨우 가정 살림을 유지해 오고 있는데 아이가 호흡곤란 등으로 심각한 증상을 보여 속을 태우고 있었다."라며 "아픈 마음에 도움을 요청했고, 다행히 수술을 받을 수 있었다."라고 당시 상황을 소개했다.

당시 박상제 한중친선협회 중국지회장은 "홍지현 양의 안타까운 소식을 듣고 구조사업을 진행하려는 시점에 이수존 총영사가 개인적으로 홍 양을 돕고 싶다는 의사를 전해왔다."라며 "이 총영사는 그전에도 중국 아이 1명을 구조한 적이 있다."라고 귀띔해주었다. 이러한 사실도 이임 소식이 전해진 이후 박 회장을 통해 알려지며 지역사회에 잔잔한 감동을 주었다.

그리고 3년의 영사 생활을 마치고 귀임하려고 했을 때 나를 믿고 1년 연장근무를 외교부에 직접 건의해주신 것도 바로 이수존 총영사님이다. 지금도 나는 그분에게 감사한 마음을 가지고 있다. 먼저 임기를 채우시고 고국으로 돌아가시면서 한 말씀이 지금도 잊히지 않는다.

"이 영사 건강 잘 챙기게…, 그리고 일도 좋지만, 건강도 생각하면서…, 우리 건강하게 한국에서 만나 맛있는 거 많이 먹으면서 재밌게 지내자…. 그때는 내가 총영사가 아닌 큰형이 되어주마."

이수존 총영사님이 나보다 먼저 한국으로 귀국하셔서 몹시 서운했는데 지금은 나도 한국으로 돌아와 가끔 안부 전화를 드리고 찾아뵙기도 하면서 그분의 훌륭한 인생관을 옆에서 지켜보고 배우고 있다.

이수존 총영사가 써주신 연장근무 추천사 내용은 다음과 같다.

이수존 총영사로부터 외교부장관상 전수받는 장면

　해양, 어업업무 수요가 많은 산둥성 지역을 관할하는 당관은 해
양경찰청 파견 영사가 꼭 필요하며, 그간 많은 경험을 축적하고 인
적 네트워크를 축적해온 이강원 영사의 근무를 연장하여 향후에도
지속적으로 현안 해결 및 정보수집을 담당토록 함이 좋을 것으로
사료됨.

　이강원 영사는 업무수요자의 수요를 충분히 이해하고 고객을 만
족시키는 등 부임 후 2년 6개월간 재외국민보호업무에 최대의 공
헌을 함으로써 총영사관의 영사 서비스의 수준을 크게 향상시킨
바, 동인을 근무 연장하여 이를 현창함이 좋을 것으로 사료됨.

　당지 거주 한인사회와 동포사회는 이강원 영사의 헌신적인 대국
민 서비스 정신에 매우 높은 평가를 부여하는 등 재외공무원으로
서 모범을 보이고 있는바, 공관장으로서 이 영사의 근무 기간 연장

을 적극적으로 건의 드림.

특히, 이번 5·9 웨이하이 한국 유치원 통학버스 방화 사망사건 발생 시 42일간의 헌신적 태도는 유가족(11 가족)을 포함한 재중국 한인사회에 많은 감동을 자아냄.

백두산 양로원

'칭다오 백두산 조선족 양로원'은 2006년 5월 손옥남 설립자가 칭다오시 지머구에 인민폐 30만 위안을 투자해 '복운룡'이라는 이름으로 정식 시작했다. 4명의 직원이 2명의 노인을 모시고 첫 스타트를 했지만, 현재 160여 명의 노인과 20여 명의 직원으로 발전했으며 그중 5명의 대학 졸업생과 3명의 전문가 수준의 의료진이 있다. 2010년 5월에는 200만 위안을 재투자하여 지금의 서원장에 2천 제곱미터 규모의 현대화 시스템을 갖춘 '백두산 양로원'으로 확장 이전했다.

손 설립자는 변함없는 마음으로 노인들을 친부모처럼 모셨을 뿐만 아니라 효성을 다해 의지할 곳 없는 140여 명에 달하는 노인들의 장례식을 직접 치러주기도 했다. 그녀는 현재도 오갈 데 없는 3명의 노인을 무료로 보살피고 있다. 대부분 대소변을 가리지 못해 매일 손수 씻겨주어야 하지만 눈살 한번 찌푸리지 않았고, 짜증 한번 내는 것을 본 적이 없다. 그 진한 감동에 양로원 봉사를 위해 찾아오는 조선족 대학생과 젊은이들, 그리고 한국인 학생들은 저도 모르게 어깨를 들먹이며 흐느끼는 모습도 많이 목격하였다.

손 설립자는 중국 내 한 사범대학에서 물리학을 전공하고 교사로 5년 정도 일했다. 그녀는 퇴직 후 사업자등록증 등을 발급하는 공사국으로 옮겨 부국장까지 올랐으나, 2002년 퇴직해 2006년 지금의 양로원을 설립했다. 그녀는 딸을 의대로 보냈지만, 의사로 키울 생각은 없었다. 그녀는 의사인 딸이 양로원에 계신 동포 어르신들을 잘 치료해주기를 기대했으며 졸업하자마자 양로원장 자리를 넘겨주었다.

2대 원장이 된 김설화 원장은 조선족 3세이다. 외할머니의 고향에 대해 알고 있는 것은 많지 않지만, 외할머니가 끊임없이 한국 사람이라는 것, 같은 핏줄인 한국 사람에 대한 동포애를 강조했던 것만은 뚜렷하게 기억하고 있다. 그런 교육은 연변대학 의학원에서 임상의학을 전공해 의사로 편하고 보장된 삶을 살 수 있었던 그를 조선족 어르신들을 모시는 양로원장으로 이끈 힘이 됐다.

김 원장은 조선족 1~2세대의 경우 고국을 그리워하다가 결국 중국에서 생을 마감하는 것을 많이 보았다. 이들 중 상당수는 경제적 형편이 좋지 않거나 혼자 남겨진 경우도 많아 외로운 말년을 보내고 있었다. 이를 안타깝게 여긴 어머니는 양로원을 설립하셨고, 김 원장이 의학원을 졸업하자마자 이를 이어받게 했다.

물론 자신만 생각한다면 의학원 졸업 후 의사로 일하는 게 훨씬 더 좋지만, 어머니가 동포 어르신들을 돌보아야 한다며 원장직을 맡으라는 권유에 주저 없이 동의했다.

백두산 양로원은 중국 정부의 지원 없이 이곳에 사는 어르신들이 내는 돈과 자원봉사자들의 힘으로 운영하고 있다. 100% 조선족만 받고 있고 앞으로도 그렇게 운영할 계획이다. 홈페이지도 한글로 되어있어서 누구나 쉽게 관련 내용을 확인할 수 있다.

백두산 양로원은 한국의 명절인 추석, 단오 등의 날에 어르신들과 함께 지내고 김치, 송편 등의 음식도 함께 만들어 먹고 있다. 이곳 어르신들은 고향의 풍경이 담긴 사진을 좋아하신다. 김 원장은 신문사나 잡지사 등을 통해 어르신들이 살았다는 고향의 예전 모습과 지금 모습을 담은 사진을 구해 보여주기도 한다. 몸이 불편해 고국 땅을 밟지 못하고 눈을 감아야 하는 어르신들에게 사진으로나마 고국을 볼 수 있게 해주고 싶어서다.

김설화 원장은 한 언론사와의 인터뷰에서 다음과 같이 말했다.

"어르신 중에 고향이 대구·경북인 분들이 많습니다. 그분들의 고향 사진도 좋고 그곳의 흙도 좋고 조금씩 양로원으로 담아 보내주시면 어르신들이 생을 마감할 때 외롭지 않게 함께 보내드릴 수 있을 것 같습니다. 신문사도 좋고 행정기관도 좋고 이를 도와줄 사람을 찾고 있습니다. 여기 어르신들은 80% 이상이 치매를 앓고 있지만, 그래도 자신이 살던 고향과 가족 이야기는 종종 합니다. 고국 땅을 밟을 수는 없지만, 느낄 수 있게 도와드리는 일에 힘을 보태주셨으면 좋겠습니다."

한편 손 설립자는 창립기념식 발언에서 그동안 양로원을 잊지 않고 찾아주고 도와준 칭다오 조선족노인협회, 기업협회와 향우회, 지머소수민족연합회를 비롯한 칭다오 조선족 단체와 민주평통협의회, 칭한모 등 한인 단체들에 깊은 고마움을 표시했으며, 사회 각계 인사들의 따뜻하고 진심 어린 관심과 도움이 있었기에 지금까지 발전해올 수 있었다고 말했다. 아울러 이를 동력으로 삼아 양로원을 칭다오 조선족 노인들의 낙원으로 만들어가기에 최선을 다하겠다고 다짐했다.

아직은 개인의 돈으로 투자하여 경영하는 상황이라 많이 힘들고, 일부 사람들의 오해하는 시선도 많이 받고 있지만, 불쌍한 노인들을 위해 묵묵히 견뎌온 그녀는 어려운 상황에서도 여러 명의 가정형편이 어려운 조선족 학생을 도와 달마다 정기적으로 후원을 해주고 있다.

손 설립자는 "준 것은 강물에 새기고 받은 것은 가슴에 새기겠다는 마음가짐으로 그동안 한겨레사회에서 받은 것을 잊지 않고 사회에 환원하겠다."라면서 "앞으로도 계속 양로원을 잘 꾸려나가는 동시에 여러 가지 뜻깊은 민족 행사에도 변함없이 동참하는 것으로 한겨레사회의 지지와 방조에 보답하겠다."라고 말했다.

손옥남 설립자와 그분의 딸인 김설화 원장은 그동안 양로원을 위해 사심 없이 헌신해온 분들이다. 이 두 분은 그간 오갈 데 없는 한국인 환자들을 위해 정말 많은 노력을 기울여주셨다.

민사소송에 휘말려 출국금지 상태에 있던 한국인이 지병으로 복부에 물이 차 곧 터질 듯할 뿐만 아니라 전염의 위험이 있어 그 누구도 받아주지 않았으나, 단지 한민족이라는 이유만으로 나의 요청을 받고 지극정성으로 간호해주셨다. 결국, 세상을 떠난 환자를 손수 씻겨 깨끗한 옷으로 갈아입혀 장례까지 치러주셨다. 그렇게 오갈 데 없는 한국인 환자가 발생하면 마치 자신의 가족과 같이 보호해주었다.

나의 영사 생활 중 가장 아름다운 인연을 꼽으라면 단연코 손 설립자와의 만남이라고 말한다. 나는 개인적으로 손옥남 설립자를 어머니로 불렀고, 그분도 참 나를 많이 좋아해주셨다.

"영사는 폼만 잡고 편한 일만 하는 줄 알았는데, 우리 이 영사처럼 환자들 오물을 직접 치워주고 환자를 보살피는 모습을 보고 많이 놀랐다. 대한민국이 그래서 선진국인가 보다. 우리 민족끼리 힘을 합쳐야 하니 앞으로도 어려운 일이 있으면 언제든지 말해라. 이 영사 부탁은 내가 다 들어주겠다."

내 손을 잡고 말씀하시던 그분의 모습이 아직도 눈에 선하다.

내가 귀임할 때 칭다오 류팅 공항까지 일부러 나와 나를 배웅해주었다. 나는 그분의 얼굴을 보고 비행기 안에서 내내 눈물을 훔쳤다. 정말 고마운 분이었다.

얼마 전 한국에서 그분의 칠순 잔치 동영상을 보았는데, 휠체어에 앉아계신 모습을 보고 깜짝 놀랐다. 놀라서 전화를 걸어 보니 뇌출혈로 투병 중에 계신다고 했다. 그 소식을 접하고 당장 찾아뵙고 싶었으나, 코로나로 인해 찾아뵐 수 없는 상황이 안타까울 뿐이다. 이 상황이 종료되면 제일 먼저 찾아뵙겠다고 약속드린다.

지금도 잊지 못할 고마운 분들

　　해외에 거주하는 우리 국민 중에는 불법체류 신분으로 병원 치료도 제대로 받지 못하고 의식주도 해결할 수 없는 무능력자 신분이 의외로 많다. 사실 나도 이런 처지에 놓인 분들이 숫자를 가늠하기 어려울 정도로 많다는 사실에 놀라지 않을 수 없었다.

　영사 재직시절에 일상처럼 접수한 사건을 되돌아본다. 집세를 내지 못해 쫓겨나 노상에 방치 중인 한국인을 발견했다는 신고 전화, 수중에 가진 돈이 전혀 없어 오갈 곳이 없으니 도와달라는 요청, 범죄조직의 꾐에 빠져 중국에 왔다가 그들의 감시를 피해 몰래 도망쳐 나왔으니 긴급하게 도와달라는 전화, 한국 사람으로 보이는 사람이 응급으로 입원하였는데 여권만 있고 연고자가 없으니 총영사관에서 와서 조치해 달라는 전화, 탈북자 출신으로 한국 국적자이나 탈북과정에서 임시 체류하였던 중국에서 중국인과 혼인 관계를 유지하여 태어난 자녀를 친부에게 되돌려주기 위해 잠시 들렀는데 그 중국인의 감금, 폭행으로 도주하였으니 자신과 어린 자녀를 도와달라는 요청 등 이루 말로 형용할 수 없는 갖가지 사건들이 폭주하였다.

　사실 외교부에서 운영 중인 긴급구난비의 사용 목적은 제한되어있고, 해외에서 어렵다는 모든 분의 의식주를 해결해줄 여력은 전혀 없다고 해도 과언이 아니다. 그렇지만 대한민국 영사로서 그들의 아픔을 보고 들으면서 그저 손을 놓고 관망할 수는 없는 일 아닌가? 그러나 이들을 돌보기 위해서는 생각보다 시간과 돈이 많이 필요했다. 솔직히 내가 할 수 있는 인간적인 한계를 지나치는 일이 훨씬 더 많았다. 아무리 사정이 딱하고 도와주고 싶어도 나 혼자서는 도저히 해나갈 수 없었을 것이다. 다행히 어려운 사정이 닥칠 때마다 이런저런 형편을 이해하고 손을 내밀어 준 수많은 분이 계셨다.

백두산 양로원 손옥남 설립자와 김설화 원장님과 함께(귀임인사겸 환송연)

백두산 양로원 손옥남, 김설화 모녀 원장님, 칭다오 흥부 호텔 이진영 대표님, 칭다오 한인회 이덕호 회장님, 김종면 부회장님, 유달하 부회장님, 방상명 공예품협회장님, 칭다오 김밥천국 이상건 대표님, 웨이하이 한인회 김종유 회장님, 웨이하이 영사협력원 최현철 님, 칭다오 전라도 횟집 이용욱 대표님, 칭한모 채익주 대표님 등 많은 분의 열성적인 도움이 있었다.

이용욱 대표는 매년 추석, 설날 명절 때면 고향에 가지 못하는 교민들을 위해 무료로 떡국을 대접하거나 뷔페 음식을 차려 훈훈한 이웃의 정을 베풀었다.

병원비가 없어 치료를 받지 못하는 분들이 있으면 한인회 차원에서 돈을 모아 병원비를 지원해주셨고, 건강 문제로 당장 한국에 귀국할 수 없는 환자를 위해서는 기꺼이 간호를 해주셨고, 의류를 제조하시는 분들은 어린 꼬마의 딱한 사정을 보고 의류를 지원해주셨고, 한국으로 돌아갈 항공료가 없으면 기꺼이 지원해주셨고, 범죄 소굴에서 탈출하여 오갈 곳이 없을 때 따뜻한 방을 제공하여 주셨고, 어려운 이웃들을 위해 무료로 먹을 것을 제공해주셨고, 무연고 사망자가 발생할 때마다 이 영사 혼자 다 할 수 없다면서 기꺼이 옆을 지켜 도와주셨다.

무연고 자국인 사망자 시신 화장(김밥천국 이상건 대표 봉사장면)

이처럼 상황 해결에 동참해주실 때마다 매번 감사하다는 인사는 드렸지만, 솔직히 그 고마움을 어떻게 다 표현할 수 있을까? 그분들의 숭고한 마음이 정말, 큰 힘이 되었고 감사했다고…, 이 지면을 통해 다시 한 번 감사의 인사를 올린다.

특히 김종유 전 웨이하이 한인회장님과 영사협력원 최현철 님의 노고에 대해서는 특별한 고마움을 전하고 싶다.

웨이하이시는 총영사관과의 거리가 약 300km가량 되었기에 긴급한 사건이 발생하면 담당 영사가 도착하기 전에 초동조치가 필요했다. 납치, 감금 신고가 접수되면 공안 신고 후 현장에 가야 하고, 사망자가 발생하면 현장 상황을 파악하여 담당 영사가 조치할 수 있도록 협조해야 하는 등 매우 고단한 일상이었음에도 아랑곳하지 않고 묵묵히 대가를 바라지도 않고 4년간 나의 일을 도와주셨던 분들이다.

어느 날 총영사관으로 한국에서 긴급한 신고 전화가 접수되었다. 친구가 웨이하이시 경제구에 있는 모 아파트에 거주하는데 '친구야 잘살아라.'라고 마치 자살을 암시하는 듯한 문자를 남긴 채 이틀간 연락이 끊겼다는 내용이었다. 그 사건을 접수한 나는 분명 불상사가 발생했다 생각하고 조속히 현장을 방문해야 한다고 판단하였다. 우선 신고자를 통해 대강의 위치를 파악하고 아파트 단지를 확인했다. 정확한 호수는 알지 못했지만, 아파트 정문 입구 슈퍼 앞쪽 오른편 2층 몇 번째 호수라는 것을 메모해 두었다.

나는 그 즉시 김종유 회장, 최현철 협력원에게 전화하여 총영사관에서 파악한 위치를 알려주면서 현장 상황을 파악해줄 것을 요청하였다. 그 시간이 대략 저녁 6시경으로 기억되는데, 나의 전화를 받은 김종유 회장님과 최현철 협력원은 그간의 경험으로 비추어 무조건 자살이라고 판단하고, 어차피 사후처리를 위해서는 식사도 걸러야 하니 급히 끼니라도 해결하고 현장에 가자고 의견을 모았다는 말을 나중에 들은 적이 있다.

급히 분식집에서 끼니를 때우고 아파트 현장에 도착하여 수수께끼 같은 집을 어렵게 찾아가 문을 두드렸다. 그런데 다행히도 잠시 후 인 기척이 들리더니 술에 취해 잠을 자고 있던 신고자의 친구가 문을 열고 나오더라는 것이다. 그는 기분이 좋지 않아 술을 마시고 이틀간 잠을 잤다고 말했다.

불행 중 다행이라는 생각이 들었다. 그렇지만, 이렇게 확인되지 않은 일에도 내가 부탁을 드리면 항상 자기 일처럼 제일 먼저 달려와 나의 일을 도와주셨다.

중국에 체류 중인 남자친구의 꾐에 빠져 마약을 투약하고 성폭력을 당해 도망친 여성, 중국 친구의 초청으로 중국에 왔으나 음주 과정에서 패싸움에 연루되어 도망쳐 나와 인적이 드문 야산에 숨어있다는 사람, 여권을 분실하여 한국에 돌아갈 수 없으니 도와달라는 사연 등…. 긴급한 도움이 필요한 재외국민의 신고를 받으면 항상 도움을 주시는 분들의 협력이 필요했다. 그분들에게 이 지면을 통해 다시 한번 진심으로 감사드린다.

모두가 자기 삶이 있지만, 묵묵히 보이지 않는 곳에서 남을 위해 봉사하시는 좋은 분들이 많다는 것은 그만큼 이 세상이 살만하다는 것을 보여준다고 생각한다.

오늘따라 그분들이 많이 그립다.

재외한인구조단 소개

    재외한인구조단은 전 세계에 흩어진 720만여 명의 재외한인 중 여러 이유(건강, 불법체류 등)로 곤경에 처해 귀국하지 못한 채 해외에서 불법으로 거주하면서 육체적, 정신적 어려움을 겪는 한인들과 연고자가 없이 병세가 위급한 중환자들을 선별하여 고국으로 귀국시켜 새로운 생활을 영위할 수 있도록 지원하는 비영리사단법인이다.

사건현장에 출동하여 사고처리하는 모습
(웨이하이 김종유 한인회장, 저자, 별은도 국장, 왕대대장)

나는 중국에서 근무하는 동안 급박한 건강 위기를 넘긴 우리 국민 환자들의 귀국지원을 위해 재외한인구조단과 자주 협력하였고 그때마다 많은 도움을 받았다.

　설립자는 권태일 목사(사랑밭 교회 담임)로 중국에서 목회할 때 길거리에서 구걸까지 하며 사는 어려운 삶을 보고 봉사를 시작하게 되었으며, 봉사를 시작한 지는 30년이 넘었다.

　재외한인구조단은 그동안 '한국인은 한국인의 품으로…, 대한민국이 책임져야 합니다.'라는 구호 아래 국제구호 NGO 월드쉐어의 산하 단체로 활동을 펼쳐오다가 사역의 범위가 점차 확대되며, 지난 2015년 4월 재외한인구조단(이사장 권태일)으로 정식 발족하였다.

　내가 영사로 재직하면서 병이 나거나 부상당한 우리 국민의 응급치료를 마치고 한국으로 귀국시킬 때면 의외로 한국에 연고가 없는 분들이 많았다. 그럴 때마다 발 벗고 도와준 단체가 바로 '재외한인구조단'이었다. 우리 재외국민을 위해 묵묵히 봉사해주는 단체가 있음에 감사하게 생각하고 있다. 이러한 단체가 있고 고마운 분들이 있다는 사실을 소개할 기회가 있으면 좋겠다는 생각을 하고 있었기에 한국으로 귀임할 무렵 재외한인구조단 강서영 과장님에게 결례를 무릅쓰고 구조단의 소개자료를 부탁드렸다.

　다음은 재외한인구조단의 소개 내용이다.

　국외 거주 재외한인은 750만 명으로 5,000만 전체 인구의 7분의 1에 해당하는 한국인이 해외에 살고 있습니다. 이들 중 약 10만 명은 각 해외에서 가난과 무지로 인해 고통당하고 있습니다.

　우리 구조단은, 이런 현실 속에서 자의든 타의든 부득이하게 먼 이국땅으로 건너가 하루하루를 고통 속에서 살아가고 있는 재외한인들을 구조하고, 지원하기 위해 설립된 기관입니다.

대한민국 대사관, 각국에 나가 있는 재외공관, 각국의 한인회 등 재외한인과 관련된 정부 기관 및 유관 단체들과 협력을 통해 어려움을 겪고 있는 재외한인을 지원하는 구조사업을 운영해 나가고 있습니다.

현재 22개국, 40여 곳의 한인회, 재외한인 유관 단체들과 협약이 맺어져 있으며, 이 국제 협력 네트워크를 기반으로 각 나라의 현지에서 발생하는 구조 요청 접수, 한국 귀환을 위한 행정처리, 한국 구조 후 대상자 국내 정착을 위한 복지 시스템 컨설팅 등 다양한 구조 관련 업무들을 진행하고 있습니다.

한 예로 직접 일본 나고야에서 진행한 구조 활동을 말씀드리겠습니다.

작년 11월 일본 나고야 총영사관으로부터 긴급하게 구조해야 하는 분이 계신다는 연락을 받았습니다.

건설현장 일용직 일을 하면서 하루하루 힘들게 사시던 분이, 갑작스러운 심장마비와 뇌졸중으로 의식을 잃고 쓰러졌으나, 다행히 친분이 있던 한식당 주인이 발견 후 신고를 하였고, 일본 나고야 대학병원에서 응급 처치를 통해 생명은 건졌지만, 뇌 손상으로 인해 거동할 수 없는 상황으로, 마지막 여생은 한국으로 돌아가고 싶어한다는 소식이었습니다.

그는 혼자서는 한국으로 귀환할 수 없는 상태였고, 공관 측의 협조 요청으로, 저희는 직접 나고야 대학병원을 찾아가게 되었습니다.

저희가 도착했을 때, 상황은 예상했던 것보다 훨씬 심각했고, 병원비 문제 또한 해결되지 않고 있었던 상황이었습니다.

치료비가 4,000만 원이었는데, 그때까지 3,000만 원만 지불한 상태로, 저희는 나고야 경찰 영사분과 어떻게 하면 나머지 1,000만 원을 조금이라도 깎을 수 있을지 고민을 하면서, 병원 측과 병원비 협상에 나섰습니다.

그런데, 전혀 예상하지 못했던 기적 같은 일이 생겼습니다. 저희 쪽으로 오히려 2,700만 원이라는 돈을 후원금이라고 돌려주면서, 한국에 가서 치료를 받고 생활하는 데 사용해 달라는 것이었습니다.

해외에서 사는 한국인을 구조해 데려가겠다고 직접 일본까지 와준 구조단이 있다는 것에 놀랐고, 큰 감동을 받았기에 그 일을 하는 저희를 후원해주고 싶다는 말을 듣게 되었습니다.

아울러 한국에서 어려운 일본인의 소식을 듣게 된다면 구조단에서 그 일본인을 구조해주고, 나고야 대학병원 측으로 연락해달라는 부탁도 받게 되었습니다.

저희 또한 일본 나고야 기후 대학병원 측의 배려에 큰 감동을 받았고, 더욱더 큰 감동이었던 점은, 한국에 도착해서 병원에 도착할 때까지 돌봐줄 수 있는 담당 의사 두 분도 동행하도록 조치해주었습니다. 그래서 무사히 인천에 도착, 응급 차량을 이용해 사전 준비된 병원으로 후송하여 입원 치료가 이루어졌습니다.

한국 귀환 후 오래 살 수 없다는 것을 알게 된 저희는 한국에 있는 가족들에게 연락을 취했습니다. 죽은 줄 알고 10여 년 전부터 제사를 지내고 있던 가족들은 저희 말이 사실로 들을 리 없고, 오히려 사기꾼이라는 오해를 받기도 하였습니다.

하지만 여러 차례 사실을 전달하였고, 가족들은 대상자를 병원 중환자실에서 28년 만에 만나게 되는 드라마틱한 상봉이 이루어졌습니다.

안타깝지만 그분은 지난 2월, 하늘나라로 가셨고, 지금은 그곳에서 평안하게 지내고 있으리라 생각합니다.

이상 재외한인구조단의 소개를 마치겠습니다.

온몸에 생선 비린내를 머금고…

해양경찰청에서 근무한 경력이 있던 나는 중국어선의 불법 조업이 근절되지 않는 이유에 대해 항상 궁금했었기에 중국 북반부 최대 어항인 산둥성 룽청시에 있는 석도 어항에 자주 나갔다. 수감된 우리 국민의 영사면회를 하려고 웨이하이, 옌타이 등을 방문할 기회가 있으면 일부러 시간을 쪼개어 주변의 어항과 수산시장을 방문하였다.

중국어선이 우리 해역에 넘어와 불법조업을 하는 횟수가 늘어나고, 한국 해양경찰의 공권력에 도전하는 사례가 빈발하였기에 중국어선 불법어로 행위의 원인분석과 재발 방지를 위하고 선제적 예방조치 방안을 강구하기에는 현장을 직접 방문하여 눈으로 보고 귀로 듣는 것이 가장 좋은 방법이라고 생각했다.

금어기 기간에도 중국 어시장에서는 양식되지 않는 어종이 냉동상태가 아닌 선어 상태로 거래되는 것을 종종 볼 수 있었다. 나는 어시장을 돌면서 각종 생선의 아가미 내부를 살피면서 신선도를 따져가며 가격을 흥정하는 수준도 꽤 능숙해졌다. 그러니 지방 출장을 다녀올 때면 온몸에 생선 비린내가 진동하였다.

산둥성 출항 선박이 우리 해역에서 조업하는 불법 어선 중 가장 큰 점유율을 차지하고 있으나, 다른 지역 선단과 비교해 집단적이고 폭력적인 저항을 통해 나포를 모면한 경우가 빈번하여 나포 선박 통계가 실제보다 낮았음에도 내가 처음 부임하였을 당시만 하더라도 산둥성 출항 어선의 나포 건수는 전체 중국어선 나포 건수의 50%를 넘었다.

한중 해상합동수색구조훈련에 참석하여 축사하는 장면 (중국 옌타이)

매년 봄철 성어기(4월~6월)만 되면 민감수역인 우리 서해 NLL 주변 해역에서의 중국어선의 불법조업이 끊이지 않았다. 매년 2회 개최되는 '한중 어업문제 협력회의'에 빠짐없이 대표단으로 참석할 때마다 중국 대표단은 '중국 중앙정부는 불법조업 관리를 철저히 하고 있으며, 중국 어민들에게 '문명적 어업 행위'를 지속해서 계도·감독하고 있고, 지방정부도 중앙 정부의 지시에 따라 지속적인 단속을 진행하고 있다.'는 취지로 대응하였다. 실제 내가 현장에서 확인한 결과에 따르더라도 중앙정부와 성정부에서 지속해서 불법조업 근절 관련 공문이 지방정부로 하달되고 있었고, 해당 지시에 따라 현장에서 관리 감독을 하는 것으로 관찰되었다.

1992년 8월 이루어진 한중수교를 계기로 양국은 어업문제의 타결을 위한 협의가 필요함을 인식하고, 1993년 12월부터 어업협상을 개시하였다. 그러나 중국은 한중간 어업문제에 관한 한, 배타적 경제수역 제도의 조기 도입 보다는 현행의 공해자유 원칙에 입각한 어업질서를 선호하여, 양국 간의 배타적 경제수역이 확정될 때까지 12해리 영해 이외의 수역을 모두 현행 자유어로질서를 유지하자는 주장을 하여 협상 타결에 처음부터 어려움이 있었다.

중국은 지속해서 자유어로질서를 주장하며 공동어로 구역을 넓히려 했지만, 한국은 이 공동어로구역을 최소화하고 연안국이 배타적 관리를 하는 수역을 넓히는 것을 지향해왔다. 이렇듯 뚜렷한 견해차와 중국의 소극적 태도 등 많은 어려움이 있었지만, 양국은 1998년 11월에 협상을 종결하고 2001년 6월 마침내 '한중어업협정'을 발효시켰다.

중국 정부가 중국 어민을 대상으로 한국해역에서의 불법조업 행위를 일종의 '비문명적 행동'으로 간주하고 실질적인 근절대책을 마련하기 위해 고심한다고는 하지만 중국 어민들에 대한 전면적인 의식 개조가 선행되지 않으면 공허한 구호에 그칠 수도 있겠다는 생각이 들었다. 수산물 유통센터나 어시장에서 만났던 중국 어민들의 내심을 살펴보면 한중어업협정 체결 이전에는 한국의 해역에서 자신들의 아버지, 할아버지가 마치 앞마당과 같이 편하게 물고기를 잡았던 터전이라는 의식이 매우 강했다.

한중어업협정 체결 이전에 한국수역에서 어로행위를 하였던 습관과 거기서 얻어왔던 이익을 쉽게 포기할 수 없다면서 노골적으로 한중어업협정을 체결한 중국 정부에 불만을 표출하는 어민도 있었다. 그러한 뿌리 깊은 인식에 사로잡힌 중국 어민들은 우리 해경의 단속으로 설령 어선이 나포되더라도 "계" 형식의 상호부조를 통해 분담금을 조달하고, 어선을 되찾아 어획 활동을 통해 경제적 손실을 메울 수 있다는 인식이 팽배한 것으로 보였다.

우리 해경의 단속이나 중국 중앙정부의 의지에도 불구하고, 은행에서 대출받아 선박을 구입하고, 7~8일 동안 10명 내외의 선원들에게 높은 임금을 지불하면서 어선을 운용하는 선주의 입장에서는 일정량 이상의 어획량을 확보하지 않으면 생존권이 위협을 받기 때문에 계속해서 불법조업을 감행하는 것으로 관찰되었다.

나는 이러한 현장의 목소리를 청취하고 중국어선 불법조업의 근절을 위해서는 중국어민의 의식 개조와 중국 정부 차원에서 어민계도가 실효적이고 꾸준하게 이루어져야 한다고 생각했다. 실제 중국 당국자와 관련 문제를 협상하면서 그러한 문제점을 줄기차게 지적하기도 하였다.

박경민 제15대 해경청장 방중활동 지원

중국 정부도 중국어선 불법조업이 근절되지 않는 원인을 분석하고, 조업량 감소로 인한 중국 어민의 수입 감소를 보전하는 방안을 고심하였다. 룽청시는 자체적으로 정책을 수립하여 어민들의 생활 수준 향상 및 수입원 창출을 위해 수산물가공센터 건설, 양식어업 확대 유도 등을 위한 무이자대출 비중을 높이는 조처를 하였다. 선주들도 자체적으로 주요 수산물을 수입하여 가공하는 수산물 유통센터를 개설하려는 움직임을 보였고, 그간 수입할 수 없었던 선어(냉동상태로 보관되는 것이 아닌 얼음으로 신선도를 유지하는 수산물)를 수입하기 위한 준비를 하고 있었다.

목포해경 관할 수역에서의 중국어선 선장 총기 사망사건은 중국 어민 사이에 한국 해경의 공권력 집행이 엄격하다는 인식을 심어주었고, 한국 해경의 법 집행에 부담을 느끼고 있다는 중국 어민의 말을 직접 청취해보니 중국 어민들 사이에 우리 해경의 공권력 집행은 실효성을 거두고 있다고 판단하였다. 물론 중국 해경국은 우리 해경의 단속활동과 관련하여 무기사용 등에 대해 민감하게 반응하기도 하였다.

점차 중국 정부는 그간 중국어선의 불법조업이 중국 어민들의 생계 보장 차원에서 불가피하고, 행정력 미비로 어선과 어민 관리에 어려움이 있다는 입장에서 다소 벗어나, 더는 불법어업 문제를 방치할 수 없다는 각오를 다지면서, 모든 어선에 위치추적시스템 가동을 의무화하여 관련 시스템을 정비하고, 어민계도를 적극적으로 추진하는 방향으로 정책에 변화를 주었다.

또한, 산둥성 룽청시는 중국어선에 관한 법 집행 효율성을 높이기 위해 '룽청시 해양어업집법대대'를 정식으로 출범하고, 산둥성 정부는

'산둥성 어업선박관리방법'을 발표하는 등 관할 수역 내 어업 선박에 대한 관리 감독을 강화하고, 어업 선박이 해외 작업 시 국제공약 및 타국과의 어업협정조약을 지킬 것을 규정하였다. 그리고 산둥성 웨이하이시 해양어업국과 웨이하이시 공안국은 법으로 불법 월경 조업행위에 대해 엄격하게 처리할 것을 표명하였다.

밀월관계로 발전해가던 한중 양국 간에는 사드 문제가 불거지기 전까지는 중국어선의 불법조업 문제가 가장 큰 골칫거리였다. 그러한 현실을 너무나 잘 알고 있었기에 나는 석도 어항이나 수산시장을 돌 때마다 현장의 생생한 모습을 그대로 전달하려고 노력했다.

중국 당국자를 만날 때에도 현장의 느낌을 그대로 전하면서 정책 변화를 이끌었고, '한중 어업 문제 협력회의' 때 중국 측에 강력한 개선 노력을 촉구하기도 하였다. 우연의 일치인지는 모르겠으나, 내가 부임한 이래 중국어선 불법조업이 감소추세에 있다는 통계를 접하고 보람을 느꼈다.

홍익태 해양경비안전본부장
방중활동 지원

친구들의 피와 땀으로 설립한 한국인 병원

2015년 2월 칭다오에 부임한 이래, 매 주말만 되면 한국인 관광객이 관광 중 골프장 카트 낙상사고, 관광지에서 갑자기 쓰러지는 사고, 교통사고, 상해 피해 등 각종 부상당했다는 내용의 사고를 접했다. 그럴 때마다 나는 매번 중국 병원을 안내하고 언어가 통하지 않으면 영사관 직원, 환자, 의료진의 3자 통화를 통한 통역 서비스 제공을 하였다. 그러나 언어의 한계가 분명히 있었고, 더군다나 한국인들의 중국 의료시스템에 대한 불평불만이 잦았다.

또 중국에 진출하여 사업실패 등으로 한국에 돌아가지 못하면서 중국에서 불법체류 중인 수많은 한국인은 설령 몸이 아프더라도 비싼 병원비 부담, 불법체류 신분이 탄로가 날 염려 등으로 중국 병원에 갈 엄두도 내지 못하는 실정이었다.

나는 이 문제에 대해 정말 수많은 고심을 하였다. 그러던 중 2015년 여름부터 20년간 친한 친구이고 의형제나 다름없는 김종철 다나 양·한방병원 이사장(부천에서 병상 수 100개 정도 규모의 중소 한·양방 병원을 운영)이 중국에 있는 나를 보러 칭다오에 자주 왕래했다.

나는 그 친구를 볼 때마다 중국에 관광 오신 한국인들과 이곳에 체류 중인 한국인들의 의료서비스 개선을 위해 뭔가 역할을 해주었으면 좋겠다는 제안을 자주 하였다.

그 당시 김 이사장은 한국의 병원 경영상태가 그다지 좋지 못하였고, 교통사고 보험사기행각을 하던 가짜 환자를 입원시킨 내역으로 건강보험공단 심사평가원에서 조사를 진행 중이었기에 공단으로부터 의료보험 지원을 받지 못하는 등 매우 어려운 상황에 놓여있었다. 그런데도 김 이사장은 친구인 나에게 심적 부담을 주지 않기 위해 함구하고있었다.

병원 설립에 나름의 경험이 있는 김 이사장은 내가 소개한 칭다오 한국인 병원 김봉동 원장과 여러 번 만났다. 김봉동 원장은 주변의 어려운 이웃과 조선족 동포를 위해 무엇을 할 수 있는지 항상 고민하면서 어렵고 소외된 진정한 우리의 이웃을 위해 무료의료봉사 활동 참여 등 꾸준히 지역사회에 도움이 되고자 노력해왔고, 높은 수준의 의술을 통해 그간 많은 난치병 환자를 치료해온 훌륭한 의료인으로 많은 존경을 받고있었다. 두 사람은 중국 거주 한국인들과의 면담을 통한 애로사항 청취, 의료수가 등을 면밀히 검토한 결과 재중한국인들에게 양질의 의료서비스를 제공하면서도 경영 측면에서 충분한 타당성이 있다는 결론을 내놓았다.

다만 각종 의료장비, 약품 공급 및 의료진 파견 등에 대해서는 김 이사장이 맡아 도와줄 수 있으나, 현재 입주할 병원시설이 노후하여 대대적인 환경개선이 필요하다는 의견을 내놓았다.

해당 분야의 전문가가 아닌 나는 전문가가 내놓은 의견을 존중하고, 무엇보다 한국인들에게 양질의 의료서비스를 제공할 수 있다는 판단에 따라 칭다오 한국인 병원 김봉동 원장, 김 이사장과의 대화 창구를 상설화하여 제대로 된 병원을 만들어보도록 주문하였다.

그 무렵 한국에 있던 친구들이 많이 방문하였는데, 초등학교 동창생에게 내가 품고 있는 좋은 뜻과 김종철 이사장이 지금까지 조사한 내용을 설명하고, 초등학교 친구들이 병원 환경 개선을 위한 곳에 도움을 주면 좋겠다는 제안을 하였다.

그렇게 해서 2016년 11월 우여곡절 끝에 한국인 병원 내에 코리안메디컬센터를 개설하였으나 보완해야 할 일들이 첩첩산중이었다.

김종철 이사장은 한국인 병원 내에 코리안메디컬센터를 개설하는 과정에서 많은 에너지를 쏟았으나, 당시 한국에서 발생한 사드 문제로 한중 관계는 극도로 악화되었고, 물류도 막혀 원활한 약품과 의료장비의 공급에 많은 문제가 발생하였다. 더군다나 한국에서 운영 중인 병원의 경영악화로 중국 병원에 대한 지원을 충분히 할 수 없었다.

이렇게 한국인 병원은 김 이사장과 초등학교 친구들의 피와 땀이 서린 것이었다. 그러나 아무리 좋은 뜻을 지니고 시작했더라도 결과가 좋지 못하면 그 비난은 내가 받아야만 했다. 그 과정에서 안타깝게 김 이사장은 췌장암으로 세상을 달리했다. 안 그래도 몸이 아픈 친구에게 부담만 주었다고 생각하니 너무 괴로운 시간이었다. 한국인 병원은 내가 제안을 하였고 좋은 결실을 얻고자 했으나, 결국은 결과가 뒤를 받쳐주지 못했다.

파견된 원장 선생님과 상의하여 당장 운영할 자금을 마련하는 숙제는 온전히 내가 떠안아야 했다. 나의 든든한 배경이 되었던 김 이사장은 이미 이 세상 사람이 아니었고, 초등학교 친구들은 나의 좋은 취지를 이해하고 도와주었을 따름이었다. 그 친구들의 숭고한 뜻을 저버릴 수 없었기에 어떻게 해서든 병원을 유지하게 하려고 최선을 다했다. 공무원 신분에 경제적으로 넉넉하지는 않았지만, 내가 가지고 있는 모든 돈을 다 쏟아부었다.

그러나 역부족이었다. 한국의 모병원이 경영악화로 문을 닫고 운영자가 사망하는 일이 있고 보니 원장 선생님과 간호사들의 의욕은 떨어지고, 나의 경제적 지원도 한계에 부딪힐 수밖에 없었다.

한국에 있는 좋은 의료진을 소개받아 병원 상황을 설명하였으나, 그 당시 사드로 인한 한중 관계 악화를 염려하여 감히 손을 댈 엄두를 내지 못하였다. 그렇게 좋은 뜻으로 시작한 한국인 병원은 제대로 꽃도 펴보지 못하고 중단할 수밖에 없었다.

주변 사람들은 밑 빠진 독에 물 붓기라고 나의 경제적 원조를 만류하였으나, 죽은 친구와 초등학교 친구들을 생각하면 돈이 문제가 아니었다. 어떻게든 유지해서 자리를 잡게 해주고 싶은 생각뿐이었다. 이 지면을 빌어 하늘나라에 간 친구 김종철 이사장의 명복을 빌어본다. 그리고 나를 믿고 좋은 취지에서 도움을 주려했던 초등학교 동창 친구 김재복과 강정원에게 진심으로 미안한 마음을 전한다.

친구들아 미안하다.

제4장

-

기억에 남는 사건·사고

납치, 장기밀매 위기에 처한 우리 국민 구해

2015년 10월 15일 오후 5시 30분, 사건팀 행정원으로부터 웨이하이시에 당일 입국한 우리 국민 심태섭(가명, 이하 사건·사고 부분에서는 이름을 가명으로 하였음을 밝혀둔다.)이 신원을 알 수 없는 여러 사람에 의해 납치 감금이 되었는데, 장소도 모르고, 상대방이 누구인지 전혀 모르는 상태라 한국에 있는 가족들이 애태우고 있다는 내용을 보고받았다.

먼저 유일하게 피해자와 카카오톡으로 연락이 닿던 피해자의 배우자와 사촌 형과 통화를 하면서 상황을 파악해나갔다. 심 씨는 경기 안산시에 사는 부인과 친척에게 전화를 걸어 "여권도 빼앗기고 어딘지도 모르는 곳에 감금돼있다. 빨리 8,000만 원을 마련해 납치범들이 요구하는 대로 안산에 있는 중국인에게 전달하라."라고 부탁했다. 납치 용의자들은 자신들이 지정한 사람에게 돈을 부치면 남편을 풀어줄 것이고, 그렇지 않다면 장기밀매범에게 피해자를 넘기겠다고 가족들을 협박했다.

그런데 피해자의 가족들은 피해자가 구체적으로 중국에서 어떤 일을 했었는지, 같이 일을 했던 동료는 누구인지, 사업을 하고 있다면 사무실 직원 연락처가 있는지 등에 대해 전혀 아는 내용이 없었다. 한 가지 알고 있는 사실은 중국에서 낙지와 멍게를 수입하기 위해 웨이하이로 갔다는 정도였다.

유일한 단서는 피해자가 한국에서 사용하던 휴대전화기를 로밍해서 중국에서 사용하고 있고, 용의자들이 돈을 받아내기 위해 피해자의 가족과만 카카오톡으로 연락을 주고받는 상황이었다. 긴급히 친분이 있는 중국 공안과 중국 통신회사 고객센터에 로밍폰의 위치추적이 기술적으로 가능한지 문의하였으나, 시간이 너무 늦은 관계로 어렵다고 했다.

시간은 자꾸 흐르는데 답답했다. 그때 피해자 가족이 통역하는 여자와 통화하는 과정에서 단순 통역이 아니라는 실마리를 알아낼 수 있었다. 납치 감금 피의사건에서 서로 결탁한 관련자가 아닌 제3자가 끼어 있다는 사실이 의심스러웠다.

나는 밤새 웨이하이에 상주하는 영사협력원, 한인회 등의 도움을 받아 웨이하이지역에서 한국인에게 낙지와 멍게 등을 인천항을 통해 수출하는 중국인들을 수소문한 끝에 한국계 중국인 S 씨(52세·여)가 심 씨와 수산물을 수년째 거래해왔다는 증언을 확보했다.

S 씨가 보낸 수산물의 상태가 좋지 않아 심 씨가 대금을 주지 않은 사실도 확인했지만, S 씨는 계속 전화를 걸어도 휴대전화를 받지 않았다. 그런데 최근 심 씨가 납치되기 직전, 신원을 알 수 없는 사채업자들이 S 씨의 자택에 방문하여 채무변제 대신 주택을 넘기라고 난동을 부렸고, 현재 S 씨 역시 지인들과 연락이 닿지 않는 점으로 볼 때 피해자와 거래한 중국인 수산업자가 거의 확실하다는 생각이 들었다.

날이 밝자 산둥성 공안청과 웨이하이시 공안국에 자국인 납치 감금 용의자 휴대전화 번호를 알려주면서 위치추적을 요청하였다. 또 주변 인물 탐문을 통해 감금 장소를 신속히 찾아 달라고 요청하고, 시시각각 친분이 두터운 공안국 간부에게 전화해서 상황을 체크하였다.

또 한국에 있는 안산 단원경찰서 강력팀에도 상황을 계속 전했다. 결국, 웨이하이 공안국 형사대가 오후 5시 반 경 웨이하이 외곽의 감금 장소를 덮쳐 심 씨를 무사히 구조하고 납치범도 모두 붙잡았다. 나는 가슴을 쓸어내렸다.

이 사건의 경우 납치 용의자들의 최종 목적은 피해자를 통해 돈을 받아내는 것이기 때문에 그 점을 놓치지 않은 것이 실마리를 푸는 열쇠가 되었다. 용의자들은 납치 당일인 15일 저녁 7시 30분까지 돈을 주지 않으면 곧바로 장기밀매 업자에게 넘긴다고 위협을 했으나, 나는 피해자의 사촌 형에게 전화를 걸어 용의자를 달래보라고 부탁했다.

"현재 한국은행 시간이 마감되었다. 1일 이체 한도가 있어서 설령 돈이 있다고 하더라도 한꺼번에 보낼 수 없고, 그렇게 큰돈을 당장 마련할 수도 없다. 우선 준비되는 대로 돈을 보낼 테니 시간을 달라."

이렇게 피해자의 가족이 용의자가 지정한 한국 계좌로 200만 원을 송금하는 등 조금씩 돈을 송금하는 식으로 시간을 벌었다. 사실 돈이 목적인 용의자들에게는 돈을 받을 수 있다는 가능성이 있으면 쉽게 포기하지 않는다는 점을 알았기에 용의자들이 돈을 받을 수 있다는 희망의 끈을 놓지 않도록 하면서 수사를 진행했다.

이 사건은 심태섭이 밀린 수산물 대금을 갚지 않자 S 씨가 돈이 급해 사채를 썼고 사채를 갚지 못하자 사채업자 일당이 S 씨와 심태섭을 함께 납치한 것이다. 가해자는 피해자 가족이 수사기관에 신고한 것을 눈치채고 허튼짓하면 가만두지 않을 것이고, 말을 듣지 않으면 장기 밀매업자에게 넘긴다고 계속해서 협박했다. 실제로 심 씨는 장기 밀매업자에게 넘겨질 뻔했지만, 한중 양국의 신속한 수사 공조와 한인회 김종유 회장, 최현철 부회장 등의 도움으로 무사히 풀려났다.

이런 안타까운 사건들이 발생하지 않으면 가장 좋겠지만, 구조적으로 어쩔 수 없이 발생할 수 있다는 점을 인정할 수밖에 없는 것이 현실이다. 국내도 경기 불황으로 힘든 사람들이 많지만, 이곳에서 기업을 운영하거나 장사를 하는 사람들도 많은 어려움을 겪고 있다. 특히 채무불이행, 대금분쟁, 동업자 상호 간 분쟁 등 민사문제가 형사사건으로 진행되는 경우가 빈번하다.

그런데 중국은 채무 담보를 해결할 때 불량배 등을 동원하여 업무방해, 폭행, 상해, 납치 감금 등으로 해결하려는 시도가 매우 많다. 한국에서는 사람을 감금하고 돈을 요구하면 인질강도죄로 법률을 적용하여 중형으로 처벌되는데, 이곳에서는 마치 개인들의 민사분쟁 정도로 가볍게 간주하는 경우가 많으므로 특히 이런 점에 유의하여야 한다.

불발로 끝난 조희팔 사건

2015년 11월 5일 12시 30분경, 재외국민보호과 안명준 경감의 보고를 받았다. 국내 종합 시사주간지 '시사인'의 정희상 기자가 인터폴 적색수배자인 조희팔의 소재 파악을 위해 잠입 취재를 하던 중, 산둥성 칭다오시 지모구에서 중국인들로부터 신변위협을 당하고 있다는 것이었다.

나는 정희상 기자의 휴대전화로 통화하여 신변위험 유무를 긴급 확인하였다. 정 기자는 적색수배자 조희팔의 소재 파악을 위해 11월 3일 중국에 입국한 뒤 잠입 취재를 하고 있었다. 정 기자는 최근 조희팔의 오른팔인 강태용의 검거에도 정보를 제공하였으며 지난 7년간 조희팔의 행방을 끈질기게 추적하고 있었다.

조희팔은 2004~2008년까지 5년간 전국에 10여 개 피라미드 업체를 차리고 의료기기 대여업으로 30~40%의 고수익을 보장한다고 속여 투자자 3만여 명의 돈 4조 원을 가로챘다. 그는 회원이 가입하면 그 돈을 융통해 먼저 가입한 회원에게 이자를 지급하는 방식으로 사업을 운영하였다. 그러던 중 사기 행각이 드러나자, 검찰이 기소하기 직전인 2008년 말 중국으로 밀항하였다. 중국에서는 가명을 쓰고 조선족으로 신분을 완전히 위조한 뒤 웨이하이 인근에 숨어 살았던 것으로 알려져 있었다.

경찰청 지능범죄수사대는 2012년 5월 21일 현지 공안이 발급한 사망확인서와 유족이 찍은 장례식 동영상 등을 근거로, "조 씨가 2011년 12월, 중국에서 급성 심근경색으로 사망하였으며, 같은 달 국내로 유골이 화장되어 이송된 사실을 확인하였다."라고 발표하였다. 하지만 조 씨에게 사기당한 피해자들은 그가 경찰 수사를 피하려고 위장 사망을 꾸민 것으로 의심하고 있었고, 아마 중국 어딘가에서 숨어서 생활하고 있을 것이라는 생각을 버리지 않았다.

이후 경찰청은 2012년 5월 말, 조 씨 유족이 국내 모 납골당에 안치한 유골과는 별도로 보관하고 있는 추모용 뼛조각을 입수해 국립과학수사연구원에 DNA 조사를 의뢰하였다. 그러나 국립과학수사연구원은 6월 29일 조사 결과, 감식 불가능이라는 결론을 내렸다. 여기에 경찰의 조희팔 사망 발표 이후에도 조희팔을 봤다는 목격담이 계속되면서 그의 사망을 둘러싼 의혹은 계속되고 있었다. 실제 웨이하이에 거주하는 지인 중에도 조 씨를 봤다는 사람이 있었다.

조희팔의 행방을 줄기차게 찾아다니던 정 기자는 한족 협조자를 통해 조희팔로 추정되는 한국인이 지모구 니과촌(泥註村)에서 한국계 중국인(조선족) 건달 10여 명의 보호를 받으면서 농장을 운영하고 있다는 첩보를 입수하였다.

정 기자는 중국인 협조자에게 조희팔의 사진을 보여주었다. 협조자는 비록 사진보다 살이 많이 빠져 있지만, 나이는 57~58세, 키는 168cm 정도로 추정되며 생김새가 거의 90% 이상 확실하다는 진술을 하였다.

정 기자는 사실 여부를 확인하기 위해 중국으로 건너와 최근 3일간 조희팔 추정 인물이 거주하는 지모구 니과촌에 방문하여 촌민을 상대로 직접 탐문에 들어갔다.

"돈이 많은 한국인이 땅을 사서 농장을 운영하고 있는데, 그 사람을 잡으러 왔나?"

처음에 촌민들은 이런 식으로 조희팔의 존재를 인정하는 듯했으나, 다음 날부터 돌변한 태도를 보였다.

"우리는 절대 알려줄 수 없으니 할 말 있으면 촌장을 통해 물어보라."

촌민들은 정 기자가 찾고 있는 조희팔에 대해 일체 입을 다물었으며 탐문을 지속하는 과정에서 정 기자의 멱살을 잡고 협조자들에게 적대감을 보이는 등 신변위협까지 가하고 있었다.

나는 곧 현장에 출동하여 중국인 협조자인 J 씨(43세, 여, 한족) 및 김시연(35세, 여, 조선족)을 만나보았다. 그들은 2015년 9월경 중국 칭다오시 청양구 소재 한족이 운용하는 허름한 카페에서 모자를 쓴 조희팔(조유환이라는 이름을 사용)로 추정되는 인물을 최초 접촉하였고 그로부터 '한국에서 골프장을 운영하여 막대한 부를 축적했다는 말을 들었고, 주변에 경호원을 항상 대동하고 다니는 것을 보았다.'라고 증언했다.

제보자는 칭다오시에서 한국인을 상대로 민박집을 운영하는 과정에서, 조 씨의 보디가드 지인들이 투숙한 인연으로 알게 되었고, '돈 많은 한국인이 가사도우미로 젊은 조선족을 찾고 있으니 소개해달라.'라는 부탁을 받고 조 씨를 우연히 만나게 되었고, 당시에는 조희팔의 존재를 전혀 몰랐다고 했다.

협조자가 최초 조 씨로부터 받은 전화번호는 '185-6251-××××'이고, 이름은 조유환(曺裕煥)으로 기재된 메모지였다. 정 기자는 한국 피해자 모임에 위 메모 사진을 전달하였다. 그러나 숫자 표기가 조희팔의 필체와 비슷하기는 하나, 구분하기 어렵다는 취지의 답변을 받았다.

정 기자는 확보한 조 씨의 휴대전화로 전날까지 신호가 갔으나, 11월 5일부터 전원이 꺼진 상태라면서, 조 씨가 자신에 대한 탐문이 좁혀진 사실을 알아채고 도주하였다고 판단하여 총영사관에 협조를 요청하였다고 했다.

내가 접촉한 중국인 협조자들은 현상금을 요구하거나, 별다른 이권 개입의 개연성이 전혀 없는 것으로 보였다. 협조자들이 우연히 조 씨와 접촉하고 수개월 후 지인인 한국인(이사장으로 호칭)이 9월 29일경 당지의 한인 카페모임(칭한모)에 게재된 조희팔의 사진을 보는 장면을 목격하고 조희팔의 존재를 인식하였다고 했다.

나는 이번 사건의 경우 무엇보다 정 기자와 협조자들의 신변안전이 중요함을 강조하였다. 조 씨의 보디가드가 중국인 협조자들의 인적 사항을 알고 있기에 후환이 두렵다는 취지로 자주 언급하였다는 말을 들었기 때문이다. 따라서 지금부터는 위험한 취재를 지양할 것을 당부하는 한편, 총영사관은 주재국 법령 준수의 의무가 있으므로 우선 입수한 첩보를 한국 내 수사기관과 공유하는 등 협조체제를 구축하여 이 사건을 해결해 나가겠다고 언급하였다.

정 기자는 다행히 별 탈 없이 신변의 위협을 받던 자리에서 벗어날 수 있었다. 그러나 결국 이 사건은 쫓고 있던 범인이 조희팔이 아니라는 최종 결론이 나왔다. 중국 공안의 대대적인 협조를 받아 검거 작전을 펼쳐 검거한 사람은 다름 아닌 10여 년간 중국에서 불법체류자 신분으로 과수업에 종사하던 조희팔과 비슷하게 생긴 조씨 성을 가진 한국인이었다.

나는 국외추방 절차를 밟기 전에 그를 만나기 위해 간수소에 영사면회를 신청하고 그간의 사정을 들었다. 그는 경호원을 대동한 것이 아니라 지모구에서 칭다오시 청양구로 이동할 때 무허가 자가용 영업 택시를 이용하였고, 중국어를 잘하지 못하기에 친분이 있는 조선족 동포 친구들과 자주 어울렸을 뿐이라는 취지로 답변하였다.

제보자들에게 작성해준 메모지에 있는 글을 직접 작성하도록 요청하니 동일인 필체였다. 그러나 면회과정 중 조 씨의 사진을 찍어 제보자들에게 확인시키고, 지문을 채취하여 분석한 결과에 따르더라도 조희팔이 아닌 것으로 판명되었다.

결국, 조희팔 검거 작전은 그 결말이 조금은 허탈하였다. 나는 사건 수사에 협조해준 중국 공안에 사의를 표명하고, 검거된 조 씨를 국외도피범 신분으로 국내로 송환하였다.

국외도피사범 국내 송환

조희팔과 생김새가 비슷하다는 제보를 통해 검거된 조 씨와 같이 중국에서 불법체류로 검거되어 강제 추방되는 경우도 있으나, 한국의 수사기관에서 수사 중에 도피목적으로 중국에 넘어와 타인의 신분으로 위장하여 생활하는 국외도피사범이 의외로 많다.

2016년 3월 16일, 중국 공안에서 체포된 자국인 국외도피사범 문영규(창원지방검찰청 진주지청 자유형 미집행자)를 웨이하이 공항에서 웨이하이시 공안국으로부터 대검찰청 소속 호송관이 인수, 대한항공 편으로 국내로 호송한 사례가 있었다.

나는 웨이하이 공항 귀빈실에서 문영규에 대한 영사 면회를 실시하였다. 그의 체포과정, 가족관계, 건강상태, 중국 체류 경위 등 전반적인 상황을 파악하였고, 특히 심리적으로 불안한 상태인 문영규를 안정시키는 역할을 수행하였다.

문영규는 갑상선 기능 항진증 환자로 몸 상태가 좋지 않거나 약물을 복용하지 않으면 가슴 두근거림, 신경과민, 호흡곤란을 일으켜 신체마비가 동반하는 증상이 있다고 말했다. 그는 또 심리상태가 매우 불안하여 각별한 주의가 요구된다는 중국 공안의 소견이 있었다.

문영규는 마약류 관리에 관한 법률 위반(자유형 미집행) 2건으로 수배
중이었으나 2013년 5월경 형사처벌을 면할 목적으로 중국으로 도피하
여 2014년 5월경 여권발급 제한 및 여권효력이 상실되었으며 인터폴에
서 적색수배를 요청한 상태였다.

중국에 온 뒤 2016년 2월 웨이하이시 공안국에 의해 마약흡입으로
행정구류 15일 조치를 받은 적이 있으며 2015년 1월경 마약 판매죄로
웨이하이시 공안국에 형사 구류된 전력도 있었다.

나는 웨이하이시 공안국으로부터 자국인 체포 사실 공문 접수를 받
은 뒤 국내 송환 절차를 협의한 후 법무부 국제형사과와 국내 송환 일
정을 협의하였고, 국외도피사범 호송을 위해 수사관 3인이 웨이하이
공항에 도착해있었다.

나는 호송대표단과 함께 웨이하이시 공안국 별은도 국장을 면담하
는 등 자국인 국외도피자의 원활한 국내 송환을 위한 중국 공안의 업
무협조를 요청하였다.

면회 시 문영규는 체포 또는 조사과정에서 중국 공안으로부터 구타
등 인권침해를 받은 사실은 없었다고 말했다. 그는 중국 웨이하이시
근처 경유를 제조하는 공장에서 기술자로 근무하였고, 2014년경 동거
하는 중국인 여자친구가 자신의 여권을 챙겨 보관하고 있었으나, 헤어
진 후 연락이 끊겨 여권을 찾을 수 없어 부득이 불법체류 상태에 놓였
다고 진술하였다.

나는 그에게 호송단을 소개하고 수배상황 및 호송단이 당지에 도착
한 경위 등을 설명하였다. 그는 중국에서 생활하던 초기에 창원지검
진주지청으로부터 집행유예가 실효된 사실을 통보받아 수배된 사실을

알고 있었다면서 호송단의 업무에 협조할 것을 약속했다. 나는 신병 인수인계 장소에서 신병 인수 및 대한항공 위해 공항 사무소와 협조하여 출국 수속을 지원하였다.

총영사관은 문영규의 체포 단계부터 국내호송 단계까지 웨이하이시 공안국과 긴밀한 협조체제를 유지하고, 법무부와 송환 일정을 미리 조율하여 호송업무를 적극적으로 지원하였으며 당일 17:27경 인천공항에 무사히 도착한 사실을 확인하였다.

2016년 4월, 국외도피사범 김승민을 면담하여 불법체류 처리절차 및 벌금납부 방법 등을 안내한 후, 웨이하이시 공안국 담당자와 유선으로 그의 강제추방 절차를 협의, 한국 수사기관을 지원한 사례도 있다. 중국 공안과의 두터운 친분이 있었기에 전화 한 통만으로도 신속한 업무처리가 가능했다.

김승민(1970년생)은 수년간 불법으로 중국에 체류하여 위법하였으나, 그를 보호할 가족이 없으며 스스로 자수한 점을 감안하여 구속절차 없이 강제추방을 결정한 경우였다.

나는 수원지방검찰청 등 수사기관에 마약류에 관한 법률 위반(향정), 재물손괴 등의 죄명으로 김승민이 지명수배된 사실을 파악한 후, 법무부 국제형사과와 협의하여 동인의 강제추방 절차를 조율하였다. 신속하게 국외도피사범을 국내로 송환해야 함에도 한국에서 담당 수사관들이 중국에 도착하는 스케줄을 맞추다 보면 부득이 나의 책임하에 한국으로 국외도피사범을 보낼 때가 많았다.

나는 김승민의 여행증명서를 발급하고, 웨이하이시 공안국에서 그의 비자를 발급받은 후, 2016년 5월 12일 18:00경 웨이하이항을 출발하는 골든브릿지 2호 여객선을 이용하여 그를 국내로 송환하였다. 비록 자수 의사를 피력하였으나 위동항운 담당자의 협조를 받아 여객선 내에 별도 공간을 배정하여 관리하도록 조치하였다.

나는 법무부 국제형사과에 김승민의 강제추방 일정 및 배편 정보를 제공하여, 여객선이 한국에 도착한 즉시 수사부서에서 동인의 신병을 확보하도록 하였다.

2016년 11월 4일, 나는 중국 산둥성 웨이하이시로 출장을 갔는데 그곳에서 웨이하이공안국으로부터 주요 국외도피사범으로 추정되는 한국인 장선택이 불법체류로 웨이하이 행정구류소에 구류 중이라는 전화를 받았다.

산둥성 공안청이 정식 공문으로 통보하기 직전 전화로 사실을 확인하였다. 웨이하이 공안국 별은도 국장이 다급한 목소리로 장선택이 불법체류로 적발될 당시 한국에 사건수배가 있는지 인민폐 5만 위안(한화 약 850만 원) 상당의 뇌물을 공여하고 석방을 시도하려 했고, 영사관에 자신의 구금 사실을 알리지 말라는 말을 했다는 보고를 받았다고 했다.

우리 국민이 중국 공안에 의해 체포되거나 수감되면 산둥성 공안청은 공문으로 총영사관에 자국인의 체포 사실을 알려왔다. 대략 일주일 정도의 시간이 경과된 후 소식을 접하는 것이 통례였고, 영사면회를 하려면 일정을 조율하여 공문을 보내 승인을 받아야만 가능했다. 나는 상황의 심각성을 깨닫고 별 국장의 협조를 받아, 행정 구류소에 수감 중인 장선택에 대한 영사면회를 그 즉시 실시하였다. 시간이 지체되면 혹시라도 장선택이 중국 공안을 뇌물로 포섭하여 미리 풀려날 수도 있었기 때문에 국외도피자 신분인 장선택이 사전에 손을 쓸 수 없도록 해야만 했다.

2016년 11월 3일 불법체류로 행정구류 처분된 장선택(1984년생)은 일정한 직업이 없는 상태에서 주변 인물로부터 경제적인 도움을 받아 생활하면서, 중국 비자를 비정상적인 방법으로 발급받고자 중국 공안과 계속 접촉하던 중 불법체류 사실이 발각되었는데 내가 확인한 결과, 그는 주요 국외도피사범(서울경찰청 지능범죄수사대 A수배)으로 파악되었다.

나는 국외도피사범 신분으로 당지에서 장기간 불법체류 중인 장선택에 대한 면담을 실시하여 중국 공안을 포섭하려는 시도를 멈출 것을 주문함과 동시에 웨이하이 공안국의 협조를 받아 복잡한 국내 송환 절차를 축소하고 신속히 한국으로 신병을 인도하였다.

황을순(1960년생)은 2003년 서울 도봉서, 2009년 11월 서울 노원서에서 사기 A 수배를 받고 있었으며 중국으로 도피하여 불법체류 중이었다.

2017년 4월 그녀는 전남편과 함께 총영사관에 방문하여 건강악화(대상포진, 심장 및 가슴염증, 퇴행성 관절염 등)로 더는 중국에 체류할 수 없는 사정을 호소하면서 조속한 시일 내 한국으로 귀국하여 수배 중인 형사사건에 대해 조사를 받겠다는 의사를 나타냈다. 한국에 있던 전남편 김강석 씨는 비록 이혼한 전처임에도 안타까운 사정을 듣고 곧장 중국으로 달려왔다고 한다.

면담 과정에서 그녀의 건강상태를 살펴보니 도저히 중국 공안의 구류처분을 감당할 수 없다고 판단하였다. 나는 즉시 칭다오시 공안국 관계자와 협의하여 건강상의 문제로 구류집행을 생략하고 최대한 빨리 강제추방 절차를 진행하도록 요청하였다.

황을순은 나와 두 차례 면담하면서 귀국하면 수배 중인 사건의 편취 금액을 조속히 변제하겠다는 의사를 표명하면서 자필 자수서를 작성하였다.

나는 황을순을 면담 후 임시여권을 발급하여 칭다오시 공안국 출입경관리국 치엔잉저 처장에게 인편으로 전달하고, 조속한 출국을 위해 중국 측에서 신속히 비자 발급을 해주도록 요청하였다.

칭다오시 공안국은 2017년 5월 2일 황을순에 대한 간략한 조사를 진행한 후, 강제추방 일정을 나에게 통보하였고 이후 황을순은 국내로 송환되었다.

2018년 5월 17일, 인터폴 적색수배 국외도피사범이었던 김상원(1982년생)의 신병 인수 및 인계 절차를 위해 칭다오 류팅 공항 귀빈실에 도착했다. 우리 측 참석자는 나를 비롯해 김남현 경무관(주중대사관 경찰협력관), 이영섭 경위(경찰청), 송한건 경위(충남청), 오세일 순경(충남청)이 있었고 중국 측 참석자는 중국 공안부 관계자 3명, 산둥성 공안청 국제협력처장, 칭다오시공안국 출입경 관리국 부국장 등이었다.

중국 측은 국외도피사범 김상원의 체포 경위 등을 우리 측에 설명하고, 김상원의 신원확인, 건강상태 체크 및 소지품 검사를 하였다. 그리고 양측이 신병 인계 및 인수에 문제가 없음을 확인한 후, 국외도피 사범 송환 비망록에 양측 대표가 서명함으로써 정식 신병 인수 절차가 진행되었다.

원래 인터폴 국제수배는 190개 회원국의 사법기관을 통한 피의자 및 실종자 수색을 위한 제도이다. 인터폴은 회원국인 한국 경찰청의 피의자 수배요청을 받으면 체포영장 발부 여부와 범죄사실 등의 요건 을 검토해 수배조치를 내린다. 물론 인터폴 적색수배 자체가 법적 구 속력이 있는 것은 아니다. 전적으로 중국 공안의 고유권한이라 강제송 환에 협조하지 않더라도 법을 위반한 게 아니기 때문이다. 또 중국 공 안이 적극적으로 적색수배자를 체포하여 강제송환에 응해주는 것에 대해 경찰청 관계자가 중국 공안에 사의를 표명하고, 양국 경찰의 긴 밀한 협조관계를 홍보하기 위해 송환행사를 치르기도 한다.

5월 18일 김상원은 대한항공 편에 탑승하고, 우리 국적 항공기 내에 서 우리 측 호송단이 신병을 인수함으로써 신병 인수인계 절차가 모두 완료되었다.

2018년 4월 26일, 우리 국민 장일근(남, 56세)의 자녀 장지윤(여)이 총 영사관에 방문하여 나와 면담을 실시하였다. 장지윤은 아버지 장일근 이 2006년 가을 무렵 중국으로 선박을 이용하여 밀입국한 후, 일정한 직업이 없는 상태로 체류하다가 약 5년 전 국내 가족과 연락하여 가끔 왕래하였으나, 최근 들어 건강이 급격히 악화되어 조속한 국내 귀국이 절실하다고 말했다.

나는 곧 청양인민병원에 방문하여 장일근의 건강검진이 이루어질 수 있도록 조치하고, 진단서 발급 즉시 총영사관에 제출할 것을 요청하였다. 검사 결과, 장일근은 당뇨병, 간경화, 간 수치 1,000 이상으로 확인되어 하루속히 한국으로 돌아가게 하는 것이 최상이라는 결론이었다.

우선 장일근을 상대로 중국에 입국한 경위 등을 확인한 결과 인터넷 검색을 통해 알게 된 브로커를 경기도 부천에서 접선하여 한화 약 3,000만 원을 주고 위조여권을 제작한 후, 위조여권으로 인천공항을 통해 중국 칭다오 류팅 공항으로 입국한 것으로 확인되었다. 위조여권으로 중국으로 입국할 때 60대로 추정되는 브로커와 동석하였고, 출입국 심사 시에만 여권을 제시하고 그 외에는 브로커가 여권을 주지 않아 여권정보 확인은 불가능하다고 말했다.

장일근은 국내 생산 농산물 거래 중계 업무에 종사하였는데 선금을 받고 물건을 보내주지 않아 국내 수사기관에서 같은 내용으로 수사코자 자신에 대해 출석명령을 하였으나, 이에 응하지 않아 여권이 정지되어 부득이 위조여권을 통해 중국으로 출국하였다고 진술했다.

2005년 가을 무렵 중국에 도착한 장일근은 중국 산둥성 유방시에 있는 지인 집에서 머물면서 농산물 관련 일로 생계를 유지하였고, 2013년부터 건강상태 악화로 인하여 일을 할 수 없게 되자 국내 가족(장지윤)의 도움으로 생계를 유지하는 상태였다. 그리고 마침내 더는 견디기 힘들어지자 총영사관에 국내 귀국 지원을 요청한 것이었다.

나는 장일근의 건강상태가 심각하여 조속한 국내 귀국 및 입원 치료가 필요하다고 판단하여 조속한 귀국이 이루어지도록 칭다오시 공안국 출입경 관리국에 협조 공한을 발송하였다. 장일근의 건강상태를 감안하여 인도주의에 입각하여 불법체류 관련 조사를 조속히 진행할 것을 요청하자 칭다오시 출입경 관리국은 장일근에 대한 조사를 진행하고, 총영사관에 장일근의 여행증명서 발급을 요청해왔다.

장일근은 형사처벌을 면할 목적으로 국외로 도피하였다고 인정하고 있어 국외도피 기간의 공소시효 정지에 대한 검토가 필요할 것으로 판단되었다. 그리고 브로커를 통해 위조한 여권으로 출국한 혐의에 대해 출입국관리법을 적용함이 상당하다는 판단으로 관계기관에 해당 내용을 모두 전달하였다. 이후 장일근은 한국으로 송환되어 관련 죄명으로 조사를 받았다.

최한열(1960년생)은 인터폴 적색수배자로 검거 및 호송단 파견을 요청한 사례다.

그는 2016년 11월부터 인천지방검찰청 마약류(향정) 인터폴 적색수배자였다. 그뿐만 아니라 그는 사기죄, 횡령죄 등의 죄명으로 6건의 사건이 수사 중에 있었다.

최한열은 산둥성 웨이하이시 공안국에 의해 불법체류 혐의로 검거되었는데 그의 범죄경력 조회 결과 인터폴 적색수배자로 확인되었다. 나는 웨이하이시 공안국 관계자와 최한열에 대한 구류심사 종결 즉시 국내로 송환하는 일정을 협의하였다.

나는 먼저 최한열에 대한 영사 면회를 실시하여 국외도피 경위 등에 대해서 상세하게 파악하였다. 최한열은 장기간 도피생활로 인해 건강상태가 양호하지 않은 것으로 확인되었다. 그는 수감생활 중 구타 및 가혹 행위 등 인권침해 사례는 없었으나 장기간 도피생활로 인해 뇌경색, 고혈압 등의 지병이 있다면서 조속히 한국으로 돌아갈 수 있도록 해달라고 요청했다.

그는 자신이 국내에 지명수배 중인 형사사건이 있다는 점을 알고 있었고, 아울러 형사처벌을 면할 목적으로 국외 도피한 점에 대해서도 대체로 시인하였다. 그는 당시 국내 가족과 연락이 단절되었으나, 가족과의 소통은 원하지 않았다.

나는 웨이하이시 공안국을 방문하여 별은도 국장을 면담하여 최한열의 강제추방 일정을 조율하였고, 2018년 6월 21일 최한열을 국내로 송환키로 합의하였다. 별 국장은 최한열이 안면 마비를 호소하면서 식사를 거르는 등 건강상태가 계속 악화되고 있음을 강조하고, 중국 연휴 기간(6월 16~18일) 이전에 그의 귀국을 추진하여 줄 것을 나에게 요청하였다. 연휴 기간 전 귀국 조치가 이루어지지 않을 경우, 법률에 따라 최한열을 병원에 입원 조치해야 하나 관리 감독의 문제가 발생할 수 있다는 점을 강조했다.

나는 최한열이 뇌경색 및 고혈압 등의 지병이 있는 점을 감안하여 항공편 대신 여객선을 이용, 동인을 추방하는 것으로 별 국장과 합의하였고 법무부 국제형사과와 긴밀히 협의하는 등 신병 인수인계에도 만전을 기했다. 또 나는 위동항운 관계자와 물류회사 관계자 등의 협조를 받아 이동과정에서 발생할 문제점을 미리 체크하고, 최한열의 안전과 동태를 계속 파악하여 인천항 도착 즉시 신병을 인수할 수 있도록 사전조치를 취했다. 최한열은 6월 15일 오전 11:00경 무사히 인천항에 도착하였고, 11:10분 인천지방검찰청 마약수사과에서 동인의 신병을 인수했음을 확인하였다.

이처럼 해외로 도피한 범죄인의 국내 송환 업무는 매년 수십 건에 달했으며, 이는 전 재외공관 중 내가 근무했던 칭다오 총영사관이 압도적으로 1위를 차지하고 있었다.

법무부장관 표창
(범죄인 국내송환 업무유공)

총영사관 소속 영사업무는 중국 공안과의 협조, 검찰청, 경찰청 등 수배관서와의 유기적인 협력이 필요한 경우가 대부분이다.

나는 국외도피사범의 국내 송환 업무에 정려하고 법 집행의 공정성을 제고하고 재외국민을 범죄로부터 보호하는 데 기여했다는 공로를 인정받아 2018년 법무부장관으로부터 상장을 수여받았다.

박진웅 총영사로부터 법무부장관상 전수받는 장면

영하호 폭발사고

2016년 2월 6일 오후 3시경, 총영사관 관할 지역인 웨이하이시 용안항 소재 시사코 조선소에서 우리 국적 선박 영하호(2만 5천 톤급, 여객 화물선) 화물칸에서 중국 인부가 고박장치 연결고리를 용접하던 중 현장에 있던 가스통이 폭발하였다. 이 사고로 선박에 있던 부선장 장남호(41세, 남)가 현장에서 사망하고, 제2항해사 김경도(32세, 남)가 중상을 당하여 인근 중국 병원으로 후송되었다.

이 선박에는 총 14명의 자국인 선원이 탑승하고 있었고, 위 2명의 사상자 이외 모두 안전한 것으로 확인되었다.

사건 발생 즉시 신고를 접수한 중국 측 공안 및 소방당국이 출동하였으나, 선박 중간 부분(씨데크 지점)에서 폭발만 발생하고 다행히 화재 발생으로 이어지지 않았다.

사건 당일 5시경 외교부 당직실로부터 사건 상황을 접수한 후 나는 곧바로 현장으로 출동하여 사건 발생 경위를 파악하였다. 우선 자국인 사망자 및 부상자 사후처리 절차 지원 등의 업무를 수행토록 조치하고 총영사관 내부에 부총영사를 반장으로 대책반을 가동하였다.

다음 날, 사고로 중상을 입고 입원 중인 김경도의 경과를 파악하기 위해 영성시 인민병원 중환자실로 가서 환자 상태를 확인하였다. 환자는 복부 내장파열, 왼쪽 팔목 절단, 오른쪽 어깨 골절, 손가락 절단, 두부 골절 등 중상을 입었으며, 병원 측은 웨이하이시와 영성시의 각 병원에 근무 중인 관련 분야 전문의를 파견받아 긴급 수술을 시행하였다. 환자는 병원 측의 긴급 수술로 중대 고비는 넘긴 것으로 보였으나, 부상 정도가 심각한 상황이었다.

나는 룽청시 유 시장, 왕 부시장, 외판 션 주임, 웨이하이시 외판 양 주임 등 중국 지방정부 관계자를 면담하고, 사고원인 철저 규명, 중환자에 대한 적극적인 치료지원, 유가족 지원 및 사후처리 절차 지원 등에 대해 협조를 요청하였다. 중국 측 관계자들은 적극적인 협조를 약속했다.

사고 이틀 후에는 사고 현장을 방문하여 사고 발생 경위 등을 확인한 후, 현장 인근 호텔에서 투숙하고 있는 자국인 선원 12명을 집단 면담하여 애로사항을 들었다.

또한, 웨이하이 공항에 도착한 유가족과 피해자 가족 및 회사 대표단의 현지 도착을 위해 착지 비자를 현장에서 지원한 후, 피해자 가족을 위로하고 추후 절차 등에 대한 세부 사항을 안내하였다.

선원들은 사고 발생 후 현장 출입이 통제되어, 각자 방실에 보관 중인 휴대품 및 생필품을 챙기지 못해 불편하고, 기관실 냉각수를 배출하지 않으면 선박 엔진이 동파 우려가 있어 즉시 냉각수를 배출토록 중국 측에 협조하여 달라고 요청하였다. 나는 즉시 중국 측에 이 사실을 전달하였고, 요구사항은 당일 모두 해소되었다.

나는 선장과 선원들의 이동 제한 문제를 해결하고, 아울러 추후 발생할 애로사항 발생 시 즉시 해결해줄 수 있도록 협상파트너를 정해줄 것을 중국 측에 요청하였다. 룽청시 왕 부시장은 즉석에서 애로사항 및 건의 사항을 해결토록 조치해주었다.

나는 다음 날 아침 중국 공안의 협조하에 사고조사로 현장 통제 중인 영하호 선박을 방문하여 사고 경위를 청취하고 사고 현장을 관찰하였다. 사고 발생 위치는 선박 내 2층 선미로부터 20~30m 좌측 부근이며, 용접 중 가스통 폭발이 일어난 것으로 확인되었다. 사고 현장은 중국 공안에 의해 출입이 통제되고 있었고, 각 분야 전문가를 통한 조사가 진행 중이었다.

그날 오후 2시경에는 웨이하이 공항에 유가족으로 중학생이던 장성원(사망자 부선장 장남호의 아들)을 비롯한 피해자 가족 3인, 선박회사 영성대룽해운 사장 등 회사관계자가 도착했다. 나는 입국 수속 간소화를 위해 현장에서 도착비자 발급을 지원했다.

우선 도착한 피해자 가족들을 위로하고, 사고 발생 경위 및 사후처리 절차에 대해 안내했다. 피해자 가족과 회사 관계자는 그간 협조 및 지원에 대해 총영사관에 깊은 사의를 표명했다.

폭발사고로 사망한 아버지의 시신을 수습하기 위해 현장에 온 중학생 장성원은 할머니와 단둘이 살고 있었다. 나는 장성원 학생을 안아준 다음, 두 손을 붙잡고 절대 용기를 잃지 말라고 말해주었다. 졸지에 아버지를 잃은 어린 학생의 사연을 생각하니 새해 첫날의 비보가 마음을 울적하게 만들었다.

산둥성 정부를 비롯하여 웨이하이시, 룽청시 등 지방정부는 본건 사고수습에 적극적인 협조를 제공하였으며, 할머니와 상의한 후 부친의 시신을 현지에서 화장하고 유골함을 모셔가기로 하였다.

나는 진행되는 사항을 중국 측에 전달하였다. 왕 부시장은 최대한 이른 시일 내에 사망증명서를 발급하여 화장 절차를 진행토록 협조하였고, 부상자 또한 중국인 의사를 동행토록 하는 등 한국으로 후송 시 적극적으로 협력하였다.

이후 룽청시 정부 외판에 협조를 요청하여, 자국인 사망자 장남호의 사망증명서를 긴급히 발급받아 고인의 시신을 2월 7일 오후 5시경 화장한 후 유골함을 장성원 학생에게 인계하고, 2월 8일 오후 3시 10분 항공편(KE840)으로 유가족과 선사 대표 등이 귀국하도록 지원하였다.

이후 고인의 국내 장례 절차는 경기도 평택 안중 병원 장례식장에서 회사장으로 거행되었으며, 강원도 태백시 공원묘지에 안장되었다.

한편 피해 환자 가족은 최대한 이른 시일 내에 환자를 한국으로 후송하여 한국병원에서 치료받기를 희망했다. 나는 대한항공, 아시아나항공, 동방항공 등 웨이하이 공항에서 인천공항으로 출발하는 모든 항공사를 상대로 업무협조를 요청하였다. 그러나 대부분의 항공사는 명절 연휴라 항공편 좌석이 없다는 이유와 이송 시 환자의 상태가 악화할 것을 염려하여 환자 호송에 대해 난색을 표명했다. 특히 항공기를 이용한 환자 호송의 경우(스트레처 방식), 최소 6석의 좌석을 침대로 개조하여 환자를 후송하는 것이 원칙이었다.

총영사관은 웨이하이시 외판 등 중국 지방정부 관계자와 협조체계를 유지하면서 환자 후송을 위한 항공편을 계속 물색하여 중국 동방항공(MU2017편)으로 후송하기로 하였다.

중국 의료진은 환자를 한국으로 후송할 경우, 수술 부위에 대한 감염 우려가 있어 최소한 2~3일 내 후송하는 것이 좋다고 했다. 그러나 환자의 가족은 중국 측 의료 수준이 한국보다 뒤처지고, 봉합 수술 부위에 대한 감염 우려가 있기에 조속히 환자를 한국으로 후송하여 줄 것을 나에게 계속 요청했다. 결국, 침대를 이용하지 않고 비즈니스 좌석을 통째로 비워 휠체어를 이용하고 중국인 의료진 3명이 같이 타는 방법으로 중국 측과 협의하였다.

자국인 중환자 김경도는 2월 10일 중국 동방항공(MU2017편)으로 후송하기로 한 뒤, 중국인 의사(2인) 및 간호사(1인)의 긴급 비자 발급업무를 지원하였다.

나는 또 외교부 재외국민보호과와 협의하여 법무부 인천공항출입국관리사무소에 환자와 의료진의 입국 수속 협조를 요청하고, 인천공항에서 서울아산병원까지 환자의 안전한 후송을 위해 구급차를 배치하는 등 신속한 조치를 통해 환자는 무사히 도착하였다.

환자가 아산병원으로 후송된 후, 국내 KBS에서 '한국 여객선, 중국에서 수리 중 폭발로 2명 숨져'라는 제하의 보도가 있었으며, 이는 동 사건을 수사 중인 평택 해양경비안전서에서 보도자료를 배포한 것이었으나 보도 내용을 확인해 본 결과, 사실에 부합한 내용으로 확인되었다.

중국에서는 언론보도가 자제되었다. 그 이유는 룽청시 시장과 서기 등이 모두 최근에 부임하였고, 이러한 대형 안전사고 발생이 외부에 알려지면 지방정부에 대한 불신으로 번질 염려가 있어, 되도록 언론보도를 자제하고 있었다.

이 사건은 과학수사와 각종 수사기법을 동원하여 현장 탐사, 증거수집 및 조사와 전문가 논증을 통해 사고 조사팀에서는 다음과 같이 사건의 요지를 발표하였다.

동 사건은 장남호(한국적 페리 부선장)가 산소통을 넘어뜨려 폭발을 일으키고, 학민겸(칭다오 호양선무야한공사 고용직)은 산소통이 넘어지지 않게 하는 조치를 하지 않아 발생한 생산안전책임사고로 결론을 내렸다. 당시 발생 경과를 복원한 바에 의하면 2월 6일 오후, 학민겸은 2층 갑판에서 차량의 선실 통풍기 통로 벽판의 절단 작업을 하고 있었고, 사용한 액체 산소통은 175L 용접 단열용 산소통(이하 산소통으로 간칭)이었으며, 오후 14시 30분경, 장남호 일행은 학민겸의 작업장에 다가가는 중 산소통과 연결한 고무관에 걸려 산소통을 넘어뜨렸다.

산소통이 넘어지고 몇 초 후 폭발이 발생하였으며, 장남호와 학민겸은 현장에서 사망하고, 장남호를 수행한 일등 항해사 김경도(한국적 페리 일등 항해사)는 부상당했다.

김경도는 현장에 도착한 영성시 소방대원들에 의해 구출된 후 병원으로 후송되어 치료하였으며, 입원 치료 시 체내의 혈중알코올농도가 매우 높은 상태였는데 이는 부상 전 음주를 많이 한 것으로 판단되었다. 그러나 사망한 장남호에 대해서는 화장 전 당일 음주를 하였는지에 대해 부검을 하지 않았으며, 룽청시 정부는 조사팀의 조사 결론을 절차에 따라 웨이하이시 정부에 보고하였다.

중국 공안은 폭발 원인 등을 규명하기 웨이하이 공안 및 유관기관 전문가로 구성된 사고 조사팀을 구성하여 중국 공안이 아닌 '안전생산감독관리국'에서 본건 수사를 주도하여 2개월 넘게 수사를 진행하였다.

한국인을 상대로 한 공안 사칭 사기극

2016년 7월, 경기도에 사는 한국인 어경록은 취업과 관광을 목적으로 칭다오에 도착했다. 한국에서 개인사업자로 일하던 어경록은 인터넷을 통하여 칭다오에 조선족 동포와 친분을 쌓았다. 그는 칭다오에 오면 취업은 물론 관광까지 시켜준다는 말을 여러 차례 반복하며 어경록이 중국에 오고 싶은 마음이 들도록 회유하였다. 어경록은 그의 말을 믿고 중국으로 건너왔다.

중국에 도착하자 처음에는 융숭하게 대접해주었다. 맛있는 음식과 관광지로 안내하여 어경록의 환심을 샀다. 어경록은 마음이 풀어져 그가 안내하는 대로 향응을 즐겼다. 며칠 후 그는 좋은 여자를 소개해 주겠다면서 성매매 여성에게 어경록을 안내했다. 어경록은 의심 없이 여자와 즐거운 시간을 보냈다. 그런데 성매매 여성과 같이 있는 객실에 갑자기 공안이 들이닥쳤고, 어경록은 현장에서 체포되었다.

공안 수 명은 경찰차가 아닌 일반 차량으로 그를 연행했다. 파출소로 연행된 어경록은 가지고 있던 현금 5천 위안을 갈취당했다. 알고 보니 그들은 공안 제복을 입은 사기범이었으며 파출소 역시 분위기를 그럴싸하게 꾸며놓은 가짜였다. 그러나 사기극은 그것으로 끝나지 않았다.

어경록을 초청한 중국인은 어경록의 구속을 면하게 하려고 로비자금으로 인민폐 백만 위안을 썼으니 그 돈을 갚으라고 했다. 처음과 달리 태도가 돌변한 중국인 지인은 어경록의 여권과 여행 가방, 지갑 등의 물품을 강제로 빼앗고 칭다오시 청양구에 있는 호텔 610호에 감금해버렸다. 그러나 피해자는 감금된 호텔의 상호는 물론 주변의 지리도 전혀 모르는 상황이었다.

　다행히 한국에서 돈을 구한다는 구실로 핸드폰은 빼앗기지 않았다. 그제야 처음부터 속아서 오게 되었다는 사실을 깨달은 어경록은 핸드폰으로 한국 경기도 지방경찰청 상황실로 구조를 요청했고 상황실에서는 곧바로 외교부 영사 콜센터로 신고했다.

　나는 그렇게 이 사건을 맡게 되어 현장에 출동하였다. 내가 전화를 받은 시간은 12일 밤 11시 경이었고, 현장으로 이동하면서 차 안에서 피해자와 핸드폰으로 실시간 통화를 하면서 탈출을 도왔다. 나는 피해자에게 만반의 준비를 한 다음 감시자들이 경계를 소홀히 하는 시점을 이용하여 무조건 방문을 박차고 뛰쳐나오라고 요구하였다.

　피해자는 새벽에 경비가 소홀한 틈을 타서 지혜롭게 호텔을 탈출하였다. 나는 피해자에게 주변의 상호 이름을 계속 부르게 하여 대략의 위치를 파악할 수 있었다. 나는 칭다오시의 지리를 훤히 꿰뚫고 있었고, 한인들이 많이 거주하는 지역이기에 한글 간판이 비교적 많아서 피해자가 상호만 대면 위치 파악이 충분히 가능했다.

　피해자와 통화 과정에서 피해자가 납치된 장소가 청양구 태양성 부근임을 인지하고, 근처에서 가장 가까운 곳에 있는, 모 노래방으로 일단 피신하라고 알려주었다. 조선족 여성협회 간부이고 평소 친분이 있던 노래방 주인에게 따로 전화를 걸어 한국인이 곧 그곳으로 도피할 테니 내가 갈 때까지 숨겨주고 입구에서 웨이터 등을 통해 외부인이 출입할 수 없게 해달라고 부탁하였다. 나는 차를 빠르게 운전해 노래방에 도착했고 얼마 후 노래방 안쪽에 숨어있는 피해자와 합류할 수 있었다. 그제야 어경록은 안심이 되는지 가슴을 쓸어내렸다.

나는 피해자를 안심시키고 그동안의 상황을 들으면서 피해자가 임시로 투숙할 수 있도록 안전가옥(세한모텔)으로 함께 이동하였다. 나는 그곳 주인인 허강일 대표에게 피해자가 편히 휴식을 취할 수 있도록 협조를 구했다.

피해자는 만약 한국 총영사관의 도움이 없었다면 어떤 돌이킬 수 없는 일이 벌어졌을지 끔찍하다며 거듭 감사를 표했다.

이후 어경록에게 자세한 경위를 물었다. 그는 그동안 있었던 일을 상세하게 말해주었다. 그의 진술을 다 듣고 난 뒤, 처음 공안에게 잡혔을 때 파출소로 이동했는데 차량이 일반 승용차였다는 점과 파출소로 보이는 사무실에서 오랜 시간 있었으나 사건 조사는 받지 않고 돈만 요구한 점 등을 보면 틀림없는 공안 사칭 공갈 사건으로 추정된다고 설명해주었다.

긴박한 와중에도 어경록은 몰래 동영상을 녹화해두어 증거를 남겼다. 나는 녹화된 동영상과 사기 가해자와 피해자가 위챗으로 접속한 내역 등 수사에 필요한 증거를 확보하여 공안당국에 넘겨주었다.

최근 들어 이러한 사건들이 자꾸 늘어나는 추세다. 가해자들은 중국 현지 공안을 사칭하고 피해자를 협박하여 한국인의 물품과 여권을 빼앗고 감금하며, 더 큰 금액을 빼앗기 위해 사기행각을 벌인다. 안 그래도 낯선 땅에서 공안 제복을 입고 수사하는 척하는 그들이 가짜인지 진짜인지를 의심하는 것조차 사실은 어려운 상황이다. 따라서 앞으로도 많은 사람이 피해를 볼 수 있고, 그 사안이 매우 심각하고 민감한 것으로 판단했기에 이번 사건을 엄중하고 신속하게 수사 진행해줄 것을 공안에 요청하였다.

가해자들은 여러 명의 조직원으로 구성되어있고 한국 국민을 속이기 위해 허위로 공안 파출소 형태의 사무실과 공안 제복을 준비하는 등 치밀하게 범죄를 계획한 것으로 파악되기에 한국인과 재외국민의 각별한 주의가 필요하다.

이와 같은 사건·사고를 당하거나 긴급상황 발생 시에는 외교부 영사 콜센터나 해당 지역 총영사관 당직 전화로 즉시 연락해야 한다.

어경록은 다행히 제때 출동한 나의 도움으로 무사히 위기에서 벗어날 수 있었다. 물론 가장 좋은 것은 범죄에 악용될 행동을 하지 않는 것이며, 낯선 곳을 여행할 때는 행동을 조심하고 늘 주의를 기울일 것을 당부하고 싶다.

나는 이런 일이 빈번히 일어나는 관계로 칭다오 대한민국 총영사관 홈페이지 공지 사항에 상기 사례를 경험으로 우리 국민이 재차 위험에 빠지지 않았으면 하는 마음에 안전 공지를 올렸다.

여름휴가 및 방학철에 중국에 체류 중인 재외국민 및 중국을 방문하는 우리 국민의 안전과 관련하여 각별한 주의를 부탁드린다.

어경록은 대한항공 편으로 무사히 귀국하였다.

교도소에서 만난 한국인 재소자의 협박

　　　영사업무 중 교도소(중국은 감옥이라 칭함) 수감자를 면회해
야 하는 일이 있다. 감옥에서 만나는 수감자들은 그 누구보다 절실하게
나를 찾는다. 나는 될 수 있으면 그들의 입장을 모두 대변해주고자 노력
하지만, 현실적으로 그들이 원하는 바를 일일이 다 해결해주는 것이 쉬
운 일은 아니었다.

　나는 면회를 할 때 구타·가혹 행위 등 인권침해 여부, 통역 제공 등
수사의 공정성 여부, 변호사선임 여부 등을 일일이 확인하는 한편, 가
족과의 안부 전달, 서신 전달 등 개인적인 부탁도 지원하였다. 특히 중
국은 미결수의 경우, 간수소에 있는 재소자를 변호사와 영사만 접견할
수 있어서 수감되면 나를 많이 기다렸다.

　정기면회는 미결수(간수소) 2달 1회, 기결수(감옥) 3달 1회의 자체 원칙
을 수립하고 시행하였으며 특히 언어와 절차가 복잡하고, 거리상으로
멀어 수형자 유족이 직접 영치금을 넣기 어려울 땐 입금 대리를 지원해
주었다.

　나는 감옥 관계자와 면담을 하면서 늘 우리 국민의 권익을 최대한 보살
펴 달라고 요청했다. 중국 감옥은 대부분 만두를 주식으로 제공하기 때
문에 한국인의 주식인 밥과 김치를 제공해 달라는 부탁도 잊지 않았다.

대부분 면회 시간이 그리 길지 않지만, 교도소 안에 갇혀서 얼마나 답답할까 싶어 나는 되도록 면회도 오래 하는 편이다. 아프면 치료를 부탁하고, 명절 때는 명절 음식도 넣어달라고 부탁하고, 조금이라도 불편한 사항은 가족들에게 연락하여 해결해주도록 요청했다. 그런데도 가끔은 나에게 서운함을 표현하는 사람들이 있다.

사실 감옥에는 여러 나라 사람들이 있지만, 한국인들의 요구사항이 제일 많다는 것이 감옥 관계자들의 설명이다. 그리고 실제 그들과 대화를 나누어 보면 언제나 불만이 쌓여있는 것을 볼 수 있다. 아무튼, 자신들의 요구가 충족되지 않으면 원망을 하는 것도 모자라 감옥에서 나가면 가만두지 않겠다는 협박까지 일삼는 사람도 있었다.

2017년 6월에 있었던 일이다. 칭다오 감옥에 수감 중인 조민준을 면회하러 갔다. 그는 불법 밀수를 하다 적발되어 7년 형을 살고 있었다. 지난번에 면회할 때 자신의 누나 연락처를 알아봐 달라고 부탁했었다. 나는 조 씨의 아내와 통화를 하여 누나의 연락처를 문의하였으나, 모든 가족이 조 씨와의 접촉을 꺼리고 있어 연락처를 알려주길 거부하는 상황이었다. 심지어 아내조차도 전화 수신을 거부하고 있었다. 그는 영치금도 없이 생활하고 있는 상황에서 전화번호를 알려주지 않는다면서 가족들이 면회조차 오지 않는 것이 내 탓인 양 나에게 화풀이를 하였다.

"이 영사, 당신을 가만두지 않겠다. 내가 감옥 안에 있다고 나를 무시하는 것이냐? 내가 나가면 복수하겠다. 당신은 거짓말쟁이다."

그는 욕설과 함께 소란을 일으키며 잠재된 불만을 나에게 폭발시켰다. 평소에도 그는 면회에 임하는 태도가 매우 불량하여 단체 면회를 할 때나 다른 수감자에 대한 부정적인 영향력을 끼칠 염려가 있다며 교도소 측에서 따로 조치를 강구하는 중이었다.

나는 그래도 조 씨가 요구한 사항을 들어주기 위해 그의 아내에게 전화를 걸었다. 겨우 통화가 되어 아내에게 누나의 전화번호를 가르쳐 달라고 부탁하자 그의 아내는 하소연했다.

"그는 대구에서 조직의 두목이었으며 지금도 온몸이 문신으로 되어 있는 사람이다. 가족들은 그가 출소하면 보복당할까 두려워하고 있어서 연락처를 절대 알려주지 말라고 신신당부를 하여 알려주지 못한다. 지금 형님(남편의 누나)은 폐암, 갑상선암 등 수술을 여러 차례 하였고, 아직도 자주 병원에 다니는 등 상황이 아주 좋지 않다. 조 씨의 일로 남편과도 이혼할 위기에 놓인 상태라 더 전화번호를 알려줄 수 없다. 그러나 영사관에는 알려줄 수 있으니 먼저 영사관 측에서 누나와 통화한 후 누나가 본인 연락처를 가르쳐주어도 된다고 허락하면 그때 알려주기를 부탁한다."

나는 조 씨가 궁금해하는 아들에 대해서도 근황을 물어보았다. 아들은 올해 초등학교 4학년으로 학교에 잘 다니고 있으며 건강하니 아무 걱정하지 말라고 대답했다.

그리고 조 씨가 가장 궁금해하는 영치금을 왜 넣어주지 않는지를 조심스럽게 물어보았다. 아내는 남편이 세금 환급 때문에 구속된 후에야 모든 것을 알게 되었고, 세금을 못 내는 것 때문에 파산한 상태로, 자신도 야간에 일하면서 근근이 생활하므로 영치금을 보낼 형편이 아니라고 말했다. 추후라도 돈이 마련되면 보내줄 테니 그렇게 전달해달라고 부탁했다.

나는 내가 전화를 걸어 알게 된 사실을 조 씨에게 말해주었다. 그러나 조 씨는 여전히 믿지 않는 눈치였고 내가 자신의 부탁을 제대로 들어주지 않는다고 생각했다. 내 말을 믿든 믿지 않든 그것은 어쩔 수 없는 일이었다. 나도 사람인지라 협박을 하고 막말하는 조 씨가 좋을 리는 없지만, 극한의 상황에 놓인 사람이니 이해하려고 노력했다. 그러나 한편으로는 씁쓸한 기분이 드는 것은 어쩔 수 없었다.

진화하는 신종범죄 유형들

1. 한국인 상대 인터넷 구인광고 사기 범죄

한국인 신서준 외 2명은 하오산둥(好山東) 취업사이트의 구인광고에 게시된 '누구나 할 수 있는 물류 운송'이라는 글을 보고 구직을 위해 게시된 연락처로 담당자에게 연락했다.

인터넷에 올려진 구인광고

전화를 받은 박가렴(한국인 사칭 중국인 추정)은 "신발을 한국과 중국을 오가면서 운송하는 일이며, 한 번 운송에 3,000위안을 받을 수 있고, 이를 위해 '무역업 고유 번호부여증'을 신청해 발급받아야 하니 발급 비용 3천 위안을 계좌로 송금하라."고 말했다.

이에 피해자는 가해자가 알려준 계좌번호(중국 건설은행)로 2016년 7월 1일, 인민폐 3,000위안을 송금하고, 취업을 위해 피해자의 개인정보 및 여권 사본 등도 SNS

를 통해 가해자에게 전송하였으나 이후 연락이 두절되었다.

나는 피해자 진술을 청취한 후 7월 18일 칭다오시 공안국 청양분국 정양로 파출소에 피해 사실을 신고접수하고 성실한 수사를 요청하였다. 신고가 접수된 후 나는 피해자 면담을 통해 정황을 확인해 보았다.

가해자는 피해자들이 의심하는 것을 피하려고 한국인을 사칭하였고, 한국인 여권도 도용한 사실이 확인되었다. 명의는 한국인 (주)이앤씨(E&C) 인사관리부 실장 박경규, 여권은 박선우의 여권을 도용하였다.

나는 이러한 사기 광고가 산둥성 거주 우리 국민들과 중국인들이 자주 접하는 하오산둥이나 123123.net 등에 게시되어있고, 실제 사람을 구하는 것처럼 속여 피해자가 계속 늘어날 가능성이 크다고 판단하였다. 광고를 낸 가해자가 한국인 박가렴이 아니라 이를 사칭한 신원 불상의 중국인이기에 피해가 더 커질 수 있었다.

사기꾼들은 광고 사이트에서 사기행각이 발각되면 위챗 번호와 전화번호만 바꿔서 또 다른 사이트에 올리는 등 사기행각을 계속하고 있었다. 특히 이런 사건은 피해 금액이 비교적 소액이고, 속칭 '대포통장'을 이용해 송금받은 후 연락을 끊는 식의 방법으로 사기행각을 벌여 공안에 신고해도 적극적인 수사를 기대할 수 없기에 재외국민들의 각별한 주의가 필요하다.

이에 재발 방지를 위해 현지 공안당국이 신속하고 엄정한 수사를 통해 범인을 검거하여 달라고 요청하는 협조 공한을 발송하고, 총영사관 홈페이지나 SNS를 통해 재외국민을 대상으로 하는 안전공지문을 게시하였다. 또 아직 신고는 들어오지 않았으나 피해자가 더 있을 것으로 판단하고 추가 피해 사실이 확인되는 즉시 공안의 신속한 협조를 재차 요청하였으며, 지속적인 관심을 갖고 피해자들에 대한 영사 서비스를 계속 지원할 것을 알렸다.

「재외국민을 대상으로 한 안전공지문 전문」

재외국민 여러분, 안녕하십니까?

저희 총영사관은 금융계좌 정보제공으로 인한 범죄피해와 관련하여 몇 가지 당부의 말씀을 드리고자 합니다. 이번 공지내용을 참고하시어 추후 불이익을 당하는 일이 발생하지 않도록 각별히 주의하시기 바랍니다.

최근 온라인을 통해 해외취업광고를 보고 당지에 취업목적으로 도착한 우리 국민이 산둥성 칭다오시에 위치한 회사관계자로 위장한 보이스피싱 범죄조직의 거짓말에 속아 휴대폰 유심칩, 은행카드, 개인계좌정보 등을 선의로 제공하였으나 추후 동 계좌가 보이스피싱 범죄에 악용된 것으로 밝혀졌고, 현재 경찰청에서 동 건으로 수사가 진행 중에 있습니다.

총영사관에 접수된 피해자 진술 등을 통해 상세 경위를 확인한 결과, 보이스피싱 조직원들은 신분 노출을 꺼려 중국인 가이드에게 수수료를 주고 피해자 공항 픽업 및 계좌정보를 전달받아 오는 역할을 하게 함으로써 피해자와 가이드는 보이스피싱 조직원에 대한 정보를 전혀 파악하지 못하고있는 상황입니다.

유심칩을 포함한 개인 계좌정보를 타인에게 제공할 경우 보이스피싱 범죄 등에 악용될 가능성이 매우 크고, 또한 계좌정보를 제3자에게 대여하는 행위는 전자금융거래법 위반으로 3년 이하의 징역 또는 2천만 원 이하의 벌금형에 처해질 수 있는 범죄행위입니다.

설령 범죄 발생 장소가 해외라고 할지라도 우리 국민이 범죄에 연루된 경우에는 국내법에 의거 형사처벌을 받을 수 있기에 재외국민 여러분께서는 휴대폰 유심칩, 은행계좌 등 개인금융 정보제공 등의 요구에는 절대 응하지 마시기를 바랍니다.

총영사관은 앞으로도 우리 재외국민의 안전 확보를 위하여 공안 등 중국 정부 관계 당국과 긴밀히 협력해 나아갈 것임을 말씀드리며, 사건·사고 등 긴급상황 발생 시에는 총영사관 재외국민 보호팀(0532-8399-7770), 중국대사관(+86-10-8532-0404), 외교부 영사 콜센터(+82-2-3210-0404)로 즉시 연락해주시기 바랍니다.

여러분의 가정에 행복이 가득하시길 기원합니다.

2. 보이스피싱 사기 범죄

2017년 10월 24일 다급한 전화가 걸려왔다. 한국인 문노윤은 해외 취업을 목적으로 이틀 전 칭다오시에 도착하여 회사 측에서 제공해준 숙소에 거주 중이라고 했다. 그런데 여러 정황상 보이스피싱 등 사기 범죄에 이용될 수 있다는 의심이 들고, 그날 아침 숙소 제공자가 찾아오기 전에 안전한 장소로 이동할 수 있도록 도와달라는 피해 신고 전화였다.

신고 전화를 접수한 즉시 나는 중국인 행정원 한 명과 함께 문노윤이 거주하는 숙소(칭다오시 청양구 소재)에 현장 지원하여 가해자들의 감시를 피해 안전한 장소로 피신시키고 공안에 사건접수를 하였다. 그곳에서 들은 자세한 사항은 다음과 같다.

문노윤은 '먹자바라'라는 인터넷 커뮤니티에서 구인광고를 보고, 카카오톡 메신저를 통해 '박민호'라는 사람으로부터 해외에서 하는 단순 배팅 업무이고, 회원모집을 하는 것도 아니어서 적발되면 단순 도박죄로만 처벌받기 때문에 힘들지 않다는 내용이었다는 설명을 들었다. 그는 해외에서 일하기로 마음먹고, 자신의 여권 정보를 보내주었다. 상대는 곧 항공권을 보내주었고, 약속한 날 칭다오 공항에 도착했다.

그런데 공항에 마중을 나온 사람은 통화했던 박민호가 아닌 중국인이었고, 그들이 마련해준 스윗톰이라는 호텔로 가자 은행카드와 비밀번호를 요구하였다. 그때부터 뭔가 잘못되었다는 것을 느꼈지만, 위협적인 분위기상 주지 않을 수가 없었다. 다음 날 아침 그들은 핸드폰 유심칩을 체크해보겠다면서 문노윤의 휴대폰을 가져가 버렸다.

그 후 공항에서 접촉한 중국인 남자가 계속해서 문노윤을 데리고 돌아다니는 등 낌새가 이상하다고 판단되어 강한 어조로 항의하자 핸드폰을 돌려주었다. 그런데 문노윤이 숙소에 돌아와 확인해보니 하나은행 어플이 삭제되어있었고, 다른 어플로 확인해 보니 오전에 한화 1,600만 원가량이 입금되었다가 이후 계속하여 출금된 정황이 있었다. 더는 의심할 것도 없는 보이스피싱 사기라는 판단이 들었다. 그래서 바로 총영사관에 도움을 요청하게 된 것이다.

나는 다음 날 오후 2시경 사건 내용을 청취한 뒤 보이스피싱 범죄에 문노윤의 은행 계좌가 이용된 것으로 의심된다는 점을 설명하고 조속히 귀국할 수 있도록 안내하고 해당 내용을 경찰청에 알렸다. 그리고 곧장 한국의 문노윤 어머니와 통화하여 범죄에 이용된 하나은행 계좌 2개에 대해 당일 은행 업무 개시와 동시에 계좌 정지를 해달라고 부탁하였다. 문노윤은 그날 오후 6시 45분 항공편을 이용해 한국으로 돌아갔다.

이 사건은 비록 속아서 중국으로 오기는 했으나, 곧바로 사태를 파악하고 총영사관의 도움을 받아 더 이상 피해를 받지 않은 경우에 속한다.

3. 감금피해신고 및 신변안전에 관한 사건

2018년 5월 17일 밤 12시 5분경 영사 콜센터를 통해 신고자 손남호(남, 19세)로부터 우리 국민 오승민이 지난 5월 15일 중국에 들어간 후 연락이 끊겼다는 전화가 접수되었다. 처음에는 연락되지 않던 오승민이 갑자기 카카오톡으로 소식을 보내왔는데 중국에서 휴대폰 유심칩, 은행카드 등을 빼앗기고 어딘가에 감금되었다는 연락을 받았으니 급히 도움을 요청한다는 신고 전화였다.

신고자는 오승민 주변에 감시하는 사람은 없으나 다른 지역으로 이동하면 와이파이 신호가 끊어지고 무엇보다 언어소통이 불가능하여 도망갈 엄두를 내지 못한다고 했다.

나는 신고자와 연락을 유지하면서 피해자인 오승민과 카카오톡 메신저 대화방을 개설하여 실시간 연락망을 구축하였다. 오승민은 중국 지리나 언어에 익숙하지 않아 자신이 있는 장소를 정확히 파악하지 못하였으나, 주변 풍경을 찍은 사진, 위치 데이터가 표시된 캡처 사진, 영문 주소 등을 근거로 소재한 위치를 확보하였다. 나는 곧 관할 파출소인 은해 변방파출소에 연락하여 우리 국민 오승민에 대한 신변 보호를 요청하였다.

공안 신고와 동시에 옌타이지역 영사협력원을 현장에 파견하여 오승민을 현장에서 지원하였다. 곧 관할 파출소 소속 경관 4명도 현장에 도착하여 오승민의 신변안전을 확보하였다.

오승민은 15일 한국에서 옌타이로 넘어왔는데, 인터넷사이트를 통해 구직활동을 하다 어떤 사이트에(기억 없음) 회계사 일로 월 300만 원이라는 구인·구직 공고가 난 것을 보고 연락처를 남겨 놓았다. 이후 강현우라는 사람이 인터넷전화로 연락해 왔고 이것저것 준비해야 할 것들(카드, 유심칩, 여권 등)을 알려줘 준비한 후 옌타이로 입국하였다.

옌타이 공항에 도착하자 대기하던 직원이 오승민을 데리고 숙박 장소로 이동하였다. 그러나 막상 일은 시키지 않고 여기저기 데리고 다니면서 유심칩, 공인인증서가 담긴 USB, 체크카드 등을 모두 달라고 하는 것이었다. 왜 그러느냐고 묻자 필요 절차라고 하는데 중국에 대해 아는 것 하나 없는 처지에 신변위협을 느껴 주지 않을 수가 없었다. 그들은 그 와중에 오승민을 안심시키고자 중국 유심칩과 현지 통장을 만들어야 일을 시작할 수 있다고 설득하였다.

이후 그 직원이 중국 유심칩과 카드를 만들어왔는데 그것마저 가져가 버리고 숙소에 무한정 대기하게 되었다. 다음 날 아침, 다른 직원이 데리러 오면 사무실로 출근하라는 말을 남기고 그들은 떠났으나 이제 그 어떤 말도 믿기지 않고 아무리 생각해도 버려진다는 생각밖에 들지 않았다.

나는 오승민의 신변안전이 확보되자 한국의 피해자 지인에게 연락하여 상황을 알리고 동시에 한국행 항공권도 동시에 예매하였다. 이후 오승민은 옌타이지역 영사협력원 조력 하에 옌타이 공항으로 이동하여 아시아나 국적기 편으로 귀국하였다.

이처럼 해외 취업을 미끼로 중국에 입국한 우리 국민으로부터 계좌 정보를 제공받은 다음, 동 계좌정보를 범죄행위에 활용하는 범죄조직이 많이 늘어나고 있어 주의해야 한다.

4. 감금 및 폭행 사건

2016년 8월 18일 2시 25분경, 도움을 요청하는 신고가 접수되었다. '한국인 최대현이 미국에서 칭다오로 들어왔는데 칭다오시 청양구 소재 더타이호텔 1215호에서 중국인 건달 5명에 의해 폭행을 당하고 감금되어있으며 목숨이 위태로워 급히 도움을 요청한다.'라는 내용이었다.

나는 즉시 관할 지역 공안을 대동하고 현장으로 출동하였다.

가해자들은 피해자가 외부에 신고할 수 없도록 감금 장소를 계속 이동하는 등의 수법을 사용하였으나, 나는 호텔 관계자를 통해 해당

호실 예약자 인적 사항 등 기본정보 및 가해자들의 동선 파악을 유지하고, 현지 조력자(해병전우회 회장 신겸)와 협조를 통해 피해자의 안전을 확보하였다.

신고자 신미숙은 피해자의 휴대전화는 착신과 발신이 불가능한 상태이고 피해자는 더타이 호텔 와이파이를 통해 SNS 채팅만 가능한 상황에서 가해자들의 감시를 피해 상황을 자신에게 알리고 있다고 말했다.

신고자는 중국인 깡패 5인 이상이 피해자를 감금하고 폭행하고 있다면서, 피해자가 생명의 위험을 느끼고 있는 긴박한 상황이므로 총영사관의 즉각적인 조치를 요구하였다.

나는 더타이호텔 프런트에 전화하여 동 호텔 1215호 예약자 및 체크인 일시 등 관련 정보를 확인하였다. 호텔 측은 "당일 새벽 김다교 명의로 예약하였으며, 조금 전인 1시 40분쯤 여러 명의 남자와 함께 체크아웃하였다."라고 알려주었다.

나는 연락처에 기재된 회사 소재지(칭다오시 청양구) 및 연락처를 확인하고, 동 회사에 연락하여 김다교의 행방 및 호텔 예약 경위 등을 문의하였으나, 회사관계자는 김씨 성을 가진 임직원이 없다고 답했다.

호텔 측으로부터 예약 때 기재된 휴대전화를 다시 확인하고, 내가 통화를 시도해 보았으나 절강성 지역 휴대전화로 수신 거부가 된 상황이었다.

나는 3시쯤 신고인 신미숙에게 전화하여, 피해자가 더타이 호텔에서 체크아웃하고 제3의 장소로 이동한 사실을 알리고, 추후 피해자로부터 연락이 오는 즉시 총영사관에 알려줄 것을 당부하였다. 신고자는 피해자와 지금까지 대화를 나눈 채팅창 화면을 촬영한 사진 파일을 나에게 전달해주었다.

기재 내용은 다음과 같았다.

- 더타이 호텔에 감금되어있고, 1215호이며, 돈이 들더라도 빨리
  빠져나가고 싶은데 방법이 없는 상황이니 긴급한 구조를 요청함.
- 지금은 1215호이고, 화장실에서 몰래 채팅하는 것인데, 가해자
  들이 방을 바꾸려고 하는 것 같으니, 제발 빨리 도와주길 바람.

그 외에도 피해자는 신고자에게 "901호입니다. 깡패 5명 있습니다.
구해주십시오. 부탁드립니다."라는 내용의 메시지를 남기면서, 내가 요
청한 대로 호텔 객실에 있는 성냥갑 사진을 찍어 발송하였다.

나는 성냥갑에 기재된 호텔이 칭다오시 청양구 소재 '천륜금왕호텔'
901호임을 확인하고, 해당 호텔에 연락하여 동 호텔 901호 체크인 상
황을 문의하였다. 호텔에서는 당일 2시 20분경 피해자가 아닌 다른
사람 명의로 체크인된 사실을 확인해주었다.

나는 신고자에게 새로운 감금 장소를 알린 다음, 총영사관에서 피해
장소를 특정하였기에 즉시 공안이 출동할 예정이라는 점을 알려 피해
자를 안심시키기 위한 문자메시지를 남길 것을 요청하였다.

그리고 호텔 체크인 시간과 호텔 관계자로부터 여러 사람이 객실에
들어갔다는 말을 전해 듣고 가해자들이 장소를 이동하려는 움직임이
보인다는 피해자의 문자 내용 등에 의해 범행 장소가 특정되었다고 판
단하였다.

나는 즉시 '110 신고 전화'를 통해 사건 상황을 전달하고 피해자의

신변안전 확보를 위한 즉각적인 현장 출동을 요청하였다.

그리고 110 신고와 동시에 관할 파출소장과 통화하여 한국인 피해자가 긴급한 위험에 처한 상황을 전파하고 재차 신속한 현장 출동을 요청하였다. 정양로 파출소장은 나의 요청에 따른 즉각적인 현장 출동과 공정한 수사를 통해 가해자들의 범죄를 명확하게 규명하겠다고 답변해주었다.

3시 30분경 정양로 파출소 경관 5인이 현장에 출동하고, 4시 10분경 나도 현장에 도착하여 피해자의 신변안전을 확보할 수 있었다. 이후 피해자와 함께 정양로 파출소를 방문, 한국인 피해자의 신변에 위해를 가한 가해자들에 대한 철저한 수사를 파출소장에게 요구하였다.

피해조사를 하는 데 피해자는 가해자로부터 수 차례 폭행을 당했으며, 신변위협을 느꼈다고 언급하였다. 나는 피해자를 안정시키고 주재국 공안만이 수사 권한을 가지고 있기에 정확한 피해 상황을 진술해야만 제대로 된 구제가 이루어질 수 있음을 알리면서 적극적인 피해 진술을 하도록 조치하고 심리적 안정을 회복하는 데 중점을 두고 대응하였다.

보이스피싱 조직에서 탈출한 한국인들

　　2018년 12월 18일 저녁 6시경, 우리 국민 이예지(여, 21세)로부터 자신 외 동료 1명 구한솔(여, 21세)이 보이스피싱 범죄조직을 탈출하여 총영사관으로 이동하고 있으니 급히 구조를 요청한다는 신고 전화를 받았다. 나는 신고접수 즉시 현장에 출동하여 두 사람을 안전한 장소로 피신케 한 후 안정을 취하도록 조치하였다. 총영사관이 아닌 안전한 장소로 피신시킨 이유는 혹시라도 가해자들이 총영사관 근처에서 피해자들의 동선을 파악할 수 있다는 이유에서였다.

　두 사람은 금융기관 대출 알선 및 제품 구매 상담 등의 명목으로 통신 해킹 애플리케이션을 악용하여 불특정 다수의 피해자를 대상으로 보이스피싱 범행을 자행하는 조직원들에 의해 강요에 못 이겨 범행에 가담하였다고 한다.

　불법이라는 것은 알았으나 이미 범죄 조직원들에 의해 감금된 상태에서 신체에 대한 위해 가능성, 경제적 배상 요구, 수사기관 제보 등 갖은 방법의 협박을 받는 상황에서 마지못해 시키는 일을 할 수밖에 없었다.

　나는 신고접수 단계에서 두 사람과 카카오톡을 개통해 교신하는 방법으로 심리적 안정을 확보하면서 범죄조직에서 신속히 탈출할 수 있도록 안내하였다. 우여곡절 끝에 두 사람을 만났는데 구조 당시 실내용 슬리퍼를 신고 있었고 비닐봉지에 옷가지 몇 벌만 챙겨 나온 것으로 보아 긴박한 상황에서 탈출한 것으로 판단되었다.

이예지는 구한솔의 친구 문수빈의 사촌오빠 이안준(남, 30대)의 권유로 친구 최솔미, 한주현과 같이 2018년 9월경 중국에 입국하였다. 입국 당시 대출받은 채무액이 있었지만, 사촌오빠 이안준이 이예지가 빌린 80만 원의 부채를 갚아 주겠으니 중국으로 들어가자고 입국을 권유하여 오게 되었다고 했다.

정식 대부업체지만 한국은 규제가 따르기 때문에 중국에서 업무를 보면 대부 건수 제한이 없어서 수익이 더 좋다는 사촌오빠 이안준의 제안으로 중국행을 결심하였고, 중국입국 관련 여권과 비자는 모두 이안준이 대행해주었다.

중국에 도착한 이예지는 중국인 송다율(남, 30대)에 의해 웨이하이 사무실에 영문도 모른 채 끌려갔고, 그곳에서 비로소 보이스피싱 범죄조직에 의해 끌려오게 된 사실을 알게 되었다. 그곳에 있는 사람들은 모두 가명을 사용하여 조직원끼리 서로 인적 사항을 제대로 알지 못한 채 생활하고 있었다.

두 사람이 범죄조직에서 했던 세부 범행 수법은 다음과 같다.

1. 범죄조직에서 국내 불특정 다수인을 상대로 지마켓을 사칭하여 무차별로 "안마의자 492,000원이 결제되셨습니다."라는 내용의 문자메시지를 발송하면, 문자메시지를 받은 고객이 문자메시지

에 기재된 연락처로 항의 전화를 걸게 된다. 보이스피싱 조직에 자동으로 수신되게 조작하여 표준어를 구사하는 한국 여성 상담원이 피해자를 속인다.

"안녕하세요, 페이코입니다. 확인해 보니 고객님의 신용카드와 금융정보가 해킹된 듯합니다. 관할 경찰서에 신고를 대신해서 해드리겠고, 30분 후 전화가 갈 겁니다. 담당 경찰관이 고객님께 직접 전화를 해드리도록 하겠습니다."

2. 여성 상담원이 피해자와 상담을 마치면, 상담일지에 고객 성향(신뢰하는 정도, 사용하는 전화기 모델, 직업, 대출 내역 등)을 기재하여 한국인 실장에게 넘긴다. 30분 후 옆방에서 근무하는 남성 근무자(아빠- 검사역, 실장- 금융 감독원 및 경찰관 역할, 기타 한국인) 등이 각자 역할을 수행한다.

경찰 역할자는 "조금 전 페이코로부터 신고 전화를 접수하였습니다. 해킹된 것으로 추정되는데, 추가 피해를 막기 위해 보내드리는 애플리케이션을 장착하시기 바랍니다."라고 멘트를 진행하고, 피해자가 해당 어플을 업로드하면 모든 발신전화 정보가 보이스피싱 범죄조직에 의해 확인되고 착신되도록 하는 프로그램을 사용하여 검찰, 금융감독원 행세를 하면서 2차 피해를 막기 위해 안전한 계좌로 이체토록 하는 방법으로 피해자의 금원을 편취하는 수법임.

- 피해자 입장에서는 검찰, 금융감독원에 전화하더라도 보이스피싱 조직원에 의해 전화 수신처 정보가 누설되고, 그 정보에 의해 대응하는 범죄조직에 속을 수밖에 없는 구조다.

이후 한국으로 일시 피신했던 이예지는 자신으로 인해 친구인 최솔미가 여권을 강탈당하고 한국에 들어오지도 못하는 처지에 놓였고, 춘호라는 조선족이 이예지의 탈출을 이유로 송다율을 구타하였다는 소식을 최솔미로부터 전해 듣고, 중국에 입국하여 최솔미 등을 구출할 의도로 2018년 9월 7일 한국에서 구한솔과 함께 중국으로 재입국하였다. 그곳에서 10월경부터 구한솔과 함께 국민은행 등 금융권을 사칭하는 상담 역할을 마지못해 수행하였다면서 범행 수법을 설명해주었다.

1. 정부 지원으로 고금리로 고통받는 서민을 위해 저금리 우대상품이 나왔고, 금리는 연 2~6% 선이며, 대출 관련 법률에 의해 전화로 개인정보를 취득할 수 없기에 고객이 직접 국민은행에 방문해야 한다는 취지로 불특정 피해자를 안심시킨 후, 본격적으로 범행을 감행함.
2. 저금리 우대상품을 이용할 수 있는 자격은 카드 대출 등 고금리 상품을 이용하는 사람에 한정되어있기에 대출 자격을 갖추기 위해 일시적으로 카드 대출을 받도록 유도하고, 곧바로 갚도록 안내함.
3. 범죄 조직원이 카드사 직원 행세를 하면서 변제금을 입금할 계좌를 지정(대포통장 이용)하는 방법으로 금원을 편취함.

  - 피해자가 변제금을 입금할 계좌가 개인 명의라고 의심하는 기색이 보이면, 금융감독원이 해킹 방지를 위해 가상계좌를 이용하였다고 안내하고, 금융계좌에 기재된 계좌 명의를 확보한 후, 사전에 피해자에게 '금융감독원 담당자 OOO(계좌주)'라고 기재된 문자메시지를 발송하여 미리 안심시키는 등의 방법을 사용

이혜지와 구한솔은 칭다오에 도착한 후, 조선족 및 한국인 송다율 등의 감시를 받으면서 일하는 구조였고, 감시를 피해 지난 11월 3일 도주한 사실이 있으나, 송다율 등으로부터 "피해 금액 5억 원 이상을 변제하지 않으면 징역 10년 이상을 살 것이고, 너희들이 사망하더라도 가족이 대신 변제해야 할 것이다. 피해자들에게 너희들의 여권정보를 뿌리고 경찰서, 대사관 등에 모두 알리겠다."라고 협박하여 11월 14일 경 중국에 재입국하였다.

재입국 후, 사무실에 근무하는 '큰형(40대 초반, 조선족)에게 "다시 도망가면 저수지 밑에 묻어버리겠다."라는 협박을 받았으나 소극적인 업무 태도로 실적을 올리지 않았다.

결국, 감시와 협박을 피해 도망가기 위해 김남기와 몸싸움을 하고, 손톱깎이를 이용하여 손목을 자해하는 등으로 한국행을 시도하였으나, 계속되는 감시와 협박을 이기지 못해 국내 가족의 도움을 받아 총영사관에 연락하게 된 것이다.

두 사람은 한국에 돌아가면 챙겨 나온 고객명부 등을 근거로 국내 수사기관에 신고할 예정이며, 자신들의 잘못에 대해서도 책임을 질 각오가 되어있다고 고개를 떨구었다.

두 사람이 조속한 귀국을 원하고 있고, 보이스피싱 조직원들에 의한 보복과 두려움으로 총영사관의 협조를 구했기에 내가 직접 두 사람을 대동하여 칭다오 류팅 공항에 도착하여 출국 수속을 진행하고, 12월 19일 2시 55분 대한항공 편으로 안전하게 귀국할 수 있도록 도왔다.

이런 식으로 보이스피싱 범죄조직에 속아 감금 생활을 하다가 도움을 요청하는 사례는 내가 근무하는 동안 매년 수십 건에 달했다. 해

외 취업 등의 제안을 받을 경우, 특히 서울말을 구사하고 컴퓨터 작동
에 소질 있는 젊은이들은 범죄조직의 타깃이 될 수 있으므로 각별히
주의해야 한다.

단 몇 시간 만에 옥수수밭으로 바뀌어버린 리솜 골프장

중국 산둥성 웨이하이시에 있는 리솜 골프장은 우리나라 기업이 운영하는 골프장으로 교민들과 관광객들이 많이 이용하고 있었다. 그런데 처음부터 골프장으로 사업승인을 받은 것이 아니라 콘도미니엄으로 시작하였고 골프장은 촌민들의 농지를 빌려 불법으로 형질을 변경하여 사용하고 있었다. 그리고 이와 같은 사실은 중국 관계자들도 이미 알고 있었다. 그런데 갑자기 중앙정부에서 골프장 실태조사를 나와서 골프장 허가를 취소하는 사태가 발생했다. 골프장 측은 웨이하이시 룽청시에 미화 3,300만 불을 투자하여 2015년 6월까지 정상적인 영업을 하고 있었으나, 갑작스럽게 골프장을 철거한다니 청천벽력 같은 일이 아닐 수 없었다. 안 그래도 이 일을 어떻게 하면 수습할 수 있을지 골프장 측 책임자와 대책을 강구하던 중이었다.

그러던 어느 날, 한밤중에 전화가 왔다. 지금 골프장 주변에 수십 대의 트럭이 장비와 흙을 잔뜩 싣고 왔는데 골프장을 철거하려는 것 같다는 다급한 목소리였다. 그날따라 안개가 잔뜩 끼어 앞도 잘 보이지 않았지만, 급박한 상황임을 인지한 나는 심야에 300km가 넘는 거리에 있는 골프장으로 출동해야만 했다.

다음 날 새벽 2시에 도착해서 골프장 관계자와 면담을 마치고 잠시

골프장 사무실에서 휴식을 취하고 있던 새벽 4시 무렵, 덤프트럭 수십 대가 골프장에 대한 대대적인 강제집행을 시작하려고 하였다.

나는 곧장 골프장 입구 정문으로 나가 대한민국 영사임을 밝히고 강제집행을 즉시 중단하고 책임자를 불러 달라고 요청하였다. 그런데 그렇게 협상하는 도중에 골프장 뒤쪽 울타리를 뚫고 진입한 수많은 덤프트럭과 장비들을 앞세워 골프장 페어웨이를 흙으로 덮는 것이었다.

나는 책임자를 찾아 재차 항의하였다. "안 그래도 지금 대책을 강구하고 있는데 아무 예고도 없이 이러는 법이 어디 있는가? 시간이라도 좀 주고 밝은 대낮에 와도 되는데 어두컴컴한 새벽 시간을 이용하여 꼭 이렇게 해야 하느냐?"라고 따졌다. 그러자 그들은 자신들은 지방정부 관료이며 중앙정부에서 당장 집행하지 않으면 우리에게 책임을 묻겠다고 했으므로 어쩔 수 없다고 대답하는 것이었다. 만약 집행하지 않으면 책임을 묻겠다는 강력한 메시지를 전달받았다는 것이었다.

중과부적이었다. 수십 대의 트럭은 순식간에 골프장을 흙으로 뒤엎어놓고 옥수수 씨앗을 뿌려놓고는 유유히 사라졌다. 그런데 며칠 뒤에 가보니까 옥수수 싹이 푸릇푸릇하게 올라와 있었다. 정말 어처구니없는 일이 아닐 수 없었다.

그로부터 얼마 지나지 않아 리솜 골프장 총경리가 총영사관에 민원 해결을 요청했다. 골프장 인근 촌민들이 골프장 러프 지역으로 사용하고 있던 토지를 침범하여 분묘설치 등 불법행위를 하고 있으니, 총영사관에서는 골프장 사유재산이 침해되지 않도록 공안 순찰 등 중국 정부에 강력하게 요청하여 재발 방지를 요청한다는 취지였다.

나는 곧바로 리솜 골프장 측 박상래 총경리와 통화하여 분묘가 설치된 상황 등에 대한 설명을 들었다. 골프장 외곽은 촌민들이 대대로 분묘를 설치하여 소규모의 공동묘지 형태의 집단 분묘가 있었고, 골프장 쪽으로 분묘를 설치하지 못하도록 울타리로 경계를 설정해 두고 있었다. 그런데 이번에 골프장 강제집행으로 골프장 영업이 중단되자 일부 촌민들이 골프장 경계를 넘어 분묘 1기를 설치한 것을 확인하고 영사관에 민원을 제기하였다고 했다.

분묘가 설치된 장소는 클럽하우스에서 100여 미터 떨어진 곳으로 골프장 10번 홀 러프 지역 외측으로 집단 분묘지 인근이었다. 골프장 측은 현재 민간 경비원 2명을 12시간씩 2교대로 1인이 근무하고 있으며, 건물 내에서 외부인의 출입을 막는 정도에 불과하고 개별 순찰 등의 활동은 하지 않는다고 했다.

나는 웨이하이시 공안국 별은도 국장과 통화하여, 박 총경리가 제기한 민원요지를 통지한 후, 우리 국민의 사유재산이 침해되지 않도록 중국 공안 측에서 지속적인 순찰을 통해 유사한 사건이 재발하지 않도록 강력하게 촉구하였다.

이와 관련하여 별 국장은 총영사관의 협조 요청을 받은 이래 웨이하이시 룽청시 공안국에서 정기적인 순찰을 시행하도록 지시하였을 뿐만 아니라 골프장 사유재산 침해행위에 대하여 강력하게 대처하고 있다면서, 최근에 4명을 입건하여 절도죄로 수사하고 있다고 답했다. 그리고 앞으로 상황을 면밀히 검토하여 나에게 알려주겠다고 했다.

나는 또 룽청시 외사판공실 셴룽푸 주임에게 전화를 걸었다. 민원요지를 설명한 후, 우리 국민의 재산상 피해방지를 위한 관할 지방정부의 역할을 상기시키고 재발 방지 및 원상복구를 위한 조치를 부탁한다고 말했다. 그러자 셴 부주임은 나에게 전해 들은 민원에 대하여 금시초문이라면서, 사건 당사자인 골프장 측에서 피해 발생 즉시 최우선으로 촌정부 또는 진정부에 신고해야 하는데 신고 절차를 생략한 채 총영사관에만 민원을 제기한 것으로 판단된다고 했다. 만약 다시 확인해보고 골프장 측 담당자가 즉시 신고를 하였음에도 이에 대한 대처가 미흡했을 경우 알려주면 시정하겠다고 덧붙였다.

나는 곧장 리솜 골프장 박 총경리와 통화하였다. 위의 내용을 전달하니 박 총경리는 중국 측에는 신고하지 않고 나에게만 민원을 제기한 것이라고 했다.

결국, 공안이 현장에 도착하여 상황을 살피고자 하였으나, 골프장 관계자도 없고 특히 토지이용과 관련된 부분은 공안이 취급할 업무가 아니기에 업무처리가 애매한 부분이 있으므로 당사자가 직접 지방정부에 분묘설치에 대한 이의 제기를 하는 것이 좋겠다는 통보를 받았다. 물론 공안에서는 한국인의 신변안전과 사유재산 보호를 위한 순찰활동을 지속 전개할 것을 약속했다.

이처럼 중국에 진출한 한국 기업과 관련된 분쟁은 끊이지 않았고, 그 분쟁해결의 현장에는 항상 영사의 역할이 존재했다.

나는 계속해서 우리 기업의 재산보호 조치, 한국인 직원들의 안전을 위해 인적 네트워크를 가동하여 살펴왔고, 한국으로 귀임할 때까지도 지속적인 관심을 기울였다.

리솜 골프장 민원은 경제담당 영사 조력 하에 최근까지 소송이 진행 중이다. 박 총경리는 한국으로 복귀하여 다른 사업을 하고 있으며, 지금도 나와는 가끔 연락을 주고받고 있다.

사드 배치로 인한 보복 조치

사드(THAAD·Terminal High Altitude Area Defense)는 요격고도 40~150km, 최대 사거리 200km에 이르는 고고도 미사일방어체계의 핵심 수단으로, 발사된 탄도미사일이 목표물에 근접해 하강하는 종말단계에서 격추할 수 있는 미국 미사일 방어(MD)의 핵심적 요격체계다.

한미 양국은 2016년 2월 사드 배치에 대한 공식 협의를 시작한 데이어 7월 8일 북한의 핵과 미사일 위협에 대응해 사드 주한미군 배치를 최종적으로 결정했다고 공식 발표했으며, 7월 13일 경북 성주를 사드 배치 지역으로 발표했다. 한미 군 당국이 사드의 배치 장소로 경북 성주를 결정한 이유는 크게 군사적 효용성과 인구 밀집지역이 아니라는 점, 중국의 반발 최소화 등을 염두한 것이었다.

미국은 우리나라 방공망 강화의 목적도 있겠지만, 미 본토를 지키기 위해 한국에 고고도 탄도탄 요격을 할 수 있는 사드를 배치하고 싶어 하였고, 우리나라에서도 북한과 중국의 탄도탄을 방어하기 위해 사드를 배치하였다. 그러나 중국은 한반도 사드 배치가 중국을 겨냥한 것으로 보고 격렬하게 반대하고 나섰다. 사드 레이더가 중국이 미국 본토를 공격하기 위해 발사하는 대륙간탄도미사일(ICBM) 탄두를 탐지함으로써 중국이 미국 본토를 공격하는 것을 방해한다는 것이 그 이유였다.

대한민국 국방부는 중국의 반발을 감안하여 "사드 체계가 한반도에 배치되면 어떠한 제3국도 지향하지 않고 오직 북한의 핵·미사일 위협에 대해서만 사용될 것"이라고 강조했다. 그러나 이에 대해서 중국은 사드 레이더의 감시 거리가 터미널 모드에서 600km이지만, 소프트웨어적 변경으로 전진 모드 변경 시 2,500km 이상 감시 가능하다고 주장하고 있으며, 이 경우 중국의 주요 도시 역시 감시 사정거리에 들어오기 때문에 북한만 감시한다는 것은 설득력을 갖기 어렵다고 주장하고 나섰다.

결국, 한국의 사드 배치 결정 이후 중국은 경제적 보복 조치에 나섰다. 여행사를 통한 한국 관광 전면 금지, 상용 비자 발급 요건 강화, 연예인들에 대한 제재를 가하기 시작했다. 그리고 그 여파는 곧 중국에서 생활하는 한국인들에게 불어 닥쳤다.

2017년 3월 1일 오전 8시 45분부터 총영사관 정문 앞에 수명의 중국인이 한국 정부의 사드 배치 저지(抵制 THAAD), 롯데 배척(抵制 樂天), 한국상품 불매(抵制 韓貨) 등이 기재된 피켓과 오성홍기를 들고 시위를 하고 있었다. 공관의 안전 확보, 재외국민의 신변안전을 위해서는 항상 현장에 출동해야만 했다. 나는 즉시 공관에 출근하여 상황을 살피고, 신속히 유선으로 칭다오시 공안국에 공관 안전강화 조치를 위한 협조를 요청하고, 재외국민의 신변안전을 위해 총영사관 홈페이지, 한인회 공지 및 SNS를 통해 안전 공지를 알렸다.

피켓 시위에 가담한 중국인은 처음에는 4명이었으나, 10시경 8명으로 늘어났다. 이들은 시위 과정에서 총영사관에 출입하는 공관원에 대해 물리력을 행사하거나 오물 투척 등의 행위는 없었으나, 시위자들은 들고 있던 피켓을 공관원에 보여주며 우리 정부의 사드 배치 결정과 롯데그룹의 부지 제공에 대해 노골적인 반감을 표출하였다. 나는 만약의 사태에 대비하여 동영상으로 시위대의 모든 장면을 녹화하면서 그들의 행동 패턴을 주시하였다.

피켓 시위는 연락을 받고 출동한 중국 공안 5~6명이 지속 제지하였음에도 중단되지 않다가 약 2시간 뒤에 자진 퇴거하여 상황이 종료되었다.

다음날 오전에도 여대생으로 추정되는 신원 불상의 중국인 여성 2명으로 시작하여 중국인 남성 4명, 여성 1명이 추가 가담하여 총 7명의 중국인에 의한 피켓 시위가 발생하였다. 이들은 총영사관 정문을 뒤로 한 채 통행하는 차량을 대상으로 준비해 온 피켓을 보여주는 퍼포먼스를 하고 그 장면을 촬영하였다. 면밀히 시위대의 행동 패턴을 관찰해본 결과 단발적으로 시위 장면을 사진 촬영한 후 인터넷 등에 게시하려는 의도로 판단되었다.

그러나 우리 정부의 사드 배치 결정 등에 기인하여 중국인들에 의한 총영사관과 한국과 관련된 시설 주변에서의 돌발 상황 발생 가능성이 그 어느 때보다 농후하다는 판단에 따라, 중국 공안이 이러한 상황을 예의 주시하고 공관에 대한 지속적인 경계 강화 및 공관 안전에 온 힘을 다할 것을 요청하는 협조 공한을 산둥성 공안청과 칭다오시 공안국에 발송하였다. 이후 공관 안전 강화 협조 요청을 받은 중국 공안 10여 명이 총영사관 외곽 순찰을 강화하였으며 총영사관도 자체적으로 경비 강화를 위해 보안원 근무 인원을 확대하였다.

그로부터 일주일 후인 3월 8일 오전 9시 30분경 웨이하이시 소재 롯데백화점 앞에서 100여 명의 중국인이 집단으로 피켓 시위를 강행하여, 안전 문제로 인해 롯데백화점은 관계기관의 요청에 따라 당일 영업을 중지하였다.

롯데그룹이 표적이 된 이유는 롯데 소유 골프장에 주한미군의 사드 포대가 배치되었기 때문이었다. 당시 중국에 112개(슈퍼마켓 13개 포함) 점포를 운영 중이던 롯데마트의 피해는 더 컸다. 사드 보복이 본격화되면서 112개의 점포 중 87개의 영업이 중단되었고, 그나마 영업 중인 12개 점포의 매출도 80% 이상 급감했다. 또 면세점과 호텔의 매출 하락, 선양(瀋陽)과 청두(成都) 복합단지 공사 중단에 따른 손실 등을 합치면 롯데가 입은 피해 규모는 어마어마했다.

이어 웨이하이시 소재 롯데백화점 광장에서 한국 사드 배치 결정과 그 부지를 제공한 롯데그룹에 불만을 품은 중국인 10여 명이 사드 배치를 반대하며 시위를 시작하였고, 엄연히 사전 집회신고가 되지 않은 불법시위임에도 중국 공안의 초기대응이 여의치 않아 상황이 더 악화되었다.

시위 발생 초기 아무런 조치를 취하지 않자 시위 참가 인원이 불과 10여 분만에 100여 명으로 증가하였는데도 롯데백화점 정문 근처에 1차 저지선이 설치되었을 뿐 중국 공안의 특별한 조치는 계속 이루어지지 않았다.

실제 시위에 적극적으로 가담한 인원은 100여 명 정도이고, 기타 시위 참가자들은 시위 현장 주변에서 구경하며 함께 구호를 외치기는 했으나, 현장에 배치된 공안은 시위대에 대한 해산조치를 취하지 않고 질서유지 등 제한적인 조치만 하는 등 공안의 초동조치가 미흡하여 시위 규모는 점점 불어났다. 그나마 다행인 것은 롯데를 비난하는 현수막을 들고 시위를 벌일 뿐 롯데 측에 대해 물리적인 폭력 등은 행사하지 않았다는 점이다.

웨이하이 롯데백화점 앞 사드 시위 장면

10시가 넘자 시위 인원은 1,200여 명으로 늘어났다. 나는 현장에 출동하여 웨이하이시 공안국 관계자 면담 등 동분서주하여 경찰 인력을 증원할 것을 요청하였고, 요청을 받은 공안은 경비세력을 대폭 증원(경찰 차량 36대, 경찰 인력 470명)하였다. 그런데도 시위 인원이 대규모로 늘어나서 현장은 이미 통제 불가능한 상황이었다. 당시 웨이하이시 공안국에서 동원 가능한 최대 경찰력은 500명 선으로 당일 시위 현장에 거의 모든 경찰이 동원된 것이다.

결국, 신변 안전 문제와 정상영업이 어렵다는 판단에 따라, 당일 11시경 주변 도로를 폐쇄하고 시위대로 인해 일시 영업중지 결정을 내렸다. 그러나 시위대를 포함한 중국인들에게 대규모로 시위를 강행하면 영업을 중지시킬 수 있다는 잘못된 인식과 나쁜 선례를 남길 가능성이 있다고 우려되어 당일 1시 30분경 영업을 재개하였다.

나는 시위 발생 후 웨이하이 롯데백화점 김수규 총경리와 면담하여 시위 동향 및 롯데백화점의 대응 계획 등을 들었다. 김수규 총경리는 안전 문제를 생각해 자진하여 영업을 중단한 상태이고, 추후 대응책을 논의하기 위해 웨이하이시 환취구 정부 관계자 등과 회의를 진행하고 있으며, 가장 염려되는 것은 사실과 다른 내용으로 유언비어가 현지에 전파되는 것이 걱정이라고 말했다.

웨이하이시에는 롯데계열사 이외에도 한국인의 왕래가 빈번한 한락방(韓樂坊) 인근에 한국인들이 운영하는 한국식당 및 한국상품 판매 상점이 밀집되어있었다. 이후 나는 3월 10일 금요일 오전 9시 10분경 대규모로 사드 반대 및 한국상품 불매운동 시위가 예정된 것을 확인하였다. 이 내용은 SNS를 통해 전파되고 있었다. 나는 현지 한인회 등을 통해 시위 발생 시 시위대와의 물리적 충돌을 피하는 등 안전 확보에 각별한 주의를 기울이도록 하고, 특이사항 발생 시 총영사관에 관련 동향을 즉시 통보토록 당부하였다.

나는 롯데계열사 및 한국인 왕래가 빈번한 지역에서의 중국인 시위 발생 우려가 매우 크고, 양 국민 간 물리적 충돌로 번질 가능성이 있다고 판단하였다. 그래서 웨이하이시 외사판공실 및 웨이하이시 공안국에 최근 동향을 고려하여 우리 기업과 재외국민의 안전 확보를 위한 대책을 요청하는 공한을 재차 발송하였다. 한편 현지 한인상회, 롯데 관계자 등과 긴밀한 연락체계를 구축하고, 산둥성 내 중국인 시위 동향 및 치안 상황 등을 예의주시하여, 특이사항 발생 시 수시로 나에게 알려달라고 조치하였다.

이후 나는 중국 당국 책임자와 지속적인 면담을 가지려고 노력하였다. 처음에는 민감한 시기에 나와의 만남을 꺼리는 분위기가 역력하였으나, 끈질기게 면담요청을 하였다. 아마 그 시기에 중국 관료를 만나 면담하여 우리의 요구를 관철하고 중국 관료와 함께 식사하였던 외교관은 거의 없었을 것으로 생각한다. 나는 그만큼 집요하게 달려들었다.

주제는 교류협력 증진 및 업무협력 강화, 사드 배치에 따른 중국인 집단 시위 발생에 따른 대응방안 강구, 재외국민 안전 문제, 한중 어업 및 불법조업 관련 협력 강화 등이었다. 민감한 시기였기에 사드 문제를 주제로 삼는 것보다 어업문제를 논의하자는 식으로 접근하여 자연스럽게 사드 문제로 인한 우리 국민의 안전조치를 요청하는 방식이었다.

나는 웨이하이시 롯데백화점 앞 광장에서 발생한 대규모 시위 관련, 재외국민의 안전강화 조치를 요구코자 양즈웨이 웨이하이시 외사판공실 주임을 면담하고, 총영사관과 웨이하이시간 교류협력 강화방안, 대규모 반한 시위에 따른 대책 강구, 우리 기업과 재외국민 보호업무 업무협조 방안 등에 대해 의견을 폭넓게 교환하였다.

"그간 웨이하이시가 한국인을 위한 많은 배려와 적정한 정책을 펼쳐 준 것에 대해서는 감사하게 생각하고 있습니다. 그리고 최근 발생한 중국인 집단시위에도 웨이하이시가 적극적으로 개입하여 확대되지 않도록 조치하여 준 점에 대해 사의를 표합니다. 앞으로도 긴밀한 협조를 통해 총영사관과의 업무협력을 더 확대해 나가길 희망합니다."

"중국 내 반한 감정 조성으로 인한 시위가 확산하고 있어서 웨이하이에 거주 중인 우리 국민이 느끼는 불안감이 매우 큽니다. 최근 롯데백화점 광장에서 발생한 시위는 중국 공안의 초동조치가 미흡하여 대규모 시위로 확산하였다고 생각합니다. 웨이하이시 정부에서 이번 사태의 심각성을 인지하고 차후 유사 사례가 발생하지 않도록 사전에 신변 보호와 시위 확산 방지에 만전을 기할 것을 요청드립니다."

"롯데백화점 시위와 관련하여 오늘 롯데백화점 총경리를 면담하였습니다. 총경리는 중국 내 롯데 기업의 경영 어려움을 호소하면서 그동안 우리 기업이 웨이하이시에 공헌한 점을 감안하여 우리 기업과 재외국민에게 피해가 가지 않도록 특단의 대책을 강구하여 주시기 바랍니다."

나의 발언에 외사판공실 양주임은 다음과 같이 대답했다.

"한중 관계, 특히 한국과 웨이하이시의 관계는 중국 내 다른 어떤 도시보다도 긴밀하고 교류도 활발하였으며, 웨이하이시 발전에 한국인 기업 투자자가 기여한 바가 큰 점을 충분히 인지하고 있습니다. 따라서 웨이하이시는 앞으로도 한국 기업의 투자를 적극적으로 장려하고 이번 사태로 큰 문제가 발생하지 않도록 각별한 노력을 기울이겠습니다. 특히 시 정부 차원에서 이미 각 유관부서와 함께 3회에 걸쳐 대책회의를 하였으며, 사안의 심각성을 인식하여 매일 새벽 3시에 퇴근하는 상황입니다. 웨이하이시 정부는 최선을 다해 한중 양국 간의 우호가 깨지지 않도록 노력할 것이며, 이번 사태가 장기적으로 지속되지 않을 것으로 생각합니다."

"한국의 사드 배치 결정으로 중국 국민이 상처를 입은 것은 사실이며, 그들의 감정을 표출하는 시위 자체를 막을 수는 없으나, 시위 규모가 커져 상황을 악화시키는 일이 없도록 웨이하이시 정부에서 최선의 노력을 하겠으니 총영사관과 한인들은 안심하시기 바랍니다. 아울러,

한중 간에는 지금까지 원만한 관계를 유지하고 있기에 사드 문제도 시간이 지나면 점차 상황이 개선될 수 있겠으나, 한국의 사드 배치 결정에 러시아가 크게 반감을 가져 한국에 불이익을 가할지도 모를 일이라고 생각합니다."

외사판공실 양주임과의 면담을 마치고 즉시 웨이하이 한인회 사무실에 방문하여 한인회 간부들을 대상으로 간담회를 개최, 중국 당국자와 협의한 내용을 전달하고 재외국민도 스스로 신변안전을 위해 노력하고 특히 다음과 같은 사항을 철저히 지킬 것을 당부했다.

- 시위 장소 접근 금지
- 중국인과의 접촉 시 특정 사안 관련 불필요한 논쟁 자제
- 대중 밀집지역 및 유흥업소 출입 자제
- 공공장소에서 큰소리로 대화하는 등 중국인을 자극하거나 눈에
  띄는 행동 자제
- 야간에 불필요한 외출 및 과도한 음주 자제
- 현지 치안 당국 및 우리 공관의 안전정보 안내, 국내외 언론 동
  향 수시 확인
- 한국인회 및 유학생회 등 교민단체와 연락체계 유지
- 긴급상황 발생 시에는 110 혹은 가까운 파출소로 신고하고, 총
  영사관 재외국민보호팀으로 즉시 연락 등

또 중국 현지 학교에 재학 중인 우리 학생들의 신변안전을 감안, 중국 교육국에도 우리 학생들의 신변안전을 위해 노력할 것을 요청하였

다. 그리고 확실한 근거가 없는 유언비어에 현혹되어 불안감을 더욱 조성하는 일이 없도록 하고 커뮤니티 운영자 및 교회와 학교 관계자에게 총영사관 신변안전 공지를 주변에 적극적으로 홍보하도록 하였다.

웨이하이시 외사판공실 양주임과는 주임과는 통학버스 방화사건 때도 42일간 매일 오전 오후 2회에 걸쳐 면담을 시행하여 유족 측 의견을 전달했던 창구였기에 각별한 인연이 남는 친구이다. 나와 동갑이지만 내가 생일이 2개월 빨라 양주임은 지금도 나를 '강원 형'이라고 부른다.

여권 탈취당하고 신변 위협받고 있으니 도와주세요

2017년 12월 22일 주말 휴일에 우리 국민 김민기(남, 49세)로부터 당직 전화로 "중국인으로부터 여권을 탈취당하고 신변위협이 있으니 도와달라."라는 취지의 신고를 접수하였다. 나는 곧 신고인 김민기에게 전화를 걸었다. 그는 그날 저녁 6시경 지인을 통해 합의해보고 다시 전화를 걸겠다고 말했다.

다음 날 김민기는 다시 도움을 요청해왔다.

"지금 칭다오시 성양구에 있는 페이만 호텔(扉縵酒店)에 묵고 있고, 현재 실질적인 위협은 없으나 아침 9시경 상대방 측이 다시 찾아오겠다고 했는데 두려우니 도와달라."는 전화였다.

나는 곧 행정원과 함께 호텔에 도착하여 신고인을 면담하였다.

김민기는 지난 9월부터 웨이하이와 한국을 오가면서 조선족 교포 한민건(남, 40대 초반)과 벙커C유 정제기술 사업을 추진하였으나, 기름 정제에 문제가 생겨 투자한 한민건이 자신을 신뢰하지 못하자 실질적인 신체위협은 없었으나 총영사관의 중재로 한민건과 합의를 도출할 수 있도록 도와주길 희망하고 있었다.

그러나 신고접수 당일 현장 출동을 통해 민원인의 애로사항을 청취하고 다각도로 조력하였지만, 사건 발생 후부터 현재까지 중국인에 의한 신변위협은 전혀 없었다. 결국, 당사자 간 조율을 통해 채권채무 문제를 해결하도록 조언하고 현장에서 돌아왔다.

그런데 김민기는 이후에도 합의도출에 어려움을 겪게 되자 지속적으로 총영사관에 전화하여 도움을 요청해왔다. 영사관에서는 최초 현장 출동 이후에도 현장 2회를 추가 출동하였고, 총영사관 민원실을 방문하여 면담 2회, 유선 통화 20여 회 이상 등을 통해 신변위협이 전혀 없는 상황임을 재차 확인하였다. 다만 자신이 여권을 내어준 후 돌려받지 못했다고 주장하여 김민기를 대동하고 청양파출소에 신고하도록 조치하였다.

그런데 민원인과 면담 과정에서 무언가 진술이 일관되지 않은 점이 발견되었고, 총영사관에서 공안 신고를 조력하고 자신의 억울함을 중국 공안에 충분히 소명토록 하였음에도 그는 소극적으로 대응하는 듯했다.

일주일 후인 11월 28일 목요일 1시경, 칭다오시 청양구 소재 명월관 식당 앞 도로에서 김민기가 한민건과 재회하여 추후 과정을 협의하려던 찰나, 갑자기 어디선가 나타난 중국인 폭력배 15명이 한민건을 덮치고 멱살을 잡고 끌어내는 등 폭행을 가하였다. 맞는 사람을 그냥 보고만 있을 수 없어 말리는 나에게도 위협을 가하는 상황이었다. 여러 정황상 민원인 김민기가 사주한 것이라는 사실을 짐작할 수 있었다.

민원인 김민기는 중국인 채권자 한민건이 자신의 여권을 반환하지 않은 점에 대해 불만을 품고, 한국과 중국에 있는 지인들을 통해 폭력배를 동원해서 여권을 반환받으려고 폭력을 사주한 것이다.

민원인은 신변위협이 없는 상황에서 공안이 출동하는 것은 어렵고,

여권 반환도 총영사관이 직접 강제할 수 없기에 부득이 중국 공안에 신고하거나 당사자 간 대화로 풀 수밖에 없다는 점을 계속해서 언급한 나에게도 불만을 품고 있었다. 마치 내가 상대방 한민건에게 포섭되어 자국민을 전혀 돕지 않았고, 중국인에게 술을 얻어먹고 영사 직분을 망각하고 있다는 식으로 지인들에게 허위 정보를 제공하는 등 자신의 이익을 위해 진실을 왜곡하는 행동을 서슴지 않았다.

칭다오 인근의 조선족 동포들은 대부분 나를 알고 있고, 이름 석 자는 들었다고 생각한다. 나는 특히 조선족 동포단체 행사가 있으면 되도록 빠지지 않고 참석하였고, 그래서 인근에 얼굴이 많이 알려진 상태였다. 나는 그만큼 많은 활동을 했었다. 그런데 가끔 그걸 오해하는 사람들이 있고 심지어는 음해까지 하는 사람들도 있었다.

또 대한민국 영사라면 무조건 한국 사람 편을 들어야지 왜 조선족 편을 드느냐고 따지는 사람도 있었다. 아무리 대한민국 영사라고 하더라도 가해자인 우리 국민의 이익을 위해서 국적을 불문하고 피해자의 권리까지 박탈할 수는 없는 것이다. 사건에 따라 우리 국민이 가해자인 경우도 있고, 피해자인 경우도 있다. 나는 다만 우리 국민이 억울하게 당하는 일이 없도록 그저 최선을 다할 뿐이다.

폭력배들이 한민건을 폭행하는 과정에서 이를 말리는 나를 보고 중국인 폭력배가 말했다.

"영사는 여기서 빠져라, 우리가 하는 일에 상관하지 마라, 한국 사람이 여권을 못 찾고 있는데도 영사가 도와주지도 않고…."

그들은 고압적인 태도로 나를 위협하려고 했다. 잘못하다가는 나도 폭행을 당할 위기였다.

"나는 대한민국 영사다, 내 몸에 손대지 마라, 너희들이 이러는 것은 결코 옳은 일이 아니다."

때마침 내가 중국 깡패들에게 둘러싸여 있다는 소식을 듣고 주변에 있던 조선족 사업가 송태환 여행사 사장과 김호림 씨가 달려와 나를 구해주었다.

아무리 조직폭력배라고 해도 칭다오지역에서 중국 권투 대회 챔피언 출신으로 신망이 높은 김호림 씨를 함부로 건들 수 없었다. 김호림 씨가 나타나자 중국 깡패들이 쥐 죽은 듯 조용했다. 김호림 씨가 폭력을 사주한 그 사람에게 호통을 쳤다.

"지금까지 이 영사님이 당신을 많이 도와준 것으로 알고 있는데, 당신이 그 사실을 알면서도 깡패들을 동원해서 협박하면 되겠는가? 당신은 은혜를 모르는 사람이다."

물론 동원된 조폭들이 내가 영사라는 신분을 알고 있는 이상 나에게 폭력을 행사하지는 않았겠지만, 순간적으로 등에서 식은땀이 났다.

평소 김민기의 요청으로 현장 출동을 할 때마다, 김민기에 대한 신변위협은 전혀 없었다. 그는 분명 자유로운 상태에서 생활하고 있었음에도 매번 진술이 번복되고 일관되지 않았으며, 상대방 중국인과 지인들에게 총영사관의 대처 및 나에 대해 입에 담을 수 없는 험담을 하고 있다는 사실을 뒤늦게 주변 인물을 통해 확인하였다.

나는 현장을 벗어나면서 김민기에게 말했다.

"그 어떤 일이 있더라도 상대방의 신체에 해를 가해서는 안 됩니다. 평화적으로 모든 문제를 풀어야지 이런 식으로 문제를 해결하는 것은 옳지 않습니다. 나는 영사로서 주말도 마다치 않고 출동해서 선생님을 위해 도우려고 했는데, 감사하기는커녕 오히려 영사를 모함하다니 그 래도 되는 겁니까?"

그러나 김민기는 자신이 그런 것이 아니라고 오리발을 내밀면서 횡설수설했다.

"저 사람들을 누가 보냈는지 나는 모른다. 내가 이 일을 이야기한 사람이 한국에도 있고, 중국에도 있고, 여러 곳에 있다."

사건이 정리된 후 민원인에 대해 자세히 알아보았다. 그는 중국 현지에서 자신을 한국의 벙커C유 정제분야의 박사라고 호칭하면서 2017년 9월부터 벙커C유(Bunker Fuel) 정제기술 판매로 한국과 중국을 왕래하고 있었다. 그런데 계약상 문제가 생겨 현지 공장 부지 및 설비를 제공한 한민건이 자신에게 신뢰를 보이지 않자 여권을 자진해서 보관하게 하고, 피해변제를 해주겠다는 내용의 각서를 작성한 것이다.

이후 민원인은 총영사관에 여권 재발급을 지속해서 요구했으나, 나는 여권 분실이라도 사전에 중국 공안에 조사를 이행한 후, 여권분실 증명확인서 등을 제출해야만 여권 발급이 가능하고, 중국 공안의 사전 조사가 이행되지 않으면 비자 문제로 출국이 되지 않는다고 말했다. 이 점에 대해 불만을 보인 것을 생각해 보니 애초부터 채무를 이행할 의사가 전혀 없었던 것으로 보였다.

김민기는 실제적인 신체 위협이 없는 상황에서도 채무이행을 하지 않고 총영사관의 조력을 받아 여권 재발급을 통해 출국하려 하였으나, 이마저도 여의치 않게 되었다. 더군다나 중국인 채권자가 여권을 반환하지 않자 귀국이 어렵게 되었고 이에 지인들에게 거짓 정보를 흘려 도움을 받아 폭력배를 사주하여 여권을 강제로 반환받으려고 한 것이다.

이 사건을 처리하면서 나는 솔직히 기분이 좋지 않았다. 해외에서 자신을 위해 노력해준 사람에 대한 감사의 마음을 표현하는 정도는 바라지도 않지만, 오히려 자신의 이익을 위해 공직자의 명예 정도는 아무렇지 않다는 듯 행동하는 모습을 보니 씁쓸하기 이를 데 없었다.

공직자들은 국민을 왕처럼 받들고 서비스하려는 자세를 갖추어야 한다는 점에 대해서는 전적으로 동의한다. 다만, 우리도 공직자에게 막무가내로 큰소리만 칠 것이 아니라 역지사지의 마음으로 서로를 조금만 더 이해해주었으면 하는 마음이 간절하다.

마약의 늪에 빠진 사람들

한국 사람들은 중국으로 관광을 와서 마약파티를 하고 가는 경우가 많다. 마약 파티를 하는 것도 모자라 간혹 남은 마약을 몰래 병에 담아서 나가다가 적발되는 경우가 있는데 이는 해외로 마약을 밀반출하는 것에 해당하여 마약밀수범으로 현장에서 체포되므로 특히 유의해야 한다.

중국의 경우 마약 단순 투약의 경우 적발되면 1개월 이내의 행정구류 처분을 받고, 한국에 비해 마약류를 매입하는 비용이 매우 저렴하다. 그리고 구매도 비교적 관광차 온 한국인을 대상으로 마약류를 전문으로 판매하는 조직이 중국인과 손잡고 왕성하게 활개 치고 있다. 4~5회 투약 가능한 필로폰 구매 비용은 한화 약 10만 원 선이다. 그래서 혹시 하는 호기심에 마약을 접하기도 한다. 그러나 이 유혹에 넘어가는 순간, 많은 것을 잃을 수 있으므로 절대 접하지 않는 것이 상책이다.

산둥성에서 장기 거주하는 한국인 중에도 마약 투약을 계기로 직장을 잃고 불법체류자나 행려병자로 전락하여 이들로 인한 한국인 관련 범죄가 자주 발생해서 재외국민 사회에 악영향을 끼치고 있는 사례가 있었다.

중국 산둥성 칭다오시에 거주하는 자국인 양희진(여, 30세)으로부터 국내 마약 수배 중인 배우자 한경태(남, 47세)가 칭다오지역에서 불법 체류하면서 매일 마약을 흡입하고 타인에게 마약을 판매하고 있다는 정보를 제공받았다. 한경태는 칭다오에서 중국인과 연합하여 마약 상습 흡입 및 판매책으로 활동 중이었다.

한경태는 국내에 3건의 기소중지 사건으로 지명 수배되어 국외 도피 중인 상황에서도 계속해서 한국에 마약을 밀반입하고 있었으며, 거래 규모가 큰 것으로 추정되어 이에 대한 수사가 필요할 것으로 보였다.

나는 마약 판매책 자국인 한경태의 주거지 정보, 인적 사항 등 관련 정보를 칭다오시 공안국(금독지대)에 제공하여 조속한 시일 내 수사에 착수하도록 요청하였다. 금독지대 담당자는 대검찰청(마약과)에서 중국 금독국으로 위 한경태의 신병 인계를 요청하면 적극적으로 협조하겠다고 했다.

양희진은 총영사관 비상 당직 전화로 연락하여 배우자가 마약 수배 자인 사실을 전혀 알지 못한 상황에서 혼인하였고 최근 국내 마약 수배 사실 및 현지 마약 흡입·판매 사실을 알게 되어 현재 이혼을 희망하고 있다고 했다.

그러나 한경태가 현지에 불법체류하며 중국 조폭들과 함께 마약을 흡입할 뿐만 아니라 조직적으로 마약 판매를 하고 있다면서 최근 며칠째 연락이 두절되어 협의이혼을 진행할 수가 없다며 총영사관에 한경태의 행방을 찾아 달라고 요청하였다.

이에 나는 먼저 연락 두절 사실을 중국 공안에 신고하라고 절차를 안내해주었다. 신고 후 몇 시간이 지나 양희진은 시댁 식구들이 직접 한경태와 연락을 취하고 있는 것으로 확인되었다며 소재 파악 사실을 알려왔다.

2017년 11월 1일 양희진은 총영사관 비상 당직 전화로 다시 연락을 해왔다. 배우자 한경태가 마약 판매책이며 최근 남편의 잦은 폭력으로 신변위협을 느끼고 있다며 신변 보호 요청을 하였다. 양희진은 배우자가 국내 서울중앙지검에 수배 중이며 현재 남편을 추적하고 있는 것으로 알고 있다면서 국내 수사기관과 협조하여 빠르게 검거할 것을 요청하였다.

며칠 후 양희진은 총영사관 민원실을 방문하여 나를 면담하기로 하였으나, 약속시간에 나타나지 않았다. 이상하여 직접 양희진에게 연락하였다. 그녀는 배우자 한경태를 마약 흡입 관련으로 제보할 경우 신변위협 등 불이익을 당할 것이 우려된다며, 면담을 다음 날로 연기하였다.

다음 날 양희진은 총영사관 민원실을 방문하여 나와 면담을 하였는데 양희진은 배우자 한경태가 현지 공안에 체포되어 국내로 강제 추방되기를 희망한다며, 남편의 마약흡입 및 판매 증거를 수집 후 총영사관에 검거 요청할 예정이라고 말했다.

2017년 11월 30일 양희진은 총영사관 재외국민보호팀으로 직접 연락하여 한경태의 현재 거소하는 곳과 마약 보관처를 제보한다며 검거 및 강제 추방을 요청했다.

제보 내용은 다음과 같다.

양희진은 한경태와 직접 연락을 취하지 않고 지인을 통해 남편의 소식을 전해 듣고 있으며, 최근 남편이 교통사고를 당해 다리가 부러져 현재 칭다오시 청양구 소재 구전 병원 603호실에 입원 중이고, 이틀 후 수술할 예정이며 수술 후 한 달간 입원 치료가 필요하나, 양희진은 한경태가 수술 후 회복 즉시 퇴원 후 도망이 예상된다며 즉시 검거 조치할 것을 요청하였다.

총영사관에서는 칭다오 공안(금독지대)에 이 사실을 즉시 전달하여 소재수사를 통한 검거 협조를 요청하였고, 관계자는 구체적인 마약 보관장소, 마약 판매자의 거주지 및 거주지에 체류 중인 시간대를 상세하게 제보하면 즉시 검거하겠다고 언급하였다.

아울러 양희진은 한경태가 최근 일 년 사이 매일 마약을 흡입하였고, 현재 입원 중인 병원에도 마약을 소지하고 있으며 마약 거래 상세 내역은 위챗 대화 내용을 통해 확인할 수 있고, 현재 한경태는 중국 내 체류 중인 조폭들과 친분을 유지하고 있으며, 그 조폭들이 중국 공안 관계자와 친밀한 관계를 유지하고 있어 직접적인 불이익은 피하고 있는 것으로 알고 있다고 덧붙였다.

나는 11월 30일, 관련 정보를 입수한 후 칭다오시 공안국 금독 부서에 바로 전달하였으며 금독 부서 관계자는 적극적인 협조를 약속하면서 대검찰청 마약과의 검거 및 국내 송환 협조공문 발송 시 이에 적극적으로 협력하겠다고 언급하였다. 이후 한경태는 병원에서 체포되었다.

당지 불법체류 중인 자국인 최보성(남, 44세)으로부터 칭다오지역에서 한국인 관광객을 상대로 필로폰을 대량 공급하고 있는 김예찬(50세 전후)과 동인의 동거녀 김소연(여, 30대 후반)의 정보를 수집하게 되었다. 이들은 현지 사정에 밝지 않은 한국인 관광객을 타깃으로 삼아 전문적으로 마약(필로폰)을 공급하고 있었다.

김예찬은 먹물 종이(깜지)에 필로폰을 포장한 후, 항문에 삽입하는 방법으로 공항 검색대를 통과하여 한국에 마약을 밀반입하고 있었는데 이에 대한 수사가 필요할 것으로 보였다.

나는 중국인 마약 공급책 김소연의 주거지 정보, 인적정보 등 관련 정보를 칭다오시 공안국(금독 지대)에 제공하여 조속한 시일 내로 수사에 착수하도록 요청하였다. 또 한국의 법무부 국제형사과와 대검찰청 마약과에 국외도피사범 최보성에 대한 조속한 국내 송환 절차를 진행하기 위해, 중국 공안당국의 협조를 받아 총영사관과 송환 일정을 조율하여 주기 바란다는 공문을 보냈다. 그러나 칭다오시 공안국 출입경관리국 관계자는 위 최보성의 불법체류 벌금 등이 준비되지 않을 경우, 강제 추방 조치가 어렵다는 취지로 답변을 해왔다.

한중 마약 근절 협력회의 참석

최보성은 2016년 7월경 중국에 관광 목적으로 입국하였으나, 지갑과 핸드폰을 분실하여 한국으로 돌아갈 방법이 없으니 도와달라며 총영사관을 방문하여 내가 면담을 시행하였다.

2016년 9월 21일, 최초 면담 당시 나는 최보성의 어려운 사정을 고려하여, 당지에서 임시 숙식을 할 수 있도록 조치하고, 최보성의 친형 최형성에게 진행 상황을 전달한 후, 위동항운의 협조를 받아 한국으로 조속히 귀국하는 교통편을 배정하였고, 이에 대해 최보성은 총영사관의 협조에 대에 사의를 표명하고 조만간 국내로 귀국하겠다는 의사를 밝혔으나 그 후 연락이 두절되었다.

그러나 그로부터 1년이 지난 2017년 11월 15일 최보성은 총영사관 재외국민보호팀에 전화를 걸어 한국 지인으로부터 폭행을 당했으며, 숙식을 해결할 방법도 없으니 총영사관에서 도움을 달라는 취지로 연락을 다시 해왔다. 나는 최보성과 2차 면담을 하였다.

면담하면서 최보성은 지인 김선태(50대 전후)로부터 폭행을 당했다고 주장하였고, 실제 최보성의 상태를 살핀 결과, 안면부 등에 폭행 피해의 상처가 남아 있어 우선 당지 병원에서 치료를 받도록 조치하였다.

최보성과의 2차 면담 종료 후, 가해자 김선태 등의 인적사항 등을 확인하는 과정에서 최보성에게 마약을 투약하게 하고, 한국인 관광객을 상대로 마약을 공급하고 있다는 첩보를 입수하고, 위 최보성을 설득하여 본건 정보를 수집하게 되었다.

나는 불법체류자 신분으로 당지에서 마약 공급책으로부터 필로폰을 공급받아 5회가량 투약한 사실을 자백하는 최보성을 면담하여, 마약 투약 경위, 공급경로 및 공급책 관련 정보 등을 알 수 있었다.

최보성에게 마약을 권유한 김선태(50대 추정)는 한국에서 주유소를 운영하는 것으로 알고 있으며, 약 5개월 전인 2017년 6월경 지인의 소개를 받아 김선태로부터 최초 마약을 무상으로 공급받아 2회 투약하였고, 그 이후에 4~5회가량 투약하였으며, 1회 투약하는데 소요된 비용은 인민폐 700위안(한화 약 12만 원 상당)으로, 경제적 부담으로 인해 투약을 끊었다고 진술하였다.

김선태는 경기도 시흥시 소재 주유소 대표이사로 재직 중이라고 했다. 김선태는 통상 지인을 통해 소개받은 한국인들에게 처음에는 무료로 마약을 공급하다가 이후 회당 700위안을 받고 마약을 공급하는 방식으로 마약을 공급하고 있으며, 조선족 동포인 김소연(여, 38세)과 동거인 관계를 유지하면서 김소연이 산둥성 웨이하이시에서 마약을 대량 구매한다고 하였다.

최보성은 김소연으로부터 공급받은 마약을 소지한 채 당시 주거지인 '칭터허푸(靑特赫府)'에서 투약하였고, 김소연의 중국 내 거주지는 일정치 않으며 관광차 당지에 도착한 한국인에게 통상적으로 '완커 민박집'이란 곳을 소개하여 그곳에서 마약을 투약하도록 하였다. 김소연의 중국 연락처는 여러 개의 휴대전화 번호가 있으나 당시는 모두 정지 상태였다.

최근에는 한국에서 온 이명후라는 손님을 알게 되었는데, 나이는 50대 후반에서 60대 초반으로 추정되며 2017년 10월 중순경 칭다오로 들어와 김예찬으로부터 마약을 공급받아 1주일 넘게 마약파티를 즐기다 11월 초경 국내로 귀국한 것으로 보이고, 최보성과 연락을 이어나갈 시 본인과 김예찬에게 불이익이 갈 것이 두려워 당시 최보성의 위챗 아이디를 차단해 놓은 상태였다.

　김예찬의 동거녀 김소연은 평소 만나는 사람에게 칭다오시 공안국 국장이 친척 오빠이고, 설령 적발되더라도 자신은 중증환자(자궁암)이기에 구속될 일이 없다고 자랑하면서 불특정 다수에게 마약을 판매하고 있으며, 웨이하이 지역에서 마약을 대량 구매하여 칭다오지역에서 판매 및 유통을 담당하고 있었다. 나는 해당 내용을 정리하여 대검찰청과 경찰청에 통보하였다.

　2016년 1월 30일 본부 영사 콜센터로부터 우리 국민 2명이 칭다오시 청양구에서 한국계 중국인 여러 명으로부터 감금 및 폭행을 당해 다친 상태에서 도주하여 현재 칭다오공항으로 이동하고 있으니 급히 구조를 요청한다는 내용의 신고를 접수하였다.

　나는 신고 접수 즉시, 칭다오 류팅 공항 현장에 출동하여 우리 국민 피해자에 대한 신변안전을 확보하고 면담을 하였다.

　피해자들은 지인의 소개로 중국에 입국한 후, 칭다오에서 룸살롱 술 접대 등을 지인으로부터 제공받았는데, 가해자들이 성 매수를 미끼로 공안과 합세하여 막대한 금전 급부를 요구하면서 감금 및 폭행을 가하였다고 주장하였다.

　현장에 출동한 나는 그들을 관찰하였는데 가준하의 소지품에서 마약 투약에 사용된 것으로 추정되는 주사기와 벽시계, 케이블, 전선 등이 다수 발견되었을 뿐만 아니라 공항 내부에서 왕래하는 행인들을 보면서 마치 가해자와 닮았다는 등 횡설수설하면서 소란을 피우고 국내 배우자와 통화를 하면서 입에 담을 수 없는 욕설을 가하는 등 심리상태가 매우 불안한 것으로 보였다.

"당신이 영사인지 확인할 수 있는 신분증을 보여 달라, 전기면도기 내부에도 유심칩이 있어 그놈들로부터 감시를 당하고 있다, 내 핸드폰이 도청당하고 있다."

가준하는 현장에서 최초 나와 면담할 당시에도 위와 같은 말을 하며 비정상적인 행동을 보였다.

나는 피해현장에서 모든 증거를 수집하였고, 이를 통해 국내 수사기관에 피해 사실을 신고하겠다고 언급하였다.

가준하의 경우 국내에서 마약 투약 전과가 있는 것으로 확인되었다. 이처럼 최근 산둥성에는 중국인과 연관된 마약 투약 목적의 관광객이 증가하는 추세였다.

가준하와 심순택은 가해자들의 보복이 두렵다면서 조속히 한국에 귀국할 수 있는 항공편을 알아봐달라고 요청하였고 나는 당일 5시 30분 칭다오공항을 출발하여 인천공항에 도착하는 산둥 항공을 배정하여 동인들을 귀국 조치하였다.

이처럼 우리 국민을 초청하여 술접대 등 향응을 제공한 후, 자국인의 약점을 잡고 폭행 및 감금하는 중국인 가해자들에 의한 피해 신고가 증가하는 추세여서 주의가 필요하다.

이 외에도 마약과 관련된 사건이 많이 있었다. 마약에 취한 젊은 여성을 구조하여 항공기를 이용하여 귀국 지원하는 과정에서 공항 탑승구 앞에 대기 중이던 많은 사람 앞에서 나를 보며 "나쁜 놈, 빨리 꺼져!"라고 큰소리를 치고, 나는 그녀를 달래는 행동이 마치 치정관계에 있던 내가 여자를 배신하고 강제로 한국에 내보내는 오해의 여지가 있는 모습으로 비쳤을 수도 있는 기막힌 일도 있었다.

자의든 타의든 마약으로 환각 상태에 빠진 우리 국민은 공항 대기실에서 나라 망신을 시키고 있는 셈이다. 국내에서도 마약은 하면 절대 안 되지만 외국에 나와 호기심에 마약에 손을 대는 순간, 범죄에 노출될 수 있다는 점을 명심하자.

억울한 누명을 쓴 마약 운반책, 구제에 앞장선 한인사회

처음으로 해외관광으로 칭다오에 왔다가 본의 아니게 범죄자가 된 한국인 김 씨의 이야기를 소개한다.

한국의 시골에서 농사를 짓고 있던 김 모 씨(남 53세)는 어느 날 선배를 통해 알게 된 송 모 씨로부터 중국으로 관광을 가자는 권유를 받았다. 넉넉하지 않은 경제적 상황으로 인해 한 번도 해외에 나가보지 못한 김 씨는 흔쾌히 승낙했고 출국을 하면서 비극이 시작되었다.

지인 송 모 씨는 김 씨를 마약 운반책으로 이용한 것이었다. 세상 물정에 어둡고 중국어를 전혀 할 줄 모르는 김 씨는 자기가 이용당하고 있는 줄도 모르고 단순 관광으로 알고 따라나섰다가 웨이하이에 있는 민박집에서 공안에게 홀로 체포되었다. 함께 왔던 사람들은 어느새 모두 도주하고 없었다. 중국어를 한마디도 할 줄 모르는 김 씨에게는 날벼락과 같은 일이었다.

칭다오 공안청으로부터 이러한 체포 사실을 통지받은 나는 곧바로 웨이하이 간수소에 찾아가 김 씨를 면회하였다. 이야기를 들어보니 억울하기 이를 데 없었다. 함께 온 사람들은 이미 도주한 상태였고 변호사의 도움을 받아야 그나마 형기를 줄일 수 있었다. 그런데 김 씨를 도와줄 가족이 없었다. 한국에는 아들과 딸이 있었지만 어려서 아빠를 도울 수 없었다.

나는 여러 차례에 걸쳐 한국에 있는 자녀와 통화하여 일가친척 중 아빠를 도울 사람이 없는지 확인하였으나, 한국에는 경제력이 있는 친척이 하나도 없었다. 결국, 선임비용과 벌금 납부가 어려운 상태였다.

도울 방법을 찾다가 나는 웨이하이 법률자문 변호사인 최옥금 변호사에게 자초지종을 설명하였고 안타까운 사정을 알게 된 최 변호사는 기꺼이 무료로 변론을 해주었다. 최 변호사는 웨이하이 애심여성협회 소속으로 평소에도 한국인을 위한 통역봉사단 활동을 하고 있었다.

최옥금 변호사는 사비를 써가면서 눈길에서 교통사고를 당하는 등의 우여곡절을 겪으면서 여러 번 변호인 접견을 통해 김 씨의 억울한 사정을 파악하고 장문의 변호인 의견서를 작성하여 검찰과 법원에 김 씨의 억울함을 호소하였다.

최 변호사의 적극적인 변론으로 최소 7년 이상 징역을 살아야만 했던 상황이 징역 3년 이내의 형으로 줄어들 가능성이 열렸다.

중국에서는 마약과 관련된 범죄는 벌금형이 부과되게 되어있었고 만약 벌금을 내지 않으면 김 씨가 법원판결에서 불이익을 받게 되고, 아울러 수감 도중 감형도 받을 수 없게 되어 1년 넘게 징역을 더 살아야 하는 상황에 놓이게 된다.

나는 역시 이 사실을 칭다오 한국인들에게 알렸고 그들은 십시일반 김 씨를 돕기에 앞장섰다.

흥부호텔 겸 스카이골프장 대표인 이진영 사장, 칭다오 한국인 마을 채익주 대표, 민주평통 설규종 회장, 충청향우회, 칭다오 한인교회 민언식 목사 등이 안타까운 사정을 듣고 김 씨의 벌금을 마련해 최 변호사에게 전달해준 것이다.

이외에도 전라도 횟집 이용욱 사장, 인천 남동구 노인복지회관 김용배 관장을 비롯한 많은 사람이 한국에서 위임장 서류의 공·인증 절차 비용을 마련하여 김 씨 자녀가 할 수 없는 일을 진행하게 해주고 각종 업무를 대신하여 대행해주었다.

흥부호텔 이진영 대표는 "낯선 타국에서 벌금을 낼 수 없어 형기가 늘어나고, 한국에 있는 자녀를 수년간 볼 수 없게 될 상황에 놓였다는 소식을 듣고 같은 국민으로서 매우 안타까운 일이라 돕게 되었다."라면서 벌금 모금에 앞장서게 된 이유를 말했다. 결국, 할 수 있는 모든 일을 동원해 김 씨는 벌금을 냈고 낮은 형기를 받았다.

나는 최옥금 변호사를 비롯한 많은 동포가 아무런 대가도 바라지 않고 선뜻 도움을 주는 모습을 보고 해외에서 우리 민족의 아름다운 동행의 참모습을 보았기에 마음이 훈훈했다. 특히 이런 일이 한두 번이 아닌데도 불구하고 그때마다 마다치 않고 도움의 손길을 내미는 그들에게 진정으로 감사한 마음이었다.

부모를 버리는 한국의 자녀들

　　2018년 7월 1일 저녁 9시경 신고자 선규영(재중동포)으로부터 우리 국민 신경균(남, 69세)이 칭다오시 청양구 소재 오강국제아파트 민박집 내에서 지병(심장병, 고혈압, 당뇨병 등)으로 사망하였다는 내용의 신고전화를 접수하였다. 곧 관할 파출소에 신고하여 현장조사가 이루어지도록 조치하였다.

　나는 현장에 출동한 청양파출소 왕 경관과 연락하여 신경균이 지병에 의한 병사로 사인을 확인한 후, 신고인 신경균에게 망자의 시신을 청양인민병원 영안실로 옮기도록 요청하였다.

　현장 조사 결과, 신경균은 타살 흔적이 없고 지병에 의한 자연사로 확인되었다. 그러나 신고인은 망자와 혈연관계가 아니며 단지 민박을 소개해준 인연만 있다면서 비용문제 등으로 인해 시신운구가 어렵다는 답변을 해왔다.

　나는 다음 날 아침 망자가 사망한 장소에 임장하여 구급차(120)를 호출하여 최종적으로 사망 사실을 확인하고, 청양인민병원에 연락하여 시신을 영안실로 운구하였다.

　그 전에 사망증명서를 발급받기 위한 사전절차로 구급차 의료진의 소견이 필요하다는 판단에 따라 구급대원 호출 후 병원 영안실에 연락하였다.

나는 시신운구 및 영안실 보관에 따른 비용(보증금 포함)을 선지급하고 청양인민병원 영안실에 시신을 안치한 후, 동 병원으로부터 사망증명서를 발급받아 보관하였다. 화장 및 국내 사망신고를 위해 사망증명서가 꼭 필요했기 때문이었다.

외로운 죽음을 맞이한 자국민의
시신을 수습하는 장면

나는 망자의 시신 안치 후 유가족의 행방을 찾고자 주변 인물 중심으로 탐문을 하였다.

선규영 및 김혜자의 진술에 따르면, 망자는 25년 넘게 가족과 연락 두절된 상태로 지내왔으며, 미국 영주권자 신분으로 국내에 가족이 없는 것으로 알고 있다고 했다. 신고인 선규영은 망자의 요청으로 당지 민박을 알선한 것이 전부였다. 그리고 사망 장소에 대기 중이던 김혜자(여, 69세)는 망자에게 사업자금을 투자했던 투자자 신분으로 망자의 건강 상태가 위독하다는 전화를 받고 당지에 도착한 인물이었다.

나는 망자의 유류품 검사를 통해 유가족의 연락처나 단서 등을 찾고자 하였으나, 망자의 소지품 중 가족관계를 특정할 물품을 발견하지 못했고, 계속해서 유가족 소재 파악을 위해 노력했으나 소재 파악이 여의치 않았다.

여러 경로로 신경균의 가족인 신서현(망자의 딸, 39세)의 연락처를 확인한 후, 딸과 통화하여 신경균의 사망 사실을 알리고 사후 절차를 물었다. 그러나 딸은 슬퍼하는 기색 없이 자신과 상관없는 사람이라고 말하는 것이었다.

딸은 만 7세에 부친과 헤어진 후, 중학교 2학년 무렵 잠시 통화한 사실이 있으나 그 이후부터 줄곧 부친인 신경균과 연락이 두절된 상태로 생활해 왔다고 했다. 부친 신경균은 자녀들을 방치하고 돌보지 않았고, 지금까지 어떤 삶을 살았는지도 서로 모르고 지내왔다고 했다. 총영사관을 통해 부친의 사망 소식을 전달받아 다소 당황스럽기는 하지만, 지금까지 가족으로 생각한 적이 없었다는 것이다. 따라서 모든 가족은 신경균의 사망 관련 절차를 이행할 의사가 없으며, 유가족의 의무 및 권리를 모두 포기하겠다고 말했다. 딸은 총영사관에서 모든 사후처리를 진행하도록 위임장을 작성하여 전달할 것이며 다시는 신경균의 사망과 관련하여 연락을 주지 않았으면 좋겠다고 단호하게 말했다.

결국, 나는 유가족의 의무 및 권리 포기 의사를 확인했으므로 외교부에 보고하고 본부 지침에 의해 총영사관 주도로 화장 등 장례 절차를 진행해야 했다. 신경균의 사망으로 발생한 시신 수습 비용, 시신 보관 비용, 화장 비용, 유골함 구매 등에 필요한 비용은 우선 내가 개인 비용으로 충당하였다.

장례 절차는 한인회와 협의하여 진행하였다. 화장 후 유골함은 망자의 지인 김혜자가 아시아나항공으로 운반하여 망자의 고향 산하에 산골하였다. 부모와 자식 간의 인연은 천륜이라고 했는데…, 자식을 돌보

지 못했으니 쓸쓸히 갈 수밖에 없는 것이 현실이었다. 물론 이런 경우
가 처음 있는 일은 아니었지만, 매번 이런 일이 생길 때마다 멀리 타국
에서, 혼자 쓸쓸히 죽어가는 망자들의 영혼이 구천을 떠돌 것 같은 생
각에 안타까움을 금할 수 없었다.

사위 폭행에 7세 손녀 데리고 도망친 탈북자

2017년 9월 4일, 오후 5시경 민원실을 통해 하나의 사건이 접수되었다. 53세가량의 강미향이 외손녀 김서우의 손을 이끌고 총영사관을 통한 조속한 한국 입국 방법을 문의해 온 것이다.

강미향은 2016년 9월 16일 외손녀 김서우와 함께 여행목적으로 입국하였으나, 그해 10월경부터 몸이 아파 한국 입국 시기를 놓치고 김서우(여아, 7세)와 함께 약 1년간 불법체류를 했다고 말했다.

강미향은 2016년 9월경 김서우의 친부 왕규린을 만나기 위해 중국에 도착한 이래, 사위의 폭행과 압박 속에서 1년가량 불법체류자 신분으로 지내다가 주변인의 도움을 받아 가까스로 도피한 후 수소문 끝에 총영사관에 도착했다는 것이다.

최초 면담 당시 강미향은 체류비 등 소지한 현금이 없었고 휴대폰도 분실한 상태였다. 총영사관은 김서우가 7세 아동으로 취학 연령에 도달하여 조속한 취학이 이루어져야 하고, 불법체류를 하게 된 경위 등이 아동의 친부의 폭행과 억압에 의한 피치 못할 사정이 있었던 점 등을 감안, 중국 관계기관에 협조를 요청하여 조속한 시일 내 국내 귀국을 지원하였다. 김서우의 여권은 친부 왕규린이 고의로 파손 후 전소시켰기에 재발급을 해주었다.

나는 칭다오시 공안국과 지속적으로 협의하는 등, 조속한 귀국이 이루어질 수 있도록 필요한 지원을 하였다. 우선 두 사람을 안전한 장소로 이동시켜 숙식을 해결하도록 조치하고, 당지 한인사회의 조력을 받아 의류 등 물품을 지원하는 등 귀국지원 시점까지 안전한 생활 여건을 마련해주었다.

두 사람을 세한 모텔에 임시 투숙하도록 하고, 국내에 있는 김서우의 모 김영옥(새터민)을 통해 체류비, 불법체류처리비용 및 국내 귀국비용 등의 송금을 요청하였으나, 경제적인 궁핍 상태로 어렵다는 답변이었다.

나는 강미향과 김서우의 당지 방문 목적이 명확하지 않은 점에 착안, 두 사람이 투숙 중인 세한 모텔에 방문하여 면담을 실시하였다.

김서우의 모 김영옥은 2008년 탈북하여 산둥성 교남지역에서 사과, 땅콩, 옥수수 등을 재배하는 중국인 왕규린에게 팔려 가고, 북한에 거주하는 모 강미향을 데려오기 위해서는 자녀를 출산해야 한다는 말에 따라 김서우를 출산하였다. 이후 김영옥은 브로커를 통해 중국 국적을 취득하였으나, 왕규린의 가정폭력이 계속되었다. 결국, 김영옥은 남편의 폭력을 피해 2013년 무사증입국허가 지역인 제주도로 입국하여 탈북자 신고를 통해 대한민국 국적을 취득하였다.

한편 왕규린은 한국으로 엄마와 함께 도망간 딸 김서우의 중국어 교육, 체류 등을 해결해주겠다면서 장모 강미향에게 중국 방문을 지속 권유하였고, 강미향은 딸의 부담을 덜어주기 위해 손녀를 데리고 2016년 9월 중국으로 입국하였다.

강미향은 외손녀 김서우와 사위의 주거지인 산둥성 교남지역에서 약

1년간 체류하였으나, 시간이 지나면서 사위의 폭행이 시작되었다. 사위는 딸 김서우를 중국에 두고 출국하라고 협박하면서 손녀의 여권을 강제로 빼앗아 찢고 불에 태워버렸다. 이에 사위의 폭행이 무서운 강미향은 손녀를 데리고 도주를 감행하게 된 것이다. 그녀는 자신의 사정을 딱하게 여긴 동네 중국인에게 택시비를 빌려 무작정 택시를 타고 대한민국 총영사관으로 왔다는 것이다.

들고 보니 사정이 매우 딱했다. 나는 강미향의 진술 내용을 다 듣고 난 뒤 칭다오시 공안국과 협의하여 조속한 국내 귀국지원을 약속하고, 귀국 시까지 불편 사항이 없도록 한인사회의 지원을 받아 의류 등 생필품을 지원받아 전달해주었다. 무엇보다 손녀딸 김서우가 학교에 입학할 나이가 되었고 강미향이 자의에 의해 불법체류를 하지 않은 점 등을 감안하여 인도주의에 따라 조속한 귀국절차를 진행할 수 있도록 협조를 요청하는 공한을 발송하였다. 나는 두 사람이 귀국할 때까지 필요한 지원을 최선을 다해서 해주었고 두 사람은 무사히 한국으로 돌아갔다.

한국인이라는 자부심을 안겨주다

2017년 여름으로 기억된다. 어느 날 평소 친하게 지내고 있는 흥부호텔 이진영 사장에게 전화가 왔다.

현재 칭다오 태권도장에서 체류 중인 황남수(남, 18세)라는 청소년이 있는데 부모의 이혼과 무관심으로 10년 이상 불법체류 중이며 현재 오갈 데가 없어서 태권도장에서 지내고 있으니 도움을 좀 청한다는 전화였다.

나는 즉시 태권도장으로 가서 황남수를 만나보았다. 그는 한국인 아버지와 새터민 출신 어머니 사이에서 태어난 후, 줄곧 중국에서 생활하고 취학하였으나, 만 9세 되던 해 부모의 이혼으로 어머니는 한국으로 귀국하고 아버지는 아들을 방치하여 미성년자 신분으로 불법체류 신분이 된 것이다.

황남수는 그간 중국 친구의 집과 어렸을 때 다니던 태권도장 관장님의 보살핌으로 10여 년을 홀로 지내고 있었다. 나는 황남수에게 가급적 한국에 있는 어머니를 반드시 찾아주겠다고 약속했다. 먼저 황 군의 경우, 국내에서 병역판정검사와 주민등록증 발급 등의 행정절차를 모두 이행하지 않은 상태이기에 행안부와 병무청 등 관계기관의 협조를 요청하였다.

다행히 한국에 있는 황군의 모친과 연락이 닿아 황군의 귀국 일정을 알려주고, 그간 황군의 지원을 위해 노력해준 박현수 태권도장 관장님, 이진영 홍부호텔 대표님 등에 대해 사의를 표명하였다.

그러나 불법체류를 면제받는 것이 관건이었다. 중국에서는 불법체류자에게 구류 1개월과 1만 위안의 벌금을 부과했는데, 대부분 불법체류자들은 먹고사는 문제가 해결되지 않기 때문에 이를 면제를 받기가 어려웠다. 나는 중국 공안을 만나 황남수의 사정을 이야기하고 행정구류 및 벌금 납부 절차 등을 면제해 달라고 부탁했다. 정상적으로는 어려웠지만, 사정을 듣고 황남수의 불법체류를 풀어주었다. 그래서 중국에서는 꽌시가 여러모로 중요하다. 이런 일을 대비하여 평소 담당 공안에게 술도 사주고 밥도 사주면서 친밀감을 유지하는 것이다.

칭다오 공안국은 인도주의에 입각하여 황남수의 문제를 해결해주었고 2017년 7월 24일 대한항공으로 귀국하였다. 황남수가 귀국하는 날 나는 공항에 그를 배웅하러 나갔다. 황남수는 한국말은 조금 할 줄 알았으나, 한국어로 편지를 쓰지 못하는 상태였다. 황남수는 평소 자신의 정체성에 대해 늘 의문이었고 군대도 갈 수 없는 형편이었는데 이제는 도망 다니지 않고 살 수 있게 되어 정말 고맙다는 인사와 함께 편지한 장을 내밀었다. 출국하는 황남수의 뒷모습을 보며 나는 뿌듯함을 느꼈다.

다음은 황남수의 편지 전문이다.

이강원 영사님 안녕하세요, 저는 태권도 도장에서 생활하는 황남수입니다. 지금까지 저는 한국 사람임에도 불구하고 떳떳하게 제가 한국 사람이라고 말도 못 하고 다녔고 중국 경찰을 마주치면 피해서 도망 다녔으며, 눈도 마주치지 못하였습니다. 또한, 저는 한국으로 돌아가길 학수고대하고 있었습니다.

저도 가족들을 만나보고 싶고, 학교도 다니고 싶고, 한국으로 돌아가고 싶은 마음이 간절한 순간에 방황하는 불쌍한 저를 구해 주신 분이 바로 이 영사님이십니다. 저는 지금 벅차오르는 심정을 말로는 표현하기 힘들 정도입니다.

저는 이제 떳떳하게 한국인이라고 말할 수 있게 되었고, 제가 하고 싶은 일도 마음대로 할 수 있게 되었습니다. 저는 미래를 위해서 계속 노력할 것이고, 또한 영사님께서 실망하지 않도록 최선을 다해 살아가겠습니다.

영사님께서 주신 은혜는 제가 열심히 살아서 갚아 나가도록 하겠습니다. 그리고 저도 나와 같이 힘든 사람이 주변에 있다면 주저하지 않고 열심히 도와주겠습니다. 다시 한 번 저에게 새로운 기회를 주셔서 감사드립니다. 항상 건강하세요.

2017년 7월 24일 황남수 드림

현직 경찰관 아내를 납치한 한국인

2018년 하나의 사건이 접수되었다. 가해자는 33세의 한국 남성이고 피해자는 37세의 현직 경찰 부인이었다. 피해자는 어찌하다 보니 남편 몰래 바람을 피우게 되었는데 어느 순간 죄책감이 들어 상대에게 그만 만나자는 말을 했다. 그러나 남자는 한때의 불장난으로 끝내지 않고 계속 여자에게 만나자고 치근거렸고 여자가 자꾸 피하자 강원도 바닷가에 끌고 가 함께 물에 빠져 죽자고 협박까지 하였다.

남자의 손찌검이나 협박은 참을 수 있었지만, 자꾸 피하면 남편과 아이들을 가만두지 않겠다는 말을 듣고는 겁이 더럭 나서 남자를 따라 어쩔 수 없이 중국으로 건너왔다. 자신의 잘못으로 남편과 아이들에게 피해를 주겠다는 말에 덜컥 겁을 먹고 강요에 못 이겨 중국으로 끌려온 것이다.

그러나 막상 중국까지 따라왔으나, 가정으로 돌아가서 예전의 삶을 찾겠다는 여자에게 협박과 폭력은 갈수록 가중되었다. 결국, 여자는 폭력을 견디다 못해 한국에 있는 남편에게 도움을 청했다. 경찰이었던 남편은 총영사관으로 전화를 걸어 재빠르게 신고했다. 그러나 도무지 여자가 갇혀 있는 장소가 어디인지 알 수가 없었다.

나는 남편에게 아내가 또 전화를 걸어오면 어디인지 알아볼 수 있도록 주변의 환경을 담은 사진 한 장만 찍어서 보내달라고 부탁했다. 남자가 잠시 자리를 비운 사이 아내는 창문을 열고 밖의 사진을 찍어서 보냈다.

남편의 신고를 접수한 시간은 오후 3시 30분이었고 아내의 사진을 받은 것은 다음 날 새벽 6시 20분이었다. 사진을 잘 살펴보니 칭다오시 청양구 베이탄 지역에 있는 빵집 간판이 눈에 들어왔다. 내가 잘 아는 지역이었다. 사진을 찍은 각도를 잘 계산해서 살폈다. 건너편에 오피스텔 건물이 하나 있었다. 이제 몇 층 몇 호만 알면 구출할 수 있었다. 전화기로 들려오는 남편의 애잔한 목소리, 아내의 신변안전을 최우선으로 확보해 달라는 다급한 부탁을 듣는 순간 그가 아내를 얼마나 사랑하는지 쉽게 짐작할 수 있었다.

다행히 오전 8시경 여자만 두고 남자가 외부로 나가자 여자는 방문을 열고 호수를 알아냈다. 여자는 오피스텔 입구나 출입구에 가해자의 동생들이 망을 보고 있다고 생각하고 감히 출입문을 열어볼 엄두가 나지 않았다고 했다. 나는 즉시 직원 한 명과 함께 출동하여 9시 8분경 여자를 구조해냈다. 그 방안에는 가해자인 남자의 한국 여권이 놓여 있었다. 나는 여권을 촬영하여 국내 수사기관에 전달하고 추후 한국 입국 시 가해자가 검거될 수 있도록 수사 협조하였다.

총영사관으로 와서 아침을 먹게 하고 면담하였는데 여자는 극도의 불안감에 떨고 있었다. 남자의 폭력으로 갈비뼈도 부러진 상태였다. 나는 곧바로 한국으로 돌아갈 수 있도록 비행기 표를 예약해 공항으로 갔다.

그러나 공항에 도착해서도 여자는 사방을 살피며 덜덜 떨었다. 너무 불안해해서 공항 탑승구까지 에스코트해주었다. 탑승구 앞에서 대기하면서도 여자는 오늘 남자의 부하들이 한국으로 나간다는 말을 들었는데 혹시 사람을 풀어 이 비행기에 탈지도 모른다고 여전히 불안해했다. 남자의 잔혹함으로 보아 비행기를 멈출 수도 있다고 생각하는 듯했다. 하필이면 비행기가 공항 사정으로 연착되었고 여자의 불안감은 극도에 다다랐다. 나는 중국 공항은 정시에 이륙하지 않는 경우가 종종 있다는 점을 말해주면서 다각도로 그녀를 안심시켰다. 다행히 비행기는 얼마 후 이륙했다.

남편은 중국에서 어렵게 돌아온 아내를 용서해주었다. 그리고 나에게 정말 고맙다며 언제든 한국으로 나올 때 연락을 주면 만나러 오겠다고 진심으로 감사를 전했다. 얼마 후 나는 한국으로 돌아왔지만, 그들에게 연락하지 않았다. 혹시나 내가 연락을 하면 그때의 생각이 떠올라 두 부부가 괴로워할지도 모른다는 생각이 들었기 때문이었다. 한순간의 실수로 돌이킬 수 없는 상황에 놓일 수도 있었으나, 남편의 지고지순한 사랑의 힘이 아내를 가정으로 돌아오게 하였다. 남편이 아내를 진심으로 사랑하는 마음이 느껴졌기에 두 사람은 지금도 잘살고 있으리라고 믿는다.

스크린골프장, 민원 창구가 되다

　　중국은 한국보다 골프 부킹이 쉽고, 그린피도 매우 저렴한 편이다. 일도 중요하지만, 어차피 운동도 해야 했기에 주말을 이용하여 동료 영사들과 가끔 골프 라운딩을 나가기도 했다. 그러나 매번 1~2번 홀을 돌다 보면 여지없이 사건·사고 신고가 접수되어 현장으로 달려갈 수밖에 없었다. 동반자에게 사정을 이야기하고 라운딩을 접는 일이 반복되다 보니 더는 골프를 치러 갈 엄두가 나지 않았다.

　중국에서 근무하는 4년 내내 나는 단 하루도 편히 쉬는 날이 없었다. 밤낮 구분도 없었고 심지어 명절 때도 대기해야 하는 생활의 연속이었다. 오늘은 어디에서 어떤 사건이 터질지 항상 마음 졸이며 살았다. 내가 거주하는 곳은 칭다오 시내이고, 재외국민들이 많이 거주하는 곳은 영사관이 자리 잡은 청양구 지역인데 대부분 사건·사고가 그곳에서 발생했다.

　건강을 위해서 운동을 해야 했지만, 운동할 시간도 없었고 필드에 나갈 수도 없었다. 그래서 시작하게 된 것이 바로 스크린 골프였다. 시간에 구애받지 않고 짬짬이 시간이 날 때마다 스크린 골프로 스트레스를 날렸다. 원래 운동을 좋아하기도 했고 운동 신경도 발달했는지 아니면 실력이 늘었는지, 골프존, 티업, 에스지 모두 가릴 것 없이 우승하기도 했다.

　휴일이면 영사관에 출근해서 오전에 간단하게 보고사항 등을 정리하고, 마치 동네 이장처럼 교민들이 많이 드나드는 곳에서 사람들과 만나 애로사항 등을 청취하였다. 그리고 남는 시간이면 어차피 사건 사고에 대비하여 대기해야 했기에 집으로 귀가하기 전에 스크린골프장에 들러 운동을 했다. 그런데 의외로 스크린골프장에서 여러 가지 사건·사고들을 주변 사람들을 통해 듣게 되었고 영사관에 차마 접수하지 못하는 사연들을 해결하는 또 하나의 창구가 되었다.

　어느 날, 무역업을 하는 김병홍 사장을 스크린골프장에서 만났는데 나를 보더니 잠깐 시간을 내달라고 했다. 무슨 일이 있구나, 하는 생각으로 휴게실로 갔다.

　9살 한국 아이가 있는데 엄마가 교통사고를 당해서 사망했고 아빠는 직업이 없어서 아이를 제대로 돌보지 못한다는 것이었다. 그런데 아이가 갈 곳이 없어서 술집과 식당을 전전하면서 보내고 있는데 벌써 9살이라 학교에 입학할 나이가 지났다는 것이다.

　나는 그 길로 아이를 만나러 갔다. 아이는 근처 식당에서 금방 찾을 수 있었다.

　"학교에 가고 싶니?"

　내가 묻자 아이는 "응"하고 대답했다.

　"글자는 아니?"

　다시 물었더니 쓸 줄은 모르고 알아는 듣는데 한국말을 모르니까 무조건 반말이었다.

　나는 여러 사람의 도움으로 아이를 이화 한국국제학교에 입학시켰다. 이 학교 김인규 이사장과 면담하여 입학금은 물론 학비도 무료로 해주기로 답변을 받았다. 학생의 어려운 상황을 설명하고 도움을 부탁했는데 흔쾌히 들어주셨다. 내가 가방과 학용품을 사주었더니 아이는 무척 좋아했다.

뒤늦게 만난 아버지는 자신이 직업도 없고, 먹고 살기 어려워서 아들을 학교에 보내는 것도 엄두가 나지 않았는데 정말 고맙다고 몇 번이고 인사를 했다. 다행히 아버지도 식당에 취업이 되어서 한시름 덜 수 있었다.

칭다오한국인회장으로부터 감사패를 받는 장면(귀임시)

물론 이 일도 교민들이 너도나도 도와주어서 가능한 일이었다. 교민들 사이에서는 이 영사 부탁은 안 들어주면 안 된다는 말이 오갈 정도였다. 나는 늘 "별일들 없으십니까?" 하고 물어보고 내가 할 수 있는 일들을 찾아 최선을 다했다. 그런 내 진심이 통했는지 이덕호 한인회장이 내가 한국으로 나올 때 감사패를 주면서 "대통령과 청와대에 건의해서 이 영사님을 칭다오에 계속 있게 해달라고 해야겠다."라는 말을 할 정도였다. 정말 휴일도 제대로 쉬지 못하고 힘든 일상을 보냈지만, 나름대로 열심히 일한 것을 인정받았다는 것에 감사함을 느꼈다.

제5장

-

타국에서 외로운 죽음을

맞이한 한국인들

어느 무연고 노인의 안타까운 죽음

해외에 거주하는 재외국민이거나 관광, 또는 생업을 위해 일시 방문할 때도 부득이하게 사고에 직면하거나 죽음을 피할 수 없는 안타까운 사정에 몰리게 되는 경우를 흔히 볼 수 있다. 특히, 한국과 지리적으로 매우 가까운 지역에 있는 중국 산둥성의 경우 타 지역보다 빈도수가 매우 높다.

내가 영사로 재직하는 동안 처리했던 수많은 우리 국민 사망사건 중에서 많은 여운이 남는 사건을 위주로 소개해 보고자 한다.

2015년 4월 13일 11시 5분, 외교부 영사 콜센터에서 총영사관 재외국민보호팀으로 하나의 사건이 접수되었다.

2015년 4월 9일 군산항을 출항하여 2015년 4월 11일 중국 산둥성 웨이하이시 룽청시 석도항에 도착하여 하선하던 우리 국민 하태민(남, 78세) 씨가 몸 상태에 이상을 느껴 응급차를 이용하여 중국 웨이하이시에 있는 해대 병원으로 이송된 즉시 뇌출혈 증상으로 수술을 받았으나, 현재까지 의식불명 상태라는 내용이었다.

나는 사건을 접수하자마자 이번 사건을 최초 제보한 군산경찰서 박

경사와 통화하여 상황 파악을 위해 여러모로 협력을 요청하고, 가족관계증명서, 여권신청서 등을 통해 연고자를 찾고자 노력하였으나 무연고자로 판명되었다.

연고도 없이 보따리 무역으로 근근이 생활하던 독거노인은 대부분의 의식주를 화물 여객선 내부에서 해결하고 있었다. 가끔 주말에만 체류했던 중국인 민박집 주인을 찾아가 혹시 연고가 있는지를 묻고, 또 같은 보따리 무역에 종사했던 동료들을 통해 알아보았지만, 가족은 전혀 없는 것 같았다.

상황을 파악하니 평소 알고 지내던 동료가 몸에 이상증세를 보인 노인을 해대 병원에 데리고 가서 인민폐 1,000위안(한화 약 16만 원)만 선지급한 채로 환자만 두고 한국으로 돌아갔다는 것이었다. 노인은 80세에 이르는 고령 및 지병(고혈압)에 의한 뇌출혈 발생으로 쓰러졌고, 중국병원 측은 우선 시급하게 수술을 진행하였으며 이 사실이 이틀 후에야 총영사관에 전달된 것이다.

나는 우선 병원으로 가서 노인의 상태를 확인하였다. 뇌출혈을 일으켜 의식불명 상태에서 머리에 구멍을 뚫어 고인 피를 제거하였고 인도주의 차원에서 의약품을 사용하면서 치료를 진행하고 있다고 했다. 그러나 병원비가 미납되어 재수술을 진행할 수 없게 되었고, 이대로 두면 곧 생명을 잃을 수도 있다는 것이었다.

병원 측에서는 이른 시일 안에 환자의 가족을 찾아 병원비를 해결해달라고 요구하였다. 나는 일단 최우선으로 환자의 가족을 찾도록 하겠으니 인도주의 정신에 따라 환자에게 최선의 진료서비스를 제공하여 달라고 당부하였다. 당시 연체된 병원비는 인민폐 2만 위안(한화 350만 원) 상당이고, 추가적으로 소요될 비용은 인민폐 10만 위안 상당이었다. 담당의 소견에 의하면, 재수술 및 고가의 의약품을 사용하면 환자의 생명을 소생시킬 희망이 있다고 했다.

나는 우선 긴급구난 활동비 사용지침(제3조 2항 가호)에 의거, 동인에 대한 긴급 의료비용을 외교부에 신청하는 한편, 외교부 영사 서비스과와 재외국민보호과에 환자 가족 확인을 요청하였다.

그러나 연고자는 끝내 찾지 못했고, 결국 하태민 씨는 20일간 해당 병원 중환자실에서 입원 치료 중, 2015년 5월 1일 오전 사망하였다. 그동안 밀린 병원 치료비는 한화로 1,683만 원 상당이었다.

이후 해당 병원에서는 하 노인의 사망 이후 시점부터 나에게 지속적으로 전화와 문자메시지를 발송하여 병원비를 지급하여 줄 것을 독촉하였고, 주중국대사관에 전자우편을 발송하여 병원비 미납에 대하여 총영사관의 책임이 있는 것처럼 주장하면서 총영사관에서 조속히 병원비를 해결해 달라는 취지의 민원을 제기하였다.

나는 해대 병원 원장과 면담하여, 그동안 우리 국민 하태민 씨에 대한 치료 및 간병에 대하여 사의를 표명하고, 망자에 대한 장례가 조속히 진행될 수 있도록 협조를 요청하였다.

무엇보다 미납된 병원비가 문제였다. 병원에서는 "한국은 아시아의 4마리 용 중 하나이고 부자로 잘살면서 왜 병원비를 못 내느냐?"라며 연일 병원비를 독촉했다. 그러나 한두 푼도 아니고 1,700만 원이나 되는 돈을 선뜻 쓸 경비가 없었다. 나는 병원장을 만나 담판을 지었다.

"국가적인 차원에서 병원비를 선뜻 지불하지 못하는 것은 정말 죄송

합니다. 그러나 일반인이 갑자기 쓰러져 사망하였는데 이를 국가에서 대납할 시스템이 아직 마련되지 못했습니다. 연고자가 없는 환자의 어려운 사정을 감안해 병원 측에서 잘 선처해주신다면 한인사회에 해대병원과 원장님의 선행을 널리 미담으로 알려서 길이 기억하겠습니다."

나는 주칭다오 대한민국 총영사관 총영사 명의의 감사패와 한인 잡지에 미담 사례를 게재하는 것으로 병원장을 설득하여 병원비 일체를 면제받는 것으로 합의하였다. 만약 해결되지 않았다면 국가적인 체면을 지키기 위해서라도 병원비를 갚았어야 했을 일이었다.

병원에서 사망증명서를 받더라도 이를 한국 행정기관에 사망신고를 하려면 한국어 번역, 공증, 인증, 영사 확인 등의 절차를 밟아야 했다. 무연고자의 경우 중국병원이나 공안국에서 발급하는 사망증명서는 담당 영사가 전달받아 처리했다. 그러나 사망증명서 및 화장증명서를 공증할 가족이 없으면 국내에서 사망신고를 처리하는 데 많은 어려움이 발생한다. 그래서 시신을 영안실에 옮긴 후 한국에서 주민등록상 주거지 관할 동사무소와 협의하여 사망자의 사망신고 업무가 처리될 동안 기다렸다가 장례를 치렀다. 병원비를 제외한 시신 보관비, 화장비 등 시신처리 비용으로 인민폐 16,000위안(한화 290만 원 상당)이 필요하여 선집행하여 치른 장례식이었다.

한국 후송 시기를 놓쳐서 죽은 사연

중국에서 쓸쓸하게 죽어가는 사망사건은 모두 안타깝지만, 그중에서도 우리 국민 임영택(1979년생)의 사망은 참 안타까운 경우였다. 재외한인구조단과 한국으로 후송하기로 협의까지 되었는데, 시기를 놓쳐 안타깝게 현지에서 사망하였다. 내가 마지막으로 챙겼던 사건이라 더 기억에 남는다.

2018년 10월 10일 당지에서 뇌출혈로 쓰러진 후 병원에 후송되어 혼수상태에 있는 중환자 임영택의 사고가 접수되었다.

임영택은 2회에 걸쳐 뇌수술을 받은 후 호흡과 심장박동은 유지하고 있으나 계속 혼수상태이며, 전기 충격 등 강력한 충격을 주었을 때는 약간의 반응은 있는 상태였다. 또한, 신장기능이 매우 저하된 상태로 지속적인 투석치료가 이루어지지 않을 시 사망에 이르게 될 개연성이 매우 컸다.

나는 임영택의 가족과 지인의 소재를 파악하고자 다각도의 조치를 취하였다. 본부 재외국민보호과 및 구청 협조를 통해 가족 인적사항을 확인하였으나, 임영택은 미혼이고 양친 모두 사망하였음을 확인하였다. 다만 임영택의 숙부 임석찬(70세)만 생존한 것으로 파악되어 수소문 끝에 전화를 걸었다. 환자 임영택이 혼수상태에 있음에도 연고자가 없는 점을 설명하고, 유일한 혈육인 임석찬이 당지에 방문하여 환자에 대한 수술 동의 및 국내후송 등의 사후조치를 취해줄 것을 수 차례 요청하였다.

그러나 임석찬은 조카인 임영택의 사정은 안타까우나, 20년 넘게 연락이 두절되어 명목상의 가족관계일 뿐 실질적인 교류가 없었다면서 환자를 위한 조치를 취할 여력이 없다면서 당지 방문을 거부하였다.

나의 거듭된 설득으로 환자의 사촌 동생인 임종택(임석찬의 아들)이 당지에 방문하여 일조 인민병원에 방문하였다. 나는 환자 상태를 파악하고 주치의 면담 등을 통해 환자에 대한 지속적인 치료가 진행될 수 있도록 협조를 요청하였다.

임종택은 환자와는 오랜 기간 연락이 두절된 상황이나, 직접 환자 상태를 보고 마음이 아프다면서 국내 변호사와 상의하여 임영택 명의 재산의 상속 여부 또는 재산처분 권한 여부 등을 면밀히 검토한 다음, 동 재산 규모 범위 내에서 병원비를 지급할 의사가 있다는 취지로 말하였다.

나는 일조 인민병원 중환자실 의료진과 일조시 외사판공실을 면담하여, 환자가 처한 상황을 충분히 설명하고 병원비를 당장 마련할 수는 없으나, 환자 명의 재산을 처분하는 등의 적극적인 조치를 해서라도 병원비를 추후 지급할 의사가 있다는 임종택 등의 언급내용을 전달하고 최선을 다해 환자 치료에 전념하여 주길 당부했다.

이후 일조 한인회를 방문하여 추후 예기치 못하는 상황 발생 시 총영사관에서 본부의 지침을 받아 적극적으로 협력하겠다는 의사를 전달하고, 환자에 대한 각별한 관심을 지속적으로 가질 것을 요청하였다.

임영택은 신장기능이 매우 저하된 상태로 지속적인 투석치료가 이루어지지 않을 시 사망에 이르게 될 수 있는 위급한 상황이었다. 현재까지 뇌출혈 수술 및 중환자실 입원비 등 병원비로 인민폐 156,000위안이 들었고, 추후에도 중환자실 입원비용 및 투석치료로 1일 인민폐 3,000~4,000위안의 병원비가 발생할 예정인데, 병원비 문제가 해결되지 않을 시에는 지속적인 치료가 이루어지기 어렵다는 것이 병원 측의 입장이었다. 임영택은 부모, 형제, 배우자가 존재하지 않아서 실질적인 무연고 상태로 병원비가 미납 중이지만, 중국 사회구조 단체인 홍십자회(紅十字會)의 지원을 받아 병원비 일부를 충당하는 상황이었다.

나는 지속적인 치료가 이루어질 시 혼수상태에서 깨어나 정상적인 생활을 이어나갈 수 있는지 물었다. 쑹쉬 주치의는 뇌 기능 또한 저하된 상태로 혼수상태에서 언제 깨어날 수 있을지 확답을 주기 어렵고, 혼수상태에서 깨어날지라도 지속적인 투석 치료와 병원 치료 병행이 필요하다고 소견을 밝혔다.

임종택은 만약 임영택이 사망하여 동인이 소유한 한화 시가 1억 8천여만 원의 국내 부동산 상속이 아버지 임석찬 앞으로 이루어지면 상속 가능 재산 범위 한도 내에서 병원비 지불이 가능하다는 입장이지만, 혼수상태에서 깨어난다고 하여도 약 20년간 왕래가 없고 직계가족이 아닌 임영택을 국내에서 돌봐줄 의지와 여력이 없다고 거듭 고개를 저었다.

나는 재외한인구조재단 제도에 대해 임종택에게 설명하고, 필요하다고 판단될 때는 동 재단 협조 요청을 통해 임영택의 국내 후송 및 국내 의료기관에서의 치료 등도 협조 요청할 여지가 있다고 답변하였다.

나는 임영택이 경남 김해에 부동산과 차량을 소유하고 있고, 당지에 일시 방문한 사실 등으로 미루어보아 국내에서 직장 생활을 영위했던 것으로 추정하는바, 국민건강보험 공단 등의 협조를 받아 직장보험 가입 여부 등을 확인하는 방안을 강구해주기를 바란다는 내용을 재외국민보호과에 전달하였다.

2019년 1월 22일 일조시 외판은 총영사관에 연락하여 현재 임영택의 상태가 호전되어 자가 호흡이 가능하고, 산소호흡기를 제거한 상태이기에 항공편을 이용한 한국으로의 환자 후송이 가능하다는 의료진 소견을 총영사관에 전달하면서 즉각적인 호송절차를 진행해줄 것을 요청했다.

그러나 임영택을 한국으로 후송시키는 일을 다 마치지 못한 채 나는 임기를 마쳐 귀국길에 올랐고 임영택은 후송되기 전에 중국에서 사망했다는 소식을 후임 영사에게 전해 들었다. 친인척인데, 환자가 가진 재산이 있으면 받아주고, 재산이 없으면 영사관에 맡기고 포기하겠다는 조카의 말이 자꾸만 귓전을 맴돌았다. 임영택의 쓸쓸한 죽음을 떠올리면 지금도 마음이 좋지 않다.

황해 바다에 유골을 산골하다

칭다오에서 사업을 하다 도산하여 일정한 직업이 없이 지내던 정학성(남, 53세)이 건강 악화로 위독한 상태에서 칭다오시 청양인민병원 응급실에 후송되었다는 소식을 한인회 김종면 부회장으로부터 전해 들었다.

정학성은 병원에 후송된 후 혈액검사, CT 촬영 등을 실시하고 약물치료를 진행하였으나, 이미 간암 말기로 온몸에 암세포가 전이된 상태라서 소용이 없었다. 그는 장기간 간암으로 인해 건강이 극도로 악화되었음에도 15년간 불법체류자 신분으로 당지에 거주하면서 제대로 된 병원 치료를 받지 못하였고, 또한 국내에 형사사건 피의자로 지명수배되어 국내 귀국 또한 여의치 않았다. 결국, 그는 오래 견디지 못하고 유명을 달리하였다.

장례를 치르기 위해 망자의 신원을 확인하는 데 다소 어려움이 있었다. 왜냐하면, 망자는 중국에서 생활하면서 본명 대신 '정훈'이라는 가명을 사용했기 때문이었다. 어렵게 한국에 있는 형제자매를 찾았으나 그들은 동생의 장례식을 위해 중국에 오려고 하지 않았고, 관심조차 주지 않았다.

나는 그의 장례식을 치르고 화장까지 해서 유골을 납골당에 맡겨두었다. 해당 유골함의 관리는 오롯이 나의 몫이었다. 납골당에 유족 이름으로 나의 이름을 등재하였다. 혹시 나중에라도 가족이 찾아와서 찾을까 싶어서였다.

서류상으로는 20살짜리 아들이 있는데 국내에 요청해 국방부, 교육부까지 다 알아보았지만, 끝내 찾을 수 없었다. 그래도 내가 중국에 있을 때까지는 유골을 맡긴 관리비를 지불하고 버텼으나, 한국으로 돌아오면서 그 일을 다른 사람에게 맡길 수도 없는 노릇이었다. 결국, 산골을 결정하고 한국과 맞닿은 중국 황해에 유골을 뿌렸지만, 아직도 마음 한쪽에는 아쉬움이 남는다.

사실 모든 영사가 화장터까지 찾아다니면서 장례 등 사후처리를 하지는 않는다. 그러나 내 성격이 차마 그냥 지나칠 수 없었기에 제사상이라도 차려주고 조의를 표하는 것이 숙명처럼 느껴졌다. 그래야 내 마음이 조금은 위안을 받을 수 있었기에 했다는 생각이 든다.

칭다오 한인회 임원의 실족사

　　　칭다오 한인회 최의선 자문위원장은 산둥성에 거주하는 한인들의 신망이 매우 두터운 분이었고, 한인들의 권익보호를 위해 누구보다 앞장서서 힘이 되어 주셨던 한인회 원로였다. 그는 평소 기업체를 운영하면서도 직원들을 회사의 도구로 생각하지 않고 동반자이자 형제처럼 대했다고 한다.

　2016년 1월 2일 그는 칭다오시 인근에 있는 대절산에 회사 직원들과 함께 새해 힘찬 전진을 위한 단합대회 겸 등산을 하던 중 실족하여 약 100여 미터 낭떠러지로 추락, 현장에서 사망하는 사건이 발생했다.

　나는 사고 당일 13:30경 칭다오 한국인(상)회 사무국장으로부터 사고 발생 신고를 접수하고, 곧장 현장으로 이동하면서 핑두시 공안 등 관계기관에 사건 발생 및 수색구조 상황 확인을 요청하는 등 재빠르게 대응하였다. 핑두시 공안과 민정부 관계자 40여 명이 현장에 투입되어 수색을 실시했고, 시신을 수습하였다.

　망자가 추락한 지점은 100여 미터 낭떠러지가 있는 바위산으로 위험요소가 상존함에도 등산객에게 위험을 알리는 안내판이나 안전펜스 등이 전혀 갖춰지지 않은 상태였다. 그는 등반을 마치고 하산을 하다가 실족하여 추락사한 것이었다.

나는 병원에서 시신 상태를 확인하고 유가족이 조속히 중국에 들어오도록 착지비자 발급을 지원하였다. 유가족에게 장례, 시신운구, 사망신고 등 후속조치를 위한 안내를 마치고 심심한 위로의 말을 전달하였다.

장례식장에는 중국인 직원들이 마음속 깊이 슬퍼하며 망자를 진심으로 애도하는 모습을 볼 수 있었다. 한 기업의 대표이기 전에 그는 중국인 직원들에게 아버지와 같은 존재였다는 사실을 확인할 수 있었다.

애국이라는 것은 다른 것에 있지 않음을 느낄 수 있었다. 각자의 위치에서 최선을 다하고 동료들을 진심으로 대하는 행동 하나하나가 쌓여 대한민국의 이미지를 개선하고 있다는 사실을 깨달았다. 해외에 거주하는 재외국민의 행동 그 자체가 바로 대한민국의 국격으로 나타나는 것이다.

새해가 되자마자 발생한 비극이었다. 망자의 장례식을 진행하는 과정에서 많은 한인들이 슬픔을 함께 나누었다.

지문채취로 신원을 확인하다

       2016년 1월 20일, 나는 웨이하이시 한인회 유신종 사무국장으로부터 무연고 자국인 긴급환자가 발생했다는 사실을 전화로 접수하였다. 71세가량의 자국인 조학수(추정)가 연락 두절되어 지인 유현림이 그의 주거지에 방문하였는데 의식불명인 상태로 방치되어있었다. 즉시 환자를 시립병원으로 후송하였으나, 여권 등 환자의 신원을 특정할 자료를 발견할 수 없다는 내용이었다.

    나는 곧 웨이하이 한인회 최현철 교민안전분과장에게 전화를 걸어 환자의 상태와 휴대폰 검색을 통한 가족파악을 요청하였다. 그러나 최현철 분과장의 말에 의하면 환자는 웨이하이시 시립병원 신경외과에 후송되어 치료 중이나, 의식불명 상태이고, 휴대폰 검색을 통해 발신하였으나, 그의 인적사항을 알고 있는 지인이 발견되지 않고 있다고 했다.

    다음날 아침 나는 최현철 분과장에게 조학수가 거주했던 주거지 방문을 통한 여권 등 신분증 확인, 중국인 동거녀와 주변 인물에 대한 탐문을 통한 인적사항 파악을 재요청하였다. 그리고 나는 곧장 현장으로 가서 병원 관계자에게 인도주의에 입각하여 병원에서 환자에 대한 치료가 중단되지 않도록 요청하였다. 병원 측에서는 치료비를 결제하지 않을 경우, 치료행위를 중단할 것이라고 고지한 상태였다.

다시 며칠 후 최현철 분과장은 한인회 관계자 및 지인들과 함께 그 간 조학수의 주거지 방문 및 주변 인물 탐문을 진행하였으나, 전혀 신원을 확인할 수 없다는 연락을 받았다. 다만, 환자는 평소 조학수라는 이름으로 생활하던 한국인이 분명하고, 연령은 71세이고, 그와 동거했던 중국인 여성도 정확한 조학수의 인적사항을 모르고 있다는 것이었다.

주변 인물 탐문 결과, 조학수의 지인 유원림으로부터 가족들은 모두 호주에 이민을 간 상태이고, 모친과 여동생이 서울에 거주하고 있다는 사실을 알게 되었다.

2016년 1월 28일, 나는 직접 웨이하이시립병원 신경외과를 방문하여 환자의 상태를 확인하고 신원확인을 위해 동인의 지문을 채취하였다. 환자는 여전히 의식불명 상태였고, 호흡기를 부착하고 수액 주사제를 통한 영양공급을 받는 상태였다. 환자의 손이 굳어 펴지지 않은 상태에서 십지지문을 확보하고자 하였으나, 십지지문 채취에 실패(지문 감식용으로 부적합 판정)하였다.

2월 1일 14:00경 나는 웨이하이시 공안국 별은도 국장에게 전화로 연락하여 자국인 신원확인을 위한 십지지문을 요청하여 2월 4일 17:00경 전자우편으로 십지지문 스캔본을 수령하였다.

이후에도 나는 환자의 인적사항 확인을 위한 주변 인물 탐문을 계속 진행하는 한편, 경찰청으로부터 조학수(추정)의 신원이 파악되는 즉시 가족관계부 조회 등을 통한 보호자 연락처를 조속히 확보하려고 노력하였다.

얼마 후 한국의 경찰청으로부터 지문 감식 결과가 나왔다. 그의 이름은 조원기이며 생년월일은 1947년생이었다. 인적사항은 나왔으나, 그는 여전히 의식불명 상태였다. 당연히 병원비를 지불할 능력이 없으며, 동인을 보호해줄 연고자가 나타나지 않은 상태여서 환자의 국내 연고자를 찾을 방안을 강구해주기를 바란다는 내용을 외교부 재외국민보호과에 전달하였다. 한국에서는 국내 연고자(동생 및 자녀) 주소지로 등기우편물을 발송하였으나, 연고자는 끝내 나타나지 않았다.

결국, 조원기는 실질적인 무연고자로 판단되고 병원 치료비도 미납한 상태였다. 나는 이 사건을 해결하기 위해 웨이하이시 한인상공인회 관계자 협의 및 중국 정부의 협조를 구하는 등 다방면으로 방안을 모색하였다. 그러나 중국 정부와 한인회의 지원도 여의치 않은 상황이었다. 게다가 병원 측에서는 총영사관과 한인회에 지속적으로 병원비 납부를 요구하고있어 당혹스럽고 업무수행에도 지장을 받는 실정이었다.

결국, 조원기는 긴급한 상황에 처하여 자력으로 수습할 경제적 능력이 없고 다른 기관 또는 연고자로부터 경제적 지원을 받을 가능성이 없다고 판단되는 재외국민에 해당하여, 실질적인 무연고자로 긴급구난 활동비 사용지침(외교부예규 제71호) 규정에 의하여 긴급구난 활동비를 지원하여 줄 것을 외교부에 정식 건의하였다.

다행히 웨이하이시 한인상공인회 관계자 협의와 중국 정부의 협조를 구하는 등 다방면으로 본 건의 해결방안을 모색하려고 노력한 결과 병원과의 협상을 통해 3개월간 미납된 병원 치료비 인민폐 7만 위안 상당을 면제받을 수 있었다.

2016년 4월 15일 웨이하이시 공식방문 계기에 나는 이수존 총영사를 수행하여 조원기가 입원 중인 웨이하이시립병원을 방문하여 인도주의 정신으로 자국인 환자를 치료해준 리강 서기 및 의료진에게 사의를 표한 후 감사장을 전달하고 조원기를 위문하였다.

조원기는 처음에 병원에 입원할 당시에는 의식불명 상태로 호흡기를 부착하고 수액 주사제를 통한 영양공급을 받는 상태였으나, 위문 당시에는 눈을 뜨고 주변 환경에 반응하는 등 많이 호전되어있었다.

나는 웨이하이시립병원 리강 서기에게 한국인이 다수 거주하고 있는 웨이하이에 동 병원과 같이 우수한 병원이 있어 다행이고, 한-중 FTA 발효 이후 더 많은 한국인과 한국 기업이 웨이하이시에 진출할 것인데 웨이하이 시립병원에서 예전과 다름없이 많은 도움과 관심을 주길 희망한다고 말했다. 또 본건 담당 영사로서 많은 도움을 주신 의료진에 대하여 재차 감사함을 표명하고, 무연고 환자의 국내후송 계획 및 절차 등을 설명하였다.

특히, 동 병원 리전광 부원장은 매일 병실에 찾아와 환자 상태를 체크하였으며, 담당 의료진이 매일 환자 세안, 양치, 대소변 처리 등 환자 치료와 간호에 최선을 다하여 조원기의 상태가 국내로 후송할 수 있을 정도로 호전되어있었다.

이후 나는 재외한인구조단과 협의하여 조원기를 국내 의료기관으로 이송한 후 체계적인 치료를 하기로 결정하고, 그간 국내 후송을 위한 항공사(선사 포함) 및 간병 의료진을 확보코자 노력한 결과, 2016년 4월 25일 15:35 옌타이 공항을 출발하는 아시아나 항공편을 확보하고, 의사, 간호사, 총영사관 재외국민보호팀원으로 구성된 후송단을 구성하였다. 조원기는 국내로 무사히 후송되었고, 재외한인구조단이 인천공항에서 그를 인수하여 국내 의료기관에서 체계적인 치료를 진행하였다.

후송에 참여할 의료진에게 지급할 경비 등은 자원봉사를 유도하고 국내 후송비용 등 최소한의 필요 경비에 대해서만 외교부에 긴급구난 활동비 지원을 요청하였다.

무연고 자국인 환자 국내후송 모습

조원기의 경우에는 침대에 눕힌 상태로 한국 도착 즉시 긴급하게 의료기관으로 후송해야 했다. 때문에 재외한인구조단에서 배정한 구급차가 인천국제공항 활주로에 진입하여 조속히 환자를 의료기관으로 후송할 수 있도록 협조하여 줄 것을 공항 측에 요청하였다.

그러나 이렇게 많은 사람의 도움으로 어렵게 한국에 도착한 조원기는 국내 의료기관에서 치료를 받던 중에 결국 숨을 거두었다. 이 지면을 빌어 도움을 주신 재외한인구조단 관계자 여러분께 심심한 감사를 드린다.

해외에서 발급한 사망증명서의 중요성(보험처리 등)

해외에서 사망하였으나, 한국에서 별도의 보험을 가입하였다면 중국에서 발급하는 사망증명서상의 사망원인 등이 자세하고 명확하게 기재되어야 한다. 시신을 화장한 후에는 시신 검시나 부검 등을 실시할 수 없기 때문이다.

룽청시 스다오에서 사업을 하는 우리 국민 김현석(남, 59세)은 2016. 2. 25. 19:00경부터 다음 날 새벽까지 회사 숙소에서 회사 동료들과 함께 음주 후 취한 상태에서 잠이 들었고, 다음 날 새벽 03:30경 회사 동료가 호흡이 없음을 발견하고, 즉시 '120' 긴급전화로 동인을 병원으로 이송하였으나, 이미 사망한 상태였다.

나는 당일 아침 사망신고를 접수하였다. 공안에 확인한 결과, 사망원인은 과음 후 구토물이 기도를 막아 호흡곤란을 일으켜 질식사한 것으로 판명되었다. 그러나 산둥성 공안청에서 총영사관에 보내온 우리 국민 사망 통지서에는 구체적인 사망원인이 기재되어있지 않았다.

나는 즉시 협조 공한을 발송하여 정확한 사망원인을 공식문서에 기재할 것을 요청하였다. 만약 중국 정부의 공식문서인 사망증명서에 사인이 부정확하게 기재되어있으면 한국 보험회사 등에 제출될 경우, 유가족이 불이익을 받을 수 있다는 점을 강조하고 명확한 사망원인이 기재된 서류를 발급해줄 것을 재차 요구하였다.

이에 산둥성 공안청은 '음주 후 호흡곤란에 의해 사망하였음'을 증명하는 확인서를 발급해주었다. 알콜 도수가 높은 중국술을 과음한 관광객이나 현지 거주 재외국민들의 질식에 따른 사망사고가 빈번하여 이에 대한 대책이 절실하다고 느꼈다. 과도한 음주로 인한 사망사고는 매번 그 패턴이 비슷했다. 그래서 음주로 인한 사고 예방을 위한 홍보만화를 제작하여 재외국민들에게 배포까지 하였다.

고국 땅을 바라보며 목을 매다

2016년 5월 28일, 중국 산둥성 웨이하이시 소재 국제해수욕장 소나무 숲에서 목을 매고 자살한 변사체가 발견되었다. 중국 공안이 주변에 있는 유서, 여권 등에 의거 수사한 결과 자살자는 한국인 김효준(1960년생)으로 확인되었다. 그의 사망원인은 목을 매고 자살한 것으로 판명되었다.

나는 웨이하이시 공안국 부국장과 유선으로 사실관계를 확인한 후, 국내 거주 유가족(친형 김원길)과 통화하여 동인의 사망 사실, 망자의 가족에 대한 착지비자 지원, 시신 운구 절차 및 공증절차 등 사후처리 절차를 안내하였다.

웨이하이시 공안국으로부터 자국인 김효준의 사망사고 발생 사실을 최초 접수한 후 사망자의 인적사항, 사망원인, 가족 연락처, 유서 유무 등 특이사항을 확인하였다. 또 사건 현장에 임장한 공안 담당자로부터 동인의 사망 및 유가족 연락처 등을 전달받고, 즉시 해당 사실을 유가족에게 전달하였다.

망자는 2004년 7월경 중국으로 입국한 후, 사망 직전 무렵까지 불법체류 신분으로 웨이하이시 일원에서 거주한 것으로 확인되었고, 한국을 바라보면서 해변에 있는 소나무에 줄을 매 자살했고, 유서 내용은 삶을 비관하여 자살을 암시하고 있었으며 시신은 화장하여 유골을 고향에 뿌려달라는 내용이었다.

사건접수 즉시 나는 현지 공안과 통화하여 시신 수습 및 법의 검시 과정을 모두 확인하고, 한인회 관계자와 유가족에게 사망 사후 처리절차를 안내하였다.

5월 31일경 유가족이 현지에 방문 예정이어서 유가족 착지 비자 발급을 지원하고, 유가족에게 장례, 시신운구, 사망신고 등 후속 조치를 위한 영사서비스를 지원하였다. 망자는 한국 소주 3병을 마신 상태에서 자신이 한국인임을 알도록 여권과 유서 한 장을 남긴 채 고향 땅이 위치한 동쪽을 바라보면서 마지막 숨을 거두었다. 힘든 타국에서의 삶을 정리하는 순간, 고국에 대한 그리움이 많이 사무쳤을 것으로 생각하니 씁쓸한 마음을 감출 수가 없었다.

음주 곡예 운전이 낳은 비극

2016년 8월 22일 02:00경 중국 웨이하이시 경제개발구에서 거주하는 우리 국민 정운지(1980년생)가 혈중 알콜 농도 기준치를 초과한 상태의 주취 상태에서 오토바이(125CC)를 운전하다가 인도와 도로 경계석을 충돌, 현장에서 사망하는 사건이 발생했다. 기준치는 혈중 알콜 농도 80으로, 사망자는 혈액검사 결과 기준치의 5배에 이르는 294로 밝혀졌다.

웨이하이시 공안국은 사망자는 한국인으로 오토바이를 운전하다 넘어져 현장에서 사망하였으나 별다른 외상은 발견되지 않고 가해 차량도 없는 것으로 파악되었다고 답변하였다.

나는 자국인 사망 사실을 접수하고 사망 후 신원확인이 늦은 경위, 외상이 없음에도 단순 교통사고로 중국 공안이 판단하는 이유, 가해 차량이 없었다고 단정하는 이유 등에 대한 의문점을 해소하기 위해 즉시 웨이하이시 공안국을 방문하였다.

나는 웨이하이시 공안국 교통경찰지대 송원종 과장, 단룽구오 3대대 부대장, 웨이하이시 공안국 별은도 국장 등 수사관계자 면담 계기에 자국인 신원확인이 늦어진 경위 및 사인 특정 경위 등에 대한 질의와 CCTV 등 관련 증거 확인을 통해 자국인의 과실에 의한 교통사고 사망임을 확인하였다.

망자는 사고 전날 동생 및 지인들과 회식을 하고 밤 10시경 귀가하였으나, 홀로 신분증 등을 휴대하지 않은 상태로 휴대전화만 포켓에 넣은 채 사고 당일 새벽 0시경 125CC 오토바이를 몰고 거주지를 벗어났다.

동인의 휴대폰은 보안 잠금되어 발신할 수 없었고, 사고 당일 오전 11시경 동인의 동생으로부터 발신된 전화를 수신하여 신원을 확인할 수 있었다. CCTV 확인 결과, 동인이 음주 상태에서 곡예 운전을 하는 장면이 포착되었고 사고 당시 현장을 통행한 차량은 전혀 발견되지 않았다.

이후 나는 유가족과 연락하여 당지 도착 지원 및 사후처리절차 등을 안내하였고, 추후 시신 수습 시 현지 한인회와 긴밀히 협조하여 유가족을 지원하기로 하였다. 유가족은 8월 25일 15:00경 웨이하이 공항에 도착했다.

나는 웨이하이시 공안국 교통경찰지대로 망자의 친동생 정순원(남, 32세)의 방문을 요청, 사고 전날 음주한 사실 및 오토바이 운전 경위 등을 확인한 후, 중국 공안의 브리핑 내용을 설명하고, CCTV 등 각 증거를 통해 사망원인이 주취 상태에서 과실에 의한 사고사로 밝혀진 사실을 알리고 유가족을 위로하였다.

우리 국민으로 추정되는 인물의 사망

2016년 8월 30일 10:00경, 중국 웨이하이에서 관세사로 근무하는 한국인이 나에게 서명철(1966년)의 사망 사실 및 관련 절차를 문의해왔다. 나는 사망자가 한국인임을 입증할 수 있는 근거와 동인이 사망에 이른 경위 등을 구체적으로 설명해줄 것을 요청하였다.

9월 1일 망자의 친형 서훈철이 총영사관 이메일로 동생의 도피경위 및 사망경위 등을 정리하여 알려왔다.

서명철은 나노스톤 기술을 보유하고 있는 (주)○○인더스트리가 미국과 중국의 수요 급증에 따라 CCTV 등 영상보안 전문기업인 H사의 미국 현지법인과 8,800만 불 공급계약을 체결하고, (주)○○인더스트리가 코스닥 상장사인 H사의 최대 주주가 되었으며, 2011년에 서명철이 동사의 대표이사로 취임하였다.

2011년 후반경, 동사의 전 최대 주주의 배임과 횡령 혐의가 드러나, '투자주의 환기 종목'으로 지정됨에 따라 500억 유상증자가 무산되었고, 그로 인해 회사 모든 재정 상황이 어려워지면서 서명철은 2012년 1월경 업무상 배임 등으로 조사를 받게 되었다. 그 무렵 동인은 잠적하고, 같은 해 4월경부터 7월경 사이에 중국으로 밀항한 것으로 추정하고 있다.

서명철은 중국 입국 후 복건성, 광동성, 동북 3성 등지로 도피생활을 하던 중, 2015년 중국인 신분을 도용, 중국 신분증을 위조한 후, 최근까지 중국 산둥성 웨이하이시에서 중국인(이위충)으로 행세하며 생활하였다. 그러던 중 2016년 8월 24일 02:30경 웨이하이시 소재 임대주택에서 고혈압으로 인한 뇌출혈(현장 검증 의사 소견)로 사망한 것이다.

망자의 형 서훈철은 동생과 계속 연락하고 지냈으며, 서명철의 지인을 통해 사망 사실을 알게 되었다. 동생의 사망 사실을 확인 후, 시신은 웨이하이시 인근 병원으로 옮겨 중국 신분증에 기재된 명의로 사망증명서를 발급받아 화장 처리하였고, 조만간 망자의 유골함을 한국으로 운송하여 형제들과 함께 장례 절차를 진행할 예정이라고 했다.

망자의 신원파악을 위한 증빙자료로는 한국신분증, 중국신분증, 사망증명서, 장례 모습 사진, 사망 직후 촬영한 사진, 시신에서 채취한 머리카락, 화장한 유골 이외에는 없으며, 사망 직후 영사관에 연락하여 영사 참관하에 지문채취 등의 방법으로 신원파악을 하지 않은 이유는 그 당시 절차를 제대로 파악하지 못해 단순한 착오에 기인한 것이라고 밝혔다.

총영사관에서 파악한 결과 망자는 2011년 11월 한국으로 입국한 이래, 해외로 출국한 내역이 발견되지 않았기에 실제 사망자가 서명철로 확인될 경우, 밀항으로 중국에 들어온 것으로 추정되었다.

또한, 망자의 배우자와 자녀가 있으나 오랜 기간 연락을 하지 않고 지냈으며, 최근 서훈철이 연락을 시도하였으나, 연결이 되지 않는다고 했다. 여러 정황상 한국인이 사망한 것으로 추정되나, 이미 중국인 신분으로 장례까지 마친 사안이라 처리하는 데 다소 어려움이 있었다.

나는 한국인의 사망신고 절차 등을 감안하여 외교부 등 관계부서에 상황을 전하고 처리지침을 하달하여 줄 것을 건의하였다.

중국 공안을 믿지 못하는 유가족 대표

2016년 9월 24일 21:05경 한국 유가족 대표 차지만(망자의 제부)으로부터 중국 웨이하이시 고기술개발구에서 거주하는 우리 국민 김형순(1962년생)이 사망하였다는 신고를 접수하였다. 나는 곧 웨이하이시로 출동하여 현장을 지원하였다.

중국 공안 조사 결과, CCTV 녹화물 분석, 주변 인물 조사, 구급차 호출 및 응급조치 내역, 법의 감식 등에 의해 사인은 지병인 심장 기능 저하와 음주 과다에 의한 심장마비로 추정된다고 했다.

망자 김형순은 웨이하이시에서 전기부품 납품업에 종사하며, 조선족 배우자와 혼인하였으며 신고인은 9월 24일 14:00경 망자의 배우자로부터 전화가 와서 웨이하이시에서 사망했다는 소식을 접하였으나 구체적인 사항은 전혀 모른다고 말했다.

당일 23:00경, 나는 구체적인 사망확인을 위해 망자의 처남(손 씨)에게 유선 연락하여, 망자의 인적사항, 배우자, 연락처, 구체적인 사망 경위 등을 문의하였으나 일체 언급을 꺼려했다.

9월 25일 08:00경 나는 웨이하이 공안국으로부터 자국인 김형순의 사망 사실을 확인하고, 한국에 있는 차지만을 통해 동인의 사망 사실을 알리고, 유가족의 여권 보유 여부 확인, 착지비자 지원 절차 등 사후처리 안내 및 총영사관에서 현장지원 예정인 사실을 알려주었다.

중국 수사당국을 통해 확인한 결과, 망자 김형순은 9월 24일 08:30 경 웨이하이시 고기술개발구 창홍소구에 위치한 정인의 자택에서 사망하였다. 김형순은 전날 음주 과다 상태에서 정인의 자택에서 취침하고, 사망 당일 아침 호흡곤란을 호소하여 정인이 120 신고로 응급조치를 시도하였으나, 사망에 이르렀고, 사망 후 공안이 현장에 도착하여 현장 검증 및 관계자 조사를 하였다.

나는 유가족의 현지 도착을 지원하고, 곧장 웨이하이시 공안국의 협조로 유가족 대상 사건진행 상황에 대한 브리핑을 실시하였다. 그리고 시신검안 과정에도 유가족과 함께 입회하여 사인규명을 위한 현장지원 업무를 수행하였다. 공안 브리핑에 참석한 사람은 망자의 누나, 여동생, 매제였다.

유가족은 중국 공안의 사건브리핑 청취, 시신 검안 입회, 망자의 처 손순애의 진술에도 불구하고, 타인에 의한 타살 혐의가 있다는 취지의 주장을 굽히지 않고 공안조사에 대해 불만을 표출하였다. 이유는 사망 후 발생하는 사반현상(시신변색)으로 미루어 타살이 의심된다는 것이었다.

이에 나는 중국 공안에 유가족의 불신을 해소하기 위해 공안분국 회의실에서 공안 측과 유가족 측이 재차 만나 유가족이 촬영한 망자의 시신 사진을 보고 유가족이 가지고 있는 의혹에 대해 법의가 직접 설명하도록 부탁하였다. 법의는 유가족이 주장하는 붉은 반점은 사반이며, 시신에 나타나는 일반적인 특징임을 설명하였으나, 유가족은 타살이라는 주장을 굽히지 않았다.

유가족은 ① 망자는 평소 건강한 사람이었고, 추석에도 한국에 왔다 갔으며 술도 자주 마시지 않는 사람인데, 이처럼 건강한 사람이 일주일 만에 사망했다는 것이 이해되지 않으며, ② 유가족이 알고 싶은 것은 △ 120 신고를 몇 시에 했고, △ 몇 시에 도착했는지, △ 김형순의 내연녀가 회사 경리에게 전화한 시간, △ 경리가 현장에 도착한 시간, △ 경리가 파출소로 신고한 시간, △ 파출소 공안의 현장 도착한 시간 등이고, ③ 시신 부위별 색깔이 다르고 일부 변색된 부분은 타살의 흔적이라고 추정되며, ④ 주변 인물에 대한 휴대폰 압수 및 분석, 내연녀에 대한 강도 높은 수사를 통해 범인을 신속히 검거할 수 있도록 해달라고 요청하였다.

나는 공안은 사인을 규명하는 기관이 아닌 범인을 검거하는 기관이므로, 망자의 사인에 대해 정확한 규명을 원한다면 부검 전문기관에 의뢰하겠다고 설명해주었다.

그리고 유가족에게 내가 알고 있는 선에서 다음과 같은 사실을 말해주었다. △ 중국 공안이 신속하게 현장에 출동하여 현장을 검증한 사실, △ 주변 인물 탐문 결과 원한 관계가 없었던 점, △ 시신 검시 결과 타살의 흔적이 발견되지 않은 점 등에 의해 중국 공안은 타살 혐의가 없다고 결론 내리고 형사 절차를 진행하지 않았다는 부분을 자세히 설명하였다. 또한, 유가족의 불신을 불식시키기 위해 시신에 대한 부검 여부를 결정하면 총영사관에서 적극적으로 그 절차 및 행정지원을 하겠다고 다시 한 번 말했다.

한국 유족과 중국 현지 배우자 간의 재산 문제 등이 결합해 복잡한 양상으로 확대될 개연성이 큰 사안이라 중국 공안의 협조가 절실했다.

나는 유가족의 불신해소를 위해 2회에 걸친 브리핑을 통해 신고 접수 경위, 응급구조 상황, 법의의 현장 검증 과정, 망자의 전날 행적, 지병의 유무 등에 대해 상세히 설명하였다. 결국, 유가족은 망자가 사망 전날 과음하고 지병인 심장질환 등에 의해 사망하였음을 인정하고 장례 절차를 진행하였다.

이처럼 유가족의 불신이 팽배한 사건을 처리할 때는 지속적으로 유가족과 연락을 유지하면서 그들의 불신 해소를 위해 다각적인 노력을 해야만 했다.

유가족의 오해를 풀어준 의사 출신 통역 봉사 단원

2017년 1월 13일 07:30경 하나투어 중국 칭다오 지점장 유성용으로부터 '관광 목적으로 중국 칭다오시에 방문한 우리 국민 박해룡(1952년생)이 청양인민병원으로 후송 중 사망하였다.'라는 신고를 받았다. 나는 바로 동 병원으로 출동하였다.

청양인민병원 의사에 따르면, 망자는 숙소인 호텔에서 1월 13일 05:10경 병원에 도착할 당시부터 호흡 등 모든 기능이 멈추어 사망한 상태였으며, 사인은 심근경색으로 추정된다고 말했다.

나는 병원 응급실에 대기 중이던 유가족(망자의 처, 동생, 제수)과 면담하여 망자의 평소 건강 상태, 금일 병증이 발견된 시점부터 병원 호송까지의 전 과정을 문의한 후, 유가족의 요청사항을 들었다.

망자는 1월 11일 여행차 칭다오시에 도착하여 여행사에서 제공한 천륜금왕 호텔에서 투숙 중이던 1월 13일 04:30경 흉부 통증과 식은땀을 흘리는 등 몸 상태가 좋지 않다면서 가족에게 고통을 호소하고, 동소에서 가족들은 망자에 대한 심폐소생술을 실시하였다. 그러나 증상이 호전되지 않아 05:00경 120 긴급 신고를 하여 구급차로 환자를 후송해 10분 후인 05:10경 청양인민병원 응급실에 도착하였으나, 응급실 담당의는 병원에 도착할 당시부터 호흡 등 모든 기능이 멈추어 사망한 상태이고 사인은 심근경색으로 추정된다고 언급하였다.

나는 응급실에 대기 중이던 유가족(망자의 처, 동생, 동생의 처)과 면담하였다. 유가족들은 망자는 평소 당뇨 증상으로 인한 약물을 복용하였으나 건강상 큰 문제는 없었다면서, 의사의 사망 진단을 믿을 수 없다고 주장하였다.

나도 응급실에서 시신 상태를 육안으로 확인하였는데 망자가 마치 자가 복식호흡을 하는 것처럼 복부 부위가 미세하게 움직이고 있는 것처럼 보였다.

나는 사건 현장에서 유가족이 궁금해하는 사망원인 등에 대한 정확한 설명을 위해 총영사관에서 운영 중인 의료전문 통역봉사자이고 의사자격증 소지자인 김설화 원장에게 현장에 와서 중국 의사가 설명한 내용을 유가족에게 제대로 설명해 달라고 요청하였다.

김설화 원장은 망자의 상태를 다각도로 살핀 후, ① 동공이 풀려 있는 점, ② 산소호흡기를 제거하면 복부의 미세한 움직임이 없는 점, ③ 심장과 맥박이 없는 점, ④ 목 부위에 점차 변색이 진행되고 있는 점, ⑤ 손톱 부위가 검게 변색되고 있는 점, ⑥ 뇌 기능 등 모든 장기의 기능이 멈춘 점 등으로 미루어보아 사망이 확실하다고 설명하였다.

내가 눈으로 확인했던 망자의 복부에 나타난 미세한 움직임은 산소호흡기에 의한 것으로 유가족 역시 갑작스러운 상황에서 충분히 오해할 수 있는 일이라고 말했다.

현장에서 의사 출신의 통역봉사자가 사망에 이른 전 과정을 상세히 설명함으로써 유가족의 의혹이 해소되었다. 나는 김설화 원장에게 감사를 전했고 유가족들도 고마움을 표시하였다.

이후 한국에 체류 중인 망자의 자녀들과 연락하여 항공권 예약 및 착지 비자를 지원하였다. 그리고 나는 망자를 위한 수의, 관 등의 구매 절차를 협조하고, 동 병원에서 사망증명서 및 사망 경위 등이 기재된 소견서를 발급받아 유가족에게 전달하였다. 망자는 화장 후 유골함을 한국으로 운구하였다.

타국에서의 고독사

2018년 2월 21일 10:00경 중국 산둥성 칭다오시에서 모피 가공업에 종사하는 우리 국민 이현석(남, 57세)이 1개월 넘게 연락이 두절 되었다는 신고를 동인의 조카 이순호(남, 39세)로부터 접수하였다.

나는 사고신고 접수 즉시, 이현석의 가족 및 중국 내 거주하는 지인 과 통화하여 동인의 주거지를 파악하였다. 여권 발급 신청서류, 재외국 민 등록부 등을 검색하여 이재석의 자택 소재지를 파악하고자 하였으 나 최근 불상지로 이사한 것으로 확인되었다.

나는 신고를 한 조카와 통화하여 이현석의 사업장, 평소 친분관계, 특이사항, 동호회 가입 여부 등을 상세하게 탐문하여 최근 이현석이 색소폰 동호회에 가입한 사실을 확인할 수 있었다.

나는 색소폰 동호회 회원 서남열(남, 44세)에게 전화를 걸어 이현석이 1개월 넘게 가족과 연락이 두절된 사실을 알리고 동호회원을 상대로 이현석의 주거지 소재 파악을 요청하였다. 요청을 받은 서남열은 이현 석의 소재를 수소문하였고 최근 칭다오시 청양구 서복진 소재 성세가 원으로 이사한 사실을 알려주었다.

나는 소재가 파악된 즉시 14:00경 동소에 방문하였다. 동소 6층과 8층에는 별다른 악취가 나지 않았으나 7층 출입구에서 악취가 난다는 신고가 있었다는 사실도 확인하였다.

현장에 출동하면서 서남열에게 즉시 공안에 신고할 것을 부탁하고, 열쇠 업자를 호출하여 15:00경 자택 출입문 시건장치를 해제하고 방으로 들어갔다. 방에서는 악취가 코를 찔렀고 이현석은 침대에서 이불을 덮은 상태에서 사망한 채로 발견되었다.

망자는 건강한 체질이었으나 평소 음주가 잦고 과음하는 경향이 있었고, 지난 2월 4일부터 동호회원들과 연락이 두절된 것으로 확인되었다.

잠시 후 도착한 공안은 시신 감식 등을 진행하였다. 시신 감식과 주변 인물 탐문 결과, 지난 2월 4일부터 휴대전화 전원이 꺼진 상태라 연락이 닿지 않았고, 사망 장소에 악취가 진동하고 있는 점을 보아 사망한 지 최소 15일 이상 된 것으로 추정했다.

망자는 청양인민병원으로 운구되었다. 외부의 침입 흔적은 없었으나, 시신 발견 당시 부패가 이미 진행된 상태여서 사인 규명을 위해 당지 공안에서 부검을 실시하였다. 부검결과 타살의 흔적이 발견되지 않아 3월 19일 당지 공안에 의해 사망증명서가 발급되었다.

나는 망자의 조카 이순호 등 유가족과 연락하여 상황을 설명하고 유가족이 조속히 현지에 도착할 수 있도록 지원하였다.

그리고 청양인민병원 태평관(시신보관소)에서 유가족과 면담을 진행하였다. 사망자의 시신 확인절차를 마친 후 유가족을 위로하고, 타살 가능성 유무 등을 당지 공안에서 확인하는 절차를 마친 후 사망증명서가 발급되는 과정을 상세히 설명해주었다.

유가족은 망자에 대한 사망증명서가 발급된 사실을 통보받고, 칭다오시 청양구 소재 빈의관에서 화장을 한 후, 유골함을 운반하여 귀국하였다.

연락 두절된 아버지 주방에서 숨진 채 발견

　　2017년 12월 18일 13:15경 외교부 영사 콜센터를 통해 아버지의 소재를 걱정하는 아들의 전화가 접수되었다. 아버지가 1개월간 가족들과 전화 통화를 하지 않은 상태이고, 10여 일 전부터 연락을 취했으나, 전화를 받지 않는다는 내용의 신고전화였다.

　　나는 중국인 행정직원을 통해 곧바로 집주인을 수소문하여 사안을 확인해보도록 지시했다. 집주인은 한국에 있는 김원효의 아들 김명환이 "아버지에게 10여 일 전부터 연락을 취해도 연락이 되지 않으니 급히 아버지 거처를 방문하여 상황을 파악해 달라는 부탁을 받았다."라며 도와 달라는 요청을 받고 당일 김원효의 주거지에 방문하게 되었으며, 입구에 열쇠가 꽂힌 상태에서 내부에서 문이 잠겨있어서 관리사무소에 신고한 후, 들어가 보니 김원효가 주방에서 쓰러진 채로 발견되었다고 말했다.

　　나는 곧장 웨이하이시 공안국 문등시 출입경 리우 대장과 통화하여 상황을 확인해 보았다. 문등시 공안은 12월 18일 11:00경 J 아파트 관리사무소 관계자로부터 동 아파트 12동에서 시신이 발견되었다는 신고를 접수하고 현장에 출동하여 현장조사를 진행 중이며, 사망자는 한국 국적의 김원효로 추정된다고 밝혔다. 동 소에서 우리 국민 김원효의 유효기간이 지난 여권이 발견되었고, 사망한 지 6~7일이 경과한 것으로 추정되며 시신은 문등시 빈의관으로 운구된 상태라고 했다. 망자는 불법체류자 신분으로 장기간 웨이하이시 문등 지역에서 거주하였던 것으로 확인되었다.

나는 한인회 웨이하이시 문등 지회장과 협조하여 유가족의 불편함이 없도록 지원하였다.

유가족 찾기 숨바꼭질

2018년 3월 9일 16:30, 우리 국민 민성기(1961년생)가 칭다오시 청양구에서 사망한 사실을 청양파출소 담당 경관이 총영사관으로 접수하였다.

총영사관에서는 재중국공예품협회 방상명 회장을 비롯한 주변 인물을 탐문하여 유가족 소재를 파악하기 위해 여러 방면으로 애썼으나 유가족 소재가 파악되지 않고 있었다.

망자는 액세서리 관련 종사자로 과거 '솔렉스'라는 회사에 재직한 사실이 파악되어 입사지원서 등을 열람코자 하였으나, 2개월 전 퇴사하여 관련 자료가 모두 폐기된 상태였다. 그리고 공예품협회에 등록된 서울 연락처도 결번 상태였다.

총영사관에서 망자와 동업 관계에 있었던 것으로 추정되는 김선후와 간신히 통화가 되었다. 그러나 동인은 지난 2월 12일경까지 망자와 연락이 되었으나, 그 이후 연락이 두절되었다면서 망자와 한국에 있는 가족과의 사이가 원만하지 않았다고 언급했다.

이후 총영사관은 망자의 조카 민성훈이 가수라는 정보를 입수한 후, 인터넷에 등재된 소속사와 민성훈 팬카페를 통해 확인코자 하였으나, 주말 근무자 부재로 전화 수신이 이루어지지 않았다.

총영사관에서는 계속해서 유가족 소재 파악을 위해 노력했으나, 소재 파악이 여의치 않았다. 담당자는 국내 수사기관 및 주민센터 등과 협조하여 망자의 국내 연고자를 찾을 방법을 여러 각도로 강구했다.

며칠 후 가수 민성훈으로부터 한 통의 전화를 받았다. 그는 망자의 존재를 알지 못하지만, 집안 어른들에게 문의하여 알아본 후 총영사관으로 알려주겠다고 답변하였다. 다시 며칠 후 민성훈은 민성기의 신원을 알려주었고, 우여곡절 끝에 겨우 유가족을 찾아 뒤늦게나마 장례를 치렀다. 자칫 연고자가 없는 채로 장례를 치를 수 있었으나, 가족을 찾게 되어 정말 다행인 일이었다.

아들의 장례식을 치르기 위해

우리 국민 오필순(1952년생)은 20여 년간 중국에서 꽃가게를 운영하면서 자녀 오영일(남, 23세, 2018. 2. 6. 사망)을 당지에서 부양하였으나, 여권 유효기간이 지난 상태에서 비자 연장 등의 조치를 취하지 않아 최근까지 불법체류자 신분으로 거주하고 있었다.

여권 재발급 과정에서 신원 부적합자로 판명되어 동인에 대한 사건 수배 조회가 필요하다고 판단되었다. 확인 결과 그녀는 사건지명수배 1건, 지명통보 2건 등 총 3건의 형사사건 계류 중에 있었다.

오필순은 1990년도에 현 배우자인 김원배(남, 65세)와의 사이에서 아들 오영일을 낳았으나, 당시 김원배 전처의 협박과 괴롭힘을 이기지 못해 자신의 호적으로 입적하고 곧장 중국으로 도피하였다고 말했다.

그런데 오필순의 아들 오영일이 2월 6일(추정) 제주동부경찰서 관할지에서 변사상태로 발견되어 사체 검시를 마치고 제주 부일병원 영안실에 안치되어있다고 했다. 오영일의 직계존속인 오필순은 즉시 귀국하여 장례 절차를 진행코자 총영사관을 방문하여 나와의 면담을 청했다.

나는 아들의 장례를 치러야 하는 오필순의 안타까운 사정을 생각해서 불법체류 관련 행정구류 절차를 면제한 후 국내 귀국을 위한 칭다오시 공안국에 협조를 요청하고, 여행증명서를 발급하여 교부하였다.

나는 칭다오시 공안국에 동인에 대해 조속한 시일 내 비자를 발급하여 조만간 강제 추방 절차를 진행해 달라고 요청하였다.

칭다오시 공안국은 오필순의 딱한 사정을 감안하여 구류절차 등을 면제하여 주고 동인의 출국일정을 나에게 통보해주었다. 결국, 오필순은 아들이 사망한 지 한 달이 훌쩍 넘은 3월 12일 10:55 칭다오 류팅 공항을 출발, 대한항공 편으로 국내에 도착하였다.

오필순은 인천공항 도착 즉시 남편과 함께 제주도로 이동하여 자녀 오영일의 시신 인수 후 뒤늦은 장례를 치를 수 있었다. 망자인 오영일은 일본에 두터운 팬층을 확보하고 있는 유명한 가수라고 했다. 비록 뒤늦은 장례지만 아들을 하늘나라로 보내기 위해 칭다오를 떠나는 오필순의 뒷모습을 보면서 마음 한구석이 시려왔다.

오영일의 부친은 장례를 마친 후 나에게 전화해서 재차 고마움을 표했다. 그 이후로도 가끔 살아생전 아들의 활동사진을 나에게 보내주시곤 한다. 자식이 죽으면 땅에 묻지 못하고 가슴에 묻는다는 말이 새삼스럽게 떠올랐다. 자식을 먼저 보낸 부모의 심정이 고스란히 전해져 마음이 아렸다.

감옥에서의 죽음

2018년 5월 7일 15:00, 나는 총영사관 2층 대회의실에서 칭다오 감옥 옥정처 리원프 처장 등 칭다오 감옥 관계자를 면담하였다. 칭다오 감옥에 수감 중인 우리 국민 조현래(남, 60세)의 투병상황 등에 대해 의견을 듣고 추후 상황 발생에 대한 대책을 협의하기 위해서였다.

칭다오감옥 리 처장이 총영사관에 의료기록부를 송부하여 이를 검토하니 조현래는 췌장암이 다른 장기에 전이되어 생명이 위독한 상태였다. 그간 조현래의 치료를 위해 감옥은 칭다오대학부속병원 외진을 통해 복부 CT 촬영을 하였으나, 췌장 내 종양이 림프선까지 전이되어 간 부위까지 영향을 미친 상태였다.

감옥에 수감된 환자의 병세는 갈수록 악화되고 있으며 식욕 또한 갈수록 감퇴하여 음식 섭취량이 줄어들고 음식 섭취 시 구토를 하는 등 기본적인 음식 섭취를 할 수 없는 지경까지 이르렀다.

조현래는 2008년 4월 29일 마약판매혐의로 칭다오시 공안국에 의해 형사 구류된 후, 2009년 1월 20일 사형집행유예 판결을 받고 유기징역 19년 6개월로 감형된 후, 2014년 7월 2일 칭다오 감옥으로 이감되어 수형 생활 중이었다. 한국에 있는 가족과의 연락이 절실한 상황이나, 조현래의 사촌 동생 조명래 이외의 가족과는 연락이 두절된 상태였다.

칭다오 감옥 리 처장은 나에게 조현래의 생명이 매우 위독한 상태이고, 생존 가능성이 전무하며 사망자가 무연고자일 때는 사법부, 민정부의 관련 규정에 따라 사망처리를 하고 화장 진행, 유골함 유품수령에 위탁인 서명이 있어야 한다면서 가족의 위임장 또는 위탁인(영사)의 서명이 필요하다고 했다.

나는 투병 중인 한국인 수감자에 대해 관심을 가져준 것에 대해 칭다오 감옥 측에 사의를 표명하고 비록 생존 가능성이 적지만 조현래가 고통 없이 연명치료가 진행될 수 있도록 생명존중과 인도주의에 따라 최선을 다해줄 것을 당부했다. 아울러 본부에 조현래 관련 내용을 보고한 후 한국에 있는 가족을 찾아 조현래의 상태를 조속히 전달하겠다고 답변하였다.

그로부터 얼마 후 조현래는 수감자 신분을 벗어나지 못한 채 쓸쓸히 타국에서 저세상으로 떠나갔다. 비록 죄를 지었지만 낯선 타국 땅에서, 더군다나 감옥에서 생을 마감하는 모습을 보니 뭔지 모를 안타까운 마음과 슬픈 기운이 오래도록 떠나지 않았다.

국가유공자의 쓸쓸한 죽음

2018년 12월 30일 14:45경 중국 산둥성 웨이하이시 룽청시 석도항에 입항한 우리 국민 홍상표가 사망한 사실이 영사 콜센터를 통해 접수되었다. 나는 홍상표(1948년생)의 사망신고를 접수한 후, 곧장 시신이 안치된 룽청시 빈의관으로 갔다. 그날 엄청난 폭설이 내렸던 것으로 기억된다.

홍상표는 12월 29일 군산에서 배를 타고 중국 석도로 이동 중 몸 상태가 급격히 악화되어 선상에서 진료를 받았으나, 호전되지 못하고, 하선 후 구급차를 통해 병원에 이송 후 심박동 정지로 사망하였다.

망자는 월남전 참전용사였으며 국가유공자로 확인(국가보훈처 예우정책과)되었다. 나라를 위해 한평생을 바쳤던 노인이 국가유공자임에도 보따리상을 하면서 지내왔다는 사실을 접하고 쓸쓸함을 감출 수가 없었다.

나는 사건접수 후, 망자의 자녀(홍서진)에게 신속히 연락하여, 미망인 문홍숙과 자녀 홍서진이 인천-위해 구간 위동항운 페리호를 이용하여 현지에 도착할 수 있도록 안내하였고, 웨이하이 공안국의 협조를 받아 선상비자를 발급해주도록 요청하였다.

이후 유가족은 해가 바뀐 1월 2일 11:50, 위해 공항을 출발하여 귀국한 후 장례 절차를 진행하였다. 국가유공자 신분인 노인의 유골함은 대전 현충원에 안치하였다.

이 외에도 총영사관에 접수되는 사망, 사고는 수도 없이 많다. 자살한 경우, 심장마비로 의식을 잃고 쓰러져 죽는 경우, 관광을 와서 야외 활동 중에 갑자기 쓰러지는 경우, 골프장에서 카트를 타고 가다 낙상하여 죽는 경우, 과음 후 구토를 하다가 구토물에 의해 질식사한 경우, 교통사고로 죽는 경우 등 사건 사고가 비일비재하다. 그러나 연고자라도 나타난다면 그나마 다행이지만, 연고자가 나타나지 않아 장례조차 치르지 못하는 경우도 종종 있어 안타까울 때가 많았다. 무연고 사망자의 장례 절차는 오롯이 영사의 몫이었다.

해외에 체류하는 우리 국민은 몸이 아파도 병원비가 없는 환자가 발생하면 무조건 총영사관에 신고할 수밖에 없을 것이다. 그러면 현장실사를 통해 인적사항을 확인하고 한국에 있는 가족을 찾아서 상황을 전달해야 하겠지만, 연고가 없는 경우가 대부분이었고, 설령 가족을 찾더라도 오랜 단절과 배신감에 기인한 것인지는 몰라도 '가족의 연을 끊은 지 오래되었으니 총영사관에서 알아서 처리하라.'라고 하는 경우가 많았다.

멀리 타국에서 아무런 연고도 없이 쓸쓸히 죽어가는 우리 국민을 볼 때면 마음이 너무 아프다. 그래서 내 힘닿는 한 장례라도 잘 치러주려고 노력했던 것 같다.

무연고 사망자의 장례 절차를 진행하는 데 매번 도움을 주셨던 고마운 분들의 얼굴이 불현듯이 떠오른다. 칭다오 한인회 이덕호 회장님, 유달하 부회장님, 김종면 부회장님, 이상건 김밥천국 중국총판 대표님, 웨이하이 한인회 김종유 회장님, 최현철 부회장님 등 많은 분의 도움이 있었기에 내가 그 많은 무연고자 장례를 치를 수 있었다고 생각한다. 이 지면을 통해 다시 한 번 그분들의 노고에 감사의 인사를 올린다.

제6장

-

조선족에 대한 오해와 진실

조선족의 역사와 단어 유래

　　조선족이라 하면 중국 정부에서 공식 지정한 56개 민족 중 하나로 보통 20세기 초중반에 한반도에서 중국 연변지역으로 이주한 조선인을 가리킨다. 인구는 대략 200만 명으로 길림성 지역에 50%가량, 흑룡강성에 17%가량, 요녕성에 11%가량, 한국에 대략 60~70만 명가량 그리고 일본, 미국, 러시아 등에 수만 명이 거주하고 있다.

　　1948년 중국 정부에 의해 조선족으로 명명되었으며, 조선인, 조선사람, 재중동포, 재중교포, 한인, 한민족이라고 칭할 때도 있었다. 영어로는 차이니스 코리안(Chinese Korean), 차이나 본 코리안(China born Korean)으로 불렸다.

　　조선족은 최대 300만에 육박한 적도 있었으나, 한족과 결혼하면 2세는 한족으로 호구부에 등재되기 때문에 점차 그 수가 줄어드는 추세다.

　　19세기 중반 무렵 한반도에 대기근, 세도정치에 의한 삼정(전정, 군정, 환정)의 문란이 심해 부정부패가 심각했다. 그로 인해 진주민란 등이 발생했는데 한반도에서 버티지 못하던 두만강과 압록강 근처 사람들이 양강을 넘어 간도 땅에 터를 잡고 살기 시작하였다. 이들은 간도를 비옥한 농토로 가꾸는 데 혼신을 다했다.

초창기 조선족은 지금의 통화, 용정, 집안, 장백 근처에 많이 모여 살았다. 간도는 압록강 위쪽인 서간도와 두만강 위쪽인 북간도로 이루어져있는데, 지금의 연변 조선족 자치구 지역보다 더 넓은 지역에 분포해있었다.

1900년 의화단 사건이 발생하자 러시아군이 연변에 거주하는 사람들에게 각종 악행을 저질렀고, 1905년 러일전쟁에서 승리한 일본은 연길에 눈독을 들였으며, 1909년 일본과 청나라 사이에 간도협약이 맺어졌다. 그리고 이후 1920년 청산리전투, 봉오동 전투 등이 연변에서 일어났다.

1945년 일본 패망 후 중국의 국민당과 공산당이 서로 싸우게 되자 이때 만주의 조선인들은 공산당을 지지하였다. 그 이유는 국민당의 부패, 약탈 등이 만연했기 때문이었다.

봉오동 승첩지

연변의 중심도시는 연길이며, 연변 땅은 서울의 약 70배 정도로 크고 점차 한족의 비율이 높아지고 있다. 이 지역은 발해의 유적지이기도 하다.

연변에서는 매년 9월 3일을 자치주 기념일로 지정해 다양한 행사를 개최하고 있다. 연변에 사는 동포들은 1986년 아시안게임, 1988년 서울올림픽 등을 텔레비전으로 보면서 잘사는 모습을 보고 코리안드림을 꿈꾸기도 했다.

1992년 한중수교 후, 많은 동포들이 건설업, 선박업, 요식업 등으로 한국에 취업해 한국에서 영주권을 얻고 정착하는 조선족이 많아지고 있으며 질 좋은 한국 공산품을 구매해서 중국에 판매하는 상인들도 점점 늘어나는 추세다.

용정 일송정

연변 조선족 자치주에 거주하는 조선족들은 주로 벼농사를 짓고 사는데, 한족들은 밭농사 위주로 하고 있다. 특히 '오상쌀'이 유명하다.

오상쌀은 세계 3대 미곡 지대로 꼽는 흑룡강 평야의 뛰어난 토질과 조선족들의 우수한 벼농사 기술에 일찌감치 도입한 친환경 유기농법까지 더해져 일반 쌀보다 훨씬 밥맛이 좋다. 오상쌀은 일반 쌀보다 윤기가 흐르고 훨씬 찰지며 해마다 수확철만 되면 중국 전역의 주요 기관과 유명백화점이 앞다투어 구매에 나선다. 일반 쌀보다 3~4배 이상 높은 가격에도 없어서 못 팔 만큼 큰 인기를 누리고 있다.

간도에는 1905년 이전에도 소수의 조선인이 살았지만, 그곳은 청나라 정부의 관심을 벗어난 지역이라서 많은 사람이 모여 살지 않던 곳이다. 그런데 1910년대 일제의 토지수탈이 심해지자 본격적으로 몇십만의 조선인이 간도 지역으로 이주하기 시작하였다. 일부는 독립운동과 항일운동을 하기 위해 가산을 다 팔고 간도 지역에서 피땀 흘리면서 살아가기도 했다.

연변조선족자치주 용정에 위치한 윤동주 생가

1931년 9월, 일본은 만주사변을 일으키고 자의반, 강제적, 혹은 반강제적으로 많은 조선인이 만주국으로 이주하게 되었고, 만주국은 1932년에 일본 관동사령관에 의해 건국이 되었다. 당시 만주국의 실질적 통치는 관동군 사령관들에 의해 행해졌다.

1952년 연변 조선족 자치구가 성립되고, 1955년 연변 조선족 자치주로 한 단계 하향 조정되었으며 상당수의 연변 조선족들은 1966년 전후로 북한으로 귀국하였고 일부는 해방 후 대한민국으로 들어오기도 했다.

함경도, 평안도 출신이 압도적으로 많고, 그다음으로 경상도 출신이 많다. 또 한국에서 영주권, 시민권을 얻고 살아가는 조선족 동포들도 수만 명에 이른다.

말투는 한국 표준어보다는 북한말의 영향을 많이 받고 있으며 중국어의 영향도 많이 받고 있다.

조선족, 제대로 알자

중국에 사는 조선족은 우리가 알고 있는 조선족과 많이 다르다. 우리가 조선족을 생각하면서 가장 먼저 떠올리는 모습은 국내 불법체류나 노동문제, 농촌 총각 장가보내기, 보이스피싱 등의 부정적인 단어들이다. 그러나 이는 잘못되어도 너무 잘못된 생각이다.

우리는 사실 그들에 대해 잘 모른다. 그러나 내가 직접 눈으로 본 중국 현지에 사는 조선족은 상당히 잘살고 있었다. 한중수교 이후 조선족은 엄청난 발전을 했기 때문이다.

웨이하이 중세유치원 방화사건 당시 한걸음에 달려와 도와주고, 한국학교를 지을 때 기부를 많이 했던 사람들도 대부분 조선족이었다. 이들은 지금도 우리 문화를 잊지 않고 있고 나름대로 지키려고 노력하며 살아가고 있다. 연세가 있으신 분들은 아리랑 음악이 나오면 우리의 어머니들처럼 어깨춤을 추신다.

이들은 자신들의 뿌리가 한국임을 잊지 않고 있으며 한국에 대한 고마움도 가지고 있다. 간도 땅을 개척하고 봉오동 전투 선봉에 서서 독립운동에 힘썼던 그분들의 후손들도 많다.

그런데 '조선족'이라는 호칭을 부를 때 나는 살짝 기분이 나쁘다. 미국에 사는 우리 동포는 '재미동포', 일본에 사는 우리 동포는 '재일동포'라고 부르면서 왜 중국에 사는 우리 동포에게는 '재중동포'라고 부르지 않고 '조선족'이라고 부르는지 그 부분이 늘 아쉽다.

사실 나도 중국어를 한다고 하지만 통역이 제대로 되지 않아서 불이익을 받을 때가 있다. 그럴 때 가장 먼저 달려와서 통역 봉사를 해주시는 분들도 바로 우리 재중동포였다. 그들은 한국과 관계된 일이라면 버선발로 나서서 어떻게든 도우려고 애썼다.

지금은 많은 재중동포가 대도시로 진출했기 때문에 2세와 3세처럼 한국어를 잘하지 못하지만, 그들은 '우리말교실'을 열어서 후손들이 한글을 잊지 않게 하려고 노력하고 있다.

특히 백두산 양로원의 손옥남 여사는 정말 좋은 일을 많이 해주셨다. 그분이 보여주신 선행은 일일이 다 기록을 할 수 없을 정도다. 오갈 데 없는 한국 사람들을 먼저 나서서 도와주고, 배에 양수가 차고 100킬로 넘는 환자들의 오줌, 대변까지 다 치워주고 씻겨주셨다. 또 돌보던 분들이 돌아가시면 장례식을 책임지고 화장까지 해주시는 분이다.

현재 나와 함께 일하고 있는 중국 동포 이봉수 씨의 이야기를 요약해 본다.

이봉수 씨는 2007년부터 한국에서 거주해 왔으며 지금도 중국과 한국을 자주 왕래하고 있다. 그는 조선족 3세대이다. 1세대는 할아버지, 할머니 세대, 2세대는 부모님 세대, 그리고 이봉수 씨가 3세대이며 그의 자녀는 4세대에 속한다.

그는 한국의 정책에 맞추어서 동포들에게 비자를 주어 건강하게 생활했으면 좋겠다는 바람을 가지고 있다. 중국에 집이 6채나 있고 사업체도 있으며 상당히 부유하게 살고 있지만, 가능하다면 고국인 한국에 정착하고 싶어 한다. 그의 딸은 현재 중국에서 중국학교에 다니고 있는데 한국말을 가르치는 곳이 점점 없어지고 있다고 한다. 중국은 몽골어를 제2외국어로 하고 있고 중국에 사는 조선족들도 점점 한국말을 잃어가고 있다.

지금 그는 뿌리를 찾고 싶어 하는데 안타깝게도 족보가 사라졌기 때문에 찾기가 쉽지 않다. 할아버지가 족보를 가지고 오셨는데 1966년 문화대혁명 때 간첩으로 몰릴까 봐 불에 태워버려서 족보는 사라지고 말았다. 비록 조선족 3세지만 할아버지가 독립운동을 하셨고 자신이 이순신 장군의 후손이라는 자부심을 가지고 있으며 고향은 충남 아산이라는 것 정도만 알고 있다.

지금도 중국에는 조선족 기업가협회를 비롯한 여성협회 등 조선족 단체들이 많이 있다. 그들은 처음 코로나 사태로 마스크를 줄을 서서 사야 할 때 손 소독제와 마스크 등을 한국에 기부하였다. 그들은 한국과 관련된 일이라면 지금도 발을 벗고 나서서 돕기를 희망하며 교두보, 윤활유 역할을 하기를 원하고 있다.

한국 사람들은 '조선족'하면 「범죄도시」나 「청년경찰」 같은 영화를 떠올리는데 이것은 상당히 왜곡된 진실이며, 중국 교포를 잘 이해하지 못하는 것 같아 매우 아쉽다고 한다. 실제 중국 교포들은 상상을 뛰어넘을 정도로 잘살고 있는데, 언젠가는 이런 진실도 알려질 날이 오리라고 생각한다.

사실은 나도 조선족의 뿌리에 대해 잘 모르는 부분이 많아서 이 자리에서 간략하게 정리하고 넘어가고자 한다.

실제 조선족은 문화민족으로 대표된다. 해방 직후부터 야학교를 꾸리고 가장 먼저 문맹 퇴치를 한 민족이다. 중화인민공화국이 성립된 해에 연변대학을 세웠는데 이는 중국공산당이 소수 민족지구에 설립한 최초의 대학이기도 하다.

1946년 7월 1일에는 연변 인민방송국의 전신인 길림연길신화 라디오 방송국 조선말 프로를 정식으로 시작하였다. 이는 중화인민공화국 설립일인 1949년 10월 1일보다 3년이나 앞선 시기이다. 또 중화인민공화국이 성립되기 한 해 전인 1948년 4월 1일에 중공연변주위 기관지인 연변일보가 정식으로 발간되었다.

연변가무단 역시 1946년도에 설립되었으며, 그 전신은 화북태항산 항일근거지에서 활약하던 의용군 문예 선전대(예술단체)로 국경 1주년 행사 때는 수도 북경에 가서 국가영도를 모시고 축하공연을 하기도 하였다.

또 조선족은 그 어느 민족보다 사명감이 있다. 항일에 앞장선 것도 조선족이고, 일본군과 더욱 처절하게 싸운 것도 조선족이다. 청산리 대첩, 봉오동 전투…, 그 선방에도 역시 조선족이 있었다. 물론 그때는 조선족이 아니었지만, 바로 그 사람들의 후대들이 이 땅에 살고 있다. 흑토의 고향, 흑룡강에 벼농사를 전파한 사람들, 이처럼 조선족은 배척의 대상이 아닌 활용할 대상이다. 현재 200만 조선족 동포들은 대한민국 제품이 중국에 수출되고, 우리 기업의 중국 진출 선봉대이며, 우리의 문화와 기술의 우수성을 중국에 전파할 수 있는 촉매제 역할을 할 수 있다고 생각한다.

조선족, 당신들은 정녕 저희를 알고 있습니까?

* 이 글은 조선족 유튜브 채널에서 방송한 '조선족, 당신들은 정녕 저희를 알고 있습니까?'에서 발췌·정리했다.

많은 한국 사람들은 조선족에 대한 이해가 없고 조선족도 정체성 혼란이 오는 사람이 많다. 먼저 조선족은 어떤 과정에서 어떻게 생겨났는지에 대해 이야기하고자 한다.

1860년대 조선의 기근으로 시작해 조선북방인은 만주 땅에 월경해서 들어갔다. 이후 1880년대 청나라 봉금 정책이 풀리면서 많은 조선족의 이주가 진행되었다. 이들은 주로 압록강 중상류 건너편과 두만강 건너편에서 정착하였으며, 이 두 지역을 당시 서간도, 북간도라 불렀다. 이 지역에는 1010년까지 약 20만 명이 정착해서 살았다.

당시만 해도 생계형 월경이 대부분이었으나, 일제 침략 이후 국권이 상실되면서 일제의 지배를 피하려는 망명형 이민이 늘어나게 되었다. 이 지역이 독립군 활동과 민주주의 운동의 근거지가 되었던 것도 바로 이 이유에서다. 그 후 일본이 만주지역까지 세력을 뻗치고 만주국을 세우면서 1938년 대한민국 경상도에 살던 100가구가 일본인들한테 끌려가 만주 땅으로 오게 되었다.

허허벌판이었던 만주땅에 버려진 이들은 농사를 짓고 살았다. 일제는 자기들의 식민지배에 유리하게 하려고 이들에게 '2등 국민'이라는 칭호를 붙여주고 죽어라 일만 시켰다.

그 뒤 일제가 패배하고 광복을 맞았지만, 조선인들은 국내의 혼란스러운 상황에 그토록 돌아가고 싶었던 고향으로 갈 형편이 되지 않았다. 일부 독립운동가들과 조선의 영향력 있는 사람들만 지인의 도움으로 남북으로 돌아가고, 가난 때문에 이주하거나 강제 이주된 나머지 사람들은 중국에 남을 수밖에 없었다.

본의 아니게 남게 된 조선인들은 중국인들의 보복을 당하기 시작했는데 당시 3등 국민이었던 중국인들이 국민당 정책에 앞장서서 그동안 참아왔던 불이익을 조선인들에게 퍼부었다. 그들은 조선인들의 땅과 곡식을 빼앗고 방화를 자행했다.

조선족들은 이러한 보복을 피하기 위해 더욱더 밀집되게 뭉쳐서 살아야 했다. 그 과정에서 공산당이 동북 지역에 거점을 만들었는데 그때 당시 공산당의 정책이 바로 민족 모순의 극복과 민생안전을 제창하는 사상이었다. 당시 조선인들에게는 필요한 정책이기에 인민해방군에 대거 참여하면서 중화인민공화국 수립에 가장 큰 공로를 세운 소수 민족이 된 것이다.

그렇게 내전이 끝나고 1949년에 중화인민공화국이 창립되었는데 그 대가로 중국 55개 소수 민족 중 하나로 인정을 받았다. 하지만 이때만 해도 '조선족'이 아닌 '조선인' 혹은 '조선 인민'으로 불렸다. 그러다가 1952년 9월 3일에 연변 조선족자치구가 성립되는 과정에서 정식으로

'조선족'이란 호칭을 받게 되었다.

이제 조선족들은 조금 안정된 생활을 하면서 살아가나 싶었다. 그런데 다시 얼마 지나지 않아 1966년 문화대혁명 시기에 또 공산당의 박해를 받게 된다. 여기까지가 대략적인 조선족이라 호칭을 받기 전까지 내용이다.

조선족의 형성은 단순히 조선으로부터 중국으로의 이민이 아니라고 생각한다. 흔히 조선족을 나라를 버리고 간 사람들처럼 이야기하는데 조선족 역시 전쟁과 분단의 피해자들이다. 중국인이라는 그 신분도 그냥 얻은 것이 아니고 목숨하고 바꾸어 받은 것이다.

조선족이라는 호칭에 관해서 조선족은 중국을 대표한다고 생각하는데 예를 하나 들자면 한국계 미국인은 한국에서 이민한 미국인이란 뜻에서 미국인이란 국적이 강조되었다면 조선족이라는 호칭에서는 중국 국적을 가진 조선 민족이란 뜻에서 민족이 강조되었다. 또 한국계 미국인에 관해서는 아무런 적대감이 없으면서 조선족이라는 호칭에 관해서는 반감이 있다. 물론 그 이유는 남과 북으로 갈라지면서 하나의 민족 공동체가 북한과 한국으로 나뉘었고 동방과 서방 간의 다른 이념하에 생겨난 것으로 알고 있다. 그러나 조선족은 그사이에 끼어서 또 하나의 줄기가 된 것 같다.

하지만 조선족의 민족의식은 그 누구보다도 뚜렷하다. 문화대혁명 시기에 박해를 받았던 것도 역시 이런 뚜렷한 민족의식을 가졌기 때문이다. 이 같은 경우는 1,300만 명이 넘던 만족도 중국에 의해 동화되었고 수많은 소수 민족도 동화되었지만 150년의 짧은 역사의 조선족은 우리의 언어와 역사, 문화와 습관을 버리지 않았고 정체성 또한 잊지 않은 것에서도 확인할 수 있다.

조선족들은 중국에서 생활하고 있으면서도 마음속으로는 항상 고국에 대한 그리움을 가지고 살고 있다. 간혹 조선족의 정체성을 물어보는 사람이 있는데 조선족의 정체성은 바로 이러한 민족성에서 나타나는 것이고, 조선족의 정체성은 바로 조선족 자체이다. 이렇게 확고했던 정체성이 90년대 경제성장을 하면서 흔들리게 된다.

시간이 흘러서 1978년 중국에서 개혁개방을 하면서 조선족들은 고향에 갈 기회가 생기기 시작했다. 그때 당시 대한민국에서는 친척이 남아 있는 60세 이상의 노인들에게만 기회를 주었다.

80년대 후반에 한국이 올림픽을 비롯한 경제적 급성장을 하면서 신도시 건설에 따른 인력 수요가 급증하고, 중소기업체에도 인력이 많이 부족했다. 그래서 동남아를 중심으로 외국인노동자를 유입했는데 이들이 와서 말도 안 통하고 각종 문제를 일으키니까 말이 통하는 같은 조선족 유입을 적극적으로 추진하게 되었다. 즉 한국에서 말하는 그 동포정책은 진정한 동포를 원한 것이 아니라 값싼 노동력을 원했던 것이다.

반세기 만에 고향 땅을 밟은 조선족들은 외국인 신분의 노동자에 불과했다. 출입국 관리 체계에 의해서 국적상 중국으로 분리되었고 한국에 자본 임금 노동 관계에서는 저임금 단순노동에 종사하는 최하층 노동자 집단이었다. 또한, 조선족은 같은 언어를 사용하고 같은 민족임에도 불구하고 이 나라에서 임금도 최저임금을 받았다.

88년도 당시에는 인력이 필요하니까 무비자로 들어오게 하고는 91년도에 경기가 위축되고 노동자가 많이 필요 없게 되자 기술자도 명목으로만 취업할 수 있게 했고, 그 과정에서 많은 사람이 불법체류자가 되었다.

한국인들이 조선족에게 한 악행은 아마 뉴스에서 보지 못했을 것이다. 공장에서 실컷 부려 먹고 임금을 체납하고 돈을 주고 만나자 해놓고 경찰관과 출입국사무소 직원을 불러다 잡혀가게 하고, 일하다가 다쳤어도 보상조차 없었으며 조선족 여자들한테도 신고하지 못한다는 허점을 이용하여 성폭력과 폭행 등을 일삼았다. 이러한 일들이 당시에 얼마나 많았는지는 아마 상상하기조차 힘들 것이다.

"한국인은 우리보고 개라 부르고 마누라 보고는 암캐라 부릅니다. …매일 욕과 몽둥이 쇠 파이프 등으로 맞아 진저리나며 선원의 인권과 건강을 해쳤습니다. 음식도 배불리 못 먹고 눈칫밥, 하루에 작업 21시간, 흐리멍덩한 정신 상태였습니다…. 집에는 아내와 자식들이 눈이 빠지도록 기다리고 있습니다. 비록 우리가 낙후한 국가에서 살지만, 조상은 한 조상이 아닙니까? 무엇 때문에 우리를 못살게 괴롭히고 심지어 가정까지 못살게 구덩이로 처넣으려 합니까? 우리가 무엇을 잘못했습니까?…(1996년 10월 1심 재판부에 제출한 전○○의 탄원서 중).

그 후 99년에 발표된 재외동포법에서는 미국이나 유럽에 있는 부유한 조선인들은 동포로 인정하고 돈이 없는 중국 조선족과 러시아의 고려인들은 이 법에서 제외해버렸다. 조선족을 동포가 아닌 외국인의 영역에 배치해 놓으면 필요할 때는 저임금 노동력을 확보하고 불필요 시에는 언제든지 방출할 수 있었기 때문이다. 그리고 외국인이니까 교육과 비용을 부담할 필요가 없었고 의료보험과 노후생활비 또한 절약할 수 있었다.

동포정책을 펼쳐서 들어오게 하고 동포에서 제외하고 내쫓으려고 하였다. 결국, 그때 당시 조선족은 개처럼 일하고 개보다도 못하게 쫓겨났다. 그 과정에서 오히려 빚만 늘어났고 그 빚을 갚으려고 다시 한국으로 나올 수밖에 없는 악순환이 벌어졌다. 또 조선족들은 탈북자를 많이 도왔다. 지난 2009년에는 탈북자를 돕던 조선족 등 200여 명이 북한으로 납치되기도 했다. 조선족들의 강한 민족성에 의해 가능했던 일이라고 생각한다.

지금 조선족은 많이 흩어져버렸다. 하지만 어디에서 생활하던 언어와 문화와 습관을 자식들에게 잊지 말고 가르쳐주면 좋겠다.

조선족의 뿌리

조선족(朝鮮族)은 중화인민공화국 정부 공인 한족 외 55개 소수 민족 가운데 하나로, 대개 구한말과 일제강점기에 한반도에서 간도 및 중국 각지로 이주해 정착한 한민족의 후손들을 이르는 말이다. 넓게는 한국계 중국인 모두를 가리키는 말이기도 하다.

조선족은 중국 소수 민족 중에서 교육과 문화 수준이 높은 편이다. 과거 사료들을 살펴보면 요동에 살던 고구려와 발해 유민, 고려 말 요동에 가서 살던 사람들(동녕부), 병자호란 때 끌려가서 그냥 중국에 정착한 사람들도 넓게는 재중동포의 기원이라 할 수 있다.

대표적으로 광해군 시절인 1619년 후금(後金)을 정벌하기 위해 명나라와 연합전선을 펼쳤던 조선 시대 강홍립 장군을 따라 압록강을 넘어와서 그대로 만주에 정착한 '번시 박씨 가문'이 있다. 박지원의 열하일기에도 청나라에 살던 조선인들의 후예들이 나온다. 그러나 오늘날 그 사람들은 동화된 지 수백 년이 흘러 사실상 중국화 되어 본국과의 연결고리는 끊어졌다. 이는 명나라가 망하자 조선에 귀화한 중국 한족들, 청나라가 망하자 일제강점기 조선으로 도망친 몇몇 만주족과도 비슷한 입지다.

그 외에도 1860년대 조선에서 대기근이 발생하자 두만강과 압록강을 넘어 간도 개척에 나선 조선인들도 있었다. 이렇게 보면 조선족의 중국 이민사는 길게 잡으면 약 150년 이상이라 볼 수 있다.

하지만 현대적인 재중동포인 조선족의 시초는 구한말과 일제강점기 당시, 조선에서 살기가 점차 힘들어지자 중국 국경지대 지역이 막연하게 더 나을 것이라 여겨서 이주한 사람들이 그 시초이다. 간도의 조선인 거주지역은 독립군의 은신처 및 보급 역할을 하였고 봉오동 전투에 대한 보복으로 일본군에 의해 떼죽음을 당하기도 했다. 또 독립운동가 중 일부는 중국에 눌러앉아 조선족으로 남기도 했다.

독립운동 중 일본이 만주사변을 일으켜 만주 일대를 장악하자 일본이 주도한 '만주 개척 운동'에 의해 중국으로 이주한 조선인이 갑자기 많아지는 계기가 되었다. 1940년대 이후 중국 내 조선인 우파 대부분은 상해, 중경 등으로 떠났다. 그 뒤로 중국 내 조선인 무장세력은 김원봉이 이끄는 조선의용대만 남게 되었고 좌파 단체는 중국공산당 팔로군이나 동북항일연군에 편입되었고 우파 단체는 광복군에 편입되었다.

1945년 일제가 패망하고 소련 군정과 중공에 의해 중국과 한반도의 경계선은 압록강과 두만강으로 확정되었다. 해방 후 많은 사람이 다시 한반도로 돌아왔으나, 일부는 한반도로 귀국하지 않고 중국령이 된 만주에 남았다.

한편 팔로군에 편입된 조선의용군은 광복 뒤에도 중국에 남아 국공내전에 참여하였고, 6·25 전쟁 전에 북한으로 귀국하여 조선인민군의 근간이 되고 6.25 전쟁의 선봉이 되어 대부분 전사하게 된다. 6·25 전쟁 당시 연변 자치주의 전신인 간도 지역에서도 북한의 징집이 이루어져 조선인 상당수가 조선인민군에 편입되었고 전쟁에 참여하였다.

6·25 전쟁의 휴전이 확실시된 1952년에 중국공산당은 중국 내 잔류한 조선인에 대해 시민권을 부여하고 중국 내 소수 민족의 일원으로 인정하고 연변 조선족 자치구를 만들었으나, 1955년에 연변 조선족 자치주로 격하되었다. 중국에서 자치구는 성과 동급이나, 자치주는 성에 예속된 행정구역이다. 그때 당시만 해도 조선족들은 북한으로 가면 즉시 시민권을 얻을 수 있어, 문화대혁명 전까지 수십만 명의 조선족들이 북한으로 귀국했다.

문화대혁명이 일어나자 중국은 북한으로 가려는 조선족들을 '조선 간첩'으로 몰아 감옥에 집어넣었기에, 사정이 있어 북한으로 가지 못한 조선족들은 중국에 쭉 눌러앉게 되었다.

조선족은 중국 내부에서 대우가 나은 편에 속하는 소수 민족이고, 또 생활 수준도 상위권이며, 조선족 자치주도 중국에서 최초로 만들어진 자치주이다. 그러나 중국이 70년대 이후 개혁개방을 추진하면서, 연길을 비롯한 조선족 자치주는 연해 도시보다 개발이 더딘 부분이 있었다.

여기서 민족 정체성에 관한 이야기를 한번 짚고 넘어가야 할 듯하다. 일단 독립 정체성을 제외한다면 민족 정체성 VS 국민 정체성이라는 구도를 형성하고 있다고 볼 수 있다. 재중동포 1세라면 당연히 민족 정체성이 국민 정체성보다 우위에 있겠지만, 그 후세, 즉 중국에서 태어난 사람들은 자연히 민족 정체성보다는 국민 정체성이 더 우선시 될 것이라 생각한다. 그러나 이 부분은 단순히 재중동포들의 문제가 아니라 그 속에는 역사의 아픔이 녹아있다. 즉 일본 패망 뒤에도 대한정부는 딱히 뾰족한 대책이 없었고 무관심으로 일관했다. 따라서 과연 무엇이 최고의 선택인지는 많은 과제가 남아 있다고 볼 수 있다. 결국, 멀리 바라보면서 민족의 번성을 위하여 일방적인 개념이 아닌 서로 윈-윈 할 수 있는 방향을 모색하면서 연구해 나갔으면 좋겠다고 생각한다.

해결책 혹은 대안에 관한 논의를 하자면 우선 한민족이라는 큰 틀에서 우리 정부가 재중 동포에게 관심을 더 기울여야 한다고 본다.

한 사회에는 여러 계층의 사람들이 존재하고 그 사람들의 생각도 전부 같을 수 없는 만큼 현재 각종 포털에 떠도는 글들은 한 집단의 특성을 결론지어 보편화시키는 우를 범하고 있다고 볼 수 있다.

즉 온라인상의 글들을 보면 일반적으로 몇 가지 특성의 사람들로 세분화시킬 수 있다. 가령 중국 교포를 비하하는 댓글을 서슴지 않고 달고 있다. 오늘 댓글을 달고 있는 우리는 과연 나의 댓글이 한민족이라는 집단에 무엇을 기여했는지 생각해 볼 필요가 있다. 그저 단순히 개인적인 차원에서 별생각 없이 재미로 적은 댓글은 아닌지? 나는 과연 얼마나 알고 있는지? 과연 민족의 번성을 위하여 우리는 지금 무엇을 하고 있어야 할 때인지 등등 평정심을 가지고 생각해보는 시간을 가졌으면 한다. 무엇보다 감정에 치우치지 않는 것이 중요하다.

그리고 중국 교포들도 한국에서 생활하면서 공공장소에서 소리를 높이고, 담배꽁초를 버리는 등의 작은 행동 패턴을 고치려는 노력이나 한국인과는 그간 생활했던 습관이 다름을 이해하고 배려하려는 마음 자세가 필요하다고 본다. 결국, 우리는 서로의 삶을 인정하고 또 이해하려고 노력했으면 좋겠다.

조선족은 한국의 소중한 자산

2017년 6월 2일 도올 김용옥 한신대학교 석좌교수가 칭다오에서 조선족 동포의 중요성을 강조하는 '새로운 한민족의 비전과 중국의 미래'란 주제로 강연했다. 그는 그동안 한국의 방송에서 중국 조선족 동포사회를 미국을 이끄는 유대인 커뮤니티와 비교하며 조선족들의 정치·문화·경제적 진출을 강조해 왔다.

김 교수는 이날 "조선족은 유대인들과 닮은 부분이 많다."라면서 "조선족들이 앞으로 중국 주류사회에서 성공할 수 있다. 조선족들이 막강한 경제력을 키우는 것은 물론, 정치 문화 등 분야에 진출해야 한다."라고 강조했다.

또 "조선족은 한국의 소중한 자산이며 조선족과 한국인 간의 화합은 중국에서의 한민족의 미래를 만들어가는 중요한 요소가 될 것"이라고 단언했다. 이어 "한반도의 통일이 하루빨리 다가와야 한다. 한반도의 통일이 민족의 미래는 물론 중국의 부강에도 큰 도움이 될 것"이라고 내다봤다.

이날 김용옥 교수는 여러 가지 내용을 강연했는데 내가 귀담아들은 내용은 조선족에 관한 내용이었다. 그는 유대인들이 미국에서 성공한 이유는 미국인들과 생김새가 똑같기 때문이라고 언급했다. 만약 동양인이 유대인과 같은 상황이었다면 생김새가 달라 이질감이 있었기 때문에 성공하기 힘들었을 것이라고.

같은 맥락으로 조선족은 우리와 생김새도 비슷하고 중국말을 자유자재로 사용하기 때문에 우리가 조선족과 손을 잡는다면 그들이 우리 기업의 교두보가 되어줄 것이라고 생각한다. 따라서 지금까지 문화 차이가 있는 것을 인정하고 거리를 좁혀가면서 중국의 큰 시장을 차지하는 데 그들의 도움을 받을 수 있도록 서로 협력하고 이해하는 게 무엇보다 중요하다고 생각한다.

백두산 장백폭포

나는 조선족들을 만나 그들이 한국인을 바라보는 시선에 대해 종종 물어보고는 한다. 그들의 말을 종합해보면 인종차별은 피부색으로만 있는 게 아니라고 답한다. 즉 같은 동족 언어를 쓰면서도 차별화가 많이 나타난다는 것이다. 어떨 때는 조선족은 동포라고 불리지도 못하고

'조선족', '짱개', '중국 놈' 등 무차별적인 언어로 아픔을 주고 있다고 토로한다.

농사를 짓던 농민, 교육사업을 했던 분들, 그리고 타 기관 관공서에서 출근했던 분들 등등 코리안 드림을 타고 한국행을 택하여 나름 부지런히 착실하게 잘살고 있는데 가끔 한국분들이 입버릇처럼 하는 한마디 "너희 조선족들이 들어와서 우리의 일자리가 없어졌다. 그래서 우리가 취업난을 겪는다."라는 말을 할 때 가장 많이 상처를 받는다고 한다.

반대로 한국인이 바라보는 동포, 조선족에 대한 편견도 있다. 보편적으로 한국 사람들은 남구로, 대림, 안산, 건대 등 지역을 가리키며 칼부림이 많이 나는 조선족들의 동네라고 하면서 아직도 대림동에 대한 트라우마가 많다고 본다. 그러나 조선족을 직접 태우고 다니는 택시 기사님들과 이야기를 나누어 보면 조선족에 대한 시선이 좋은 평가를 받을 때가 많다.

조선족은 한국 사람들이 생각하는 드라마나 영화 속에 존재하는 사람들이 아니다. 그들은 나름대로 각자의 생활패턴을 지키고 열심히 살아가고 있으며 요즘은 대한민국 정책이 많이 좋아져서 각 분야에서 기술자격증도 취득하여 전문직을 선호하는 분들도 많고 또 각자의 소질도 많이 향상되었다.

한 핏줄이라는 인연으로- 조선족 단체

주칭다오 대한민국 총영사관에서는 산둥성 각 지역에 설치된 조선족 단체와의 교류를 활발히 하고 회장단 일행과 간담회를 자주 갖는다. 조선족 단체로는 기업가협회, 체육협회, 작가협회, 노인협회, 여성협회 등 이루 헤아릴 수 없을 만큼 많은 단체가 꾸려져 있으며 그 활동 영역이 매우 방대하다.

특히, 각 지역에 설립된 조선족 기업협회는 젊은 동포 기업인들이 서로 모여 힘을 합치자는 취지로 소수 민족경제발전촉진회로부터 공식 허가를 받고 정식 설립되었다. 한국에 있는 70만 동포들에게 귀향창업기회를 제공하고자 스타트업 아이디어를 내놓는가 하면, 중국에 진출한 한국 중소기업의 정착을 위해 많은 도움을 주고 있다. 특히 한국 중소기업 제품의 품질은 좋지만, 자금이 부족하고 마케팅 계획도 마련되지 않다 보니 중국시장에서 실패하기가 일쑤다. 한국 중소기업 지원을 위한 각종 프로그램도 협회 차원에서 운영하고 있다. 그만큼 조선족 동포들의 역량과 파워가 날로 커지고 있음을 피부로 느낄 수 있다.

웨이하이 조선족 기업가협회 소속인 대광화 국제학교 국제부의 김춘명 부장은 현재 국제부에 150명 한국 학생과 80여 명 조선족이 있는데 이들 150명 한국 학생들은 전부 중국대학 진학을 목표로 하고 있으며, 매일 오후에는 조선족 학생과 한국 학생들이 2시간 동안 서로 교류할 기회를 제공한다고 설명했다.

공익사업을 주요 취지로 하는 칭다오 조선족 여성협회는 코로나 사태로 큰 어려움을 겪고 있던 대구광역시의 소식을 듣고 품귀현상을 겪고 있던 마스크를 어렵게 구매해 대구광역시에 기부하였다. 주칭다오 대한민국 총영사관에 전해진 대량의 마스크는 칭다오 조선족 여성협회 회원들이 코로나 19에 대처하는 대구시를 위한 애심 모금과 협회 경제부에서 진행한 회원사 제품 자선 바자회에서 수익한 금액으로 구매한 것이다. 칭다오 조선족 기업가협회도 협회 차원에서 한국에 많은 용품을 기부하였다고 한다.

칭다오 조선족 여성협회 이계화 회장은 "한국은 우리와 한민족으로 어려울 때는 서로 돕고 베풀어야 한다."라면서 "우리가 받은 것에 비해 주는 것이 약소하지만, 이 작은 마음이 잘 전달되어 힘든 시기를 이겨내는 데 조금이라도 도움이 되었으면 좋겠다."라고 말했다.

일본 야스끼 주식회사 수석대표이며 칭다오브레스 방직유한회사 총경리인 이 회장은 2020년 1월 말 유산균 효소 15만 위안어치와 10만 위안어치의 기타 물품을 중국 우한에 후원하기도 했다. 그뿐만 아니라 건물주로서 세를 내준 칭다오 시내 가게의 20만 위안에 달하는 임대료를 면제해주었다는 사실이 뒤늦게 알려져서 재중동포의 위상을 높이기도 했다.

칭다오 조선족 여성협회는 설립 10여 년 동안 환경보호, 고아원과 양로원 방문, 효도관광, 영사관 통역, 주말 한글학교 개설, "산둥성 우리말 축제" 주최, "2019년 칭다오 세계 한인 상공인 지도자 대회"와 한국주간 행사 봉사 등 여러 가지 공익사업을 꾸준히 해오면서 명실상부 "공익단체"로 자리매김했다.

또 한국 재외동포재단과 주칭다오 대한민국 총영사관에서 후원하고 칭다오 조선족 여성협회(칭다오 조선족 여성 경제인 협회)에서 주최한 '제3회 산둥성 동포 어린이 우리말 축제'가 2020년 10월 23~24일 이틀간 서원장 조선족 학교와 샘물 우리말 배움터 교실에서 진행하였는데, 협회는 후세들이 우리 말과 글을 잊지 않게 하기 위한 활동을 매년 꾸준히 전개하고 있다.

'샘물 우리말 배움터'는 칭다오 조선족 여성협회에서 전액 장학금을 제공하며 운영하는 주말 한글학교로 2016년에 설립됐으며 현지 조선족 자녀들에게 우리말과 글, 우리 역사와 문화를 가르쳐왔다. 한글 교육은 초, 중, 고급으로 나누어 6~12세 어린이들을 위주로 진행하고 있다.

저자 귀임 인사(칭다오조선족 여성협회 임원진과)

한편 주칭다오 한국 총영사관은 칭다오 조선족 여성협회와 재중국 한국인을 위한 통역 지원서비스 업무협약을 체결하여 많은 도움을 받고 있다. 한국인 관련 사건·사고 발생 시 해당 지역 관할 파출소에서 통역요원을 지정해 통역 서비스를 제공하게 되어있으나, 여러 가지 여건으로 제대로 된 통역이 이루어지지 않았고, 관할 파출소는 관행적으로 주변 식당이나 유흥가 등에서 일하는 조선족 직원을 호출해 통역업무를 맡겼는데 비전문적이고 한국어 구사에 문제가 있어서 그간 조사 단계에서 많은 어려움을 겪고 있었다. 칭다오 총영사관에서는 이런 문제점을 감안해 한국어와 중국어에 능숙한 조선족 단체와 통역지원 서비스 업무협약을 체결하기로 한 것이다.

주칭다오 한국 총영사관은 협약 체결 이후 조선족 여성협회로부터 통역 봉사자를 추천받아 총영사 명의로 위촉장을 수여하고, 그에 따라 통역 봉사자 명단을 작성해 현지 공안부문에 전달하고 업무협조를 요청하였다. 생업에 종사하는 바쁜 와중에도 같은 민족의 어려움을 조금이라도 덜어주겠다는 마음으로 흔쾌히 통역 봉사활동에 임해준 칭다오 조선족 여성협회 이계화 회장님, 웨이하이 애심 협회 류홍란 회장님을 비롯한 회원님들에게 진심으로 감사드린다.

웨이하이에 울려 퍼진 우리 가락♫♪…, 아리랑

　　웨이하이 중세국제학교에서 우리 재중동포를 알리기 위해서 'K-Cultur에의 초대- 우리 소리·우리 가락' 행사를 진행하였다. 그날 내가 직접 사회를 보고 행사를 치렀는데 모두가 한마음으로 '아리랑' 노래를 부르는 모습을 보며 감격에 젖었던 기억이 난다.

　행사를 기획한 박진웅 총영사는 축사에서 "오늘 공연을 통해 웨이하이지역에서 한국 문화에 대한 이해와 관심이 높아지고 한국과 산둥성 간의 교류가 더욱 증진되기를 희망한다."라면서 "저희 총영사관은 앞으로도 산둥지역에 한국의 다양한 문화를 소개하고 전파하기 위해 다양한 K-Cultur 문화행사를 지속 개최할 예정으로 많은 관심을 가져주기를 당부드린다."라고 말했다.

　웨이하이 중세국제학교 학생들로 구성된 오케스트라 연주에 이어 양태양 전통예술원 유흥 대표 4명의 판굿(넓은 마당을 놀이판으로 하여 다양한 놀음을 순서대로 짜서 벌린다는 뜻의 판놀음의 개념)공연, 남원 국립민속국악원 창극단 방수미의 우리 소리 배우기, 김해련의 가야금 병창, 방수미의 판소리(흥보가 중 박타는 소리)가 있었다. 중세오케스트라의 공연에 맞추어 첨밀밀, 아리랑 등 연곡이 있었으며 사물놀이와 민용 공연도 진행되었다.

방수미 선생은 한국 '춘향가'에 관한 전통 계승자 중 한 분으로 어려서부터 각종 창극에 출연했고 지금도 한국 국립민속국악원에서 주역으로 활동하고 있다.

전통예술원 '유흥'팀은 인천 연수 구립전통예술단 악장인 양태양 대표와 중요무형문화제 이수자, 국립민속국안단원 등 명인들이 뜻을 모아 한국 전통농악의 문화적, 예술적 가치를 계승, 발전하기 위해 활발히 활동하고 있는 단체다.

우리소리 우리가락 행사 종료후 자원봉사자들과 함께
(웨이하이 애심협회 회원)

한중 FTA 시범지역으로 선정된 웨이하이지역에 한국의 전통소리 등을 소개함으로써 한국 문화에 대한 이해를 제고하는 한편, 양국 국민간 상호 이해와 우의 증진 도모를 목적으로 진행된 K-Culture 문화행사에 한중 양국 국민 600여 명이 참가하였는데, 행사가 끝난 뒤에도 문화공연의 전체 관중이 함께 일어나 손에 손을 잡고 아리랑을 합창하여 잔잔한 감동을 주었다. 우리의 소리, 우리의 가락을 두 손 맞잡고 부르는 모습은 가히 장관이었다. 아마 해외에서 울려 퍼진 우리 가락이라 더 사람들의 심금을 울렸는지도 모르겠다. 나 역시 계속 눈물이 흐르는 것을 주체할 수 없었고, 그 자리에 참석한 사람들 모두가 한마음으로 똘똘 뭉친 계기가 되었다. 우리 가락이 그토록 아름답다는 것을 처음 알게 된 좋은 경험이었다.

제7장

-

재외국민 보호를 위해

영사가 하는 재외국민 보호 업무수행 기본 원칙

영사의 업무 중 가장 우선인 것은 재외국민 보호이다. 이는 영사업무 지침 제3조에 다음과 같이 기재되어있다.

일반원칙

재외공관은 헌법상 규정된 국가의 기본의무인 재외국민 보호를 위하여 최선의 노력을 기울여야 하며, 재외공관이 보호 조치를 취해야 하는지의 여부가 불명확한 상황이 발생하는 경우에는 가급적 이에 해당하는 것으로 판단하여 적극적으로 재외국민 보호업무를 수행하여야 한다.

실제 4년 동안 현장에서 근무해보니 영사 조력 범위를 벗어난 무리한 요구(환전, 숙식비 제공, 택시비대납, 통역 서비스, 신변경호, 민사업무 처리 등)가 급증하고 있었고 영사관에 대해 민원수요 기대치가 매우 높았다.

나는 업무수행에 가장 중요한 태도는 바로 역지사지의 마음이라고 생각했다. 즉 내가 만약 이런 상황에 처했다면 어떤 마음이었을까? 하며 입장을 바꾸어 생각해보고, 어려움에 처한 재외국민이 대한민국 국민임을 자랑스럽게 여기도록 돕는다는 태도로 근무에 임하고자 노력했다. 또 선택의 순간에는 나의 몸이 조금 피곤하더라도 직접 몸으로 뛰자, 이렇게 마음을 먹고 일을 했기 때문에 어려운 일이 닥쳐도 잘 해결해낼 수 있었다고 생각한다.

세부 원칙으로는 다음과 같은 사항이 있었다.

영사 관계에 관한 비엔나 협약 등 관련 조약, 일반적으로 승인된 국제법규 및 주재국 법령을 준수하여야 한다.

현재 또는 미래의 다수 국민의 안전 또는 공공의 이익을 저해하지 않는 방향으로 재외국민보호 업무를 수행한다.

재외국민이 스스로 또는 연고자의 지원을 받아 문제를 해결할 수 있다고 판단되는 경우에는 지원하지 아니한다.

국내에서 발생하는 유사 사례 시 정부가 제공하는 보호의 수준을 초과하지 않음을 원칙으로 한다.

재외국민보호의 세부 범위와 수준을 정할 때는 사건, 사고 등 발생국가의 제도 및 문화 등 특수한 상황을 고려하여야 한다.

이처럼 외교부는 해외에서 발생하는 사건, 사고를 처리할 때 대형 사건 사고(지진, 해일 등 천재지변, 항공기, 선박사고 등), 피랍, 일반 사건 사고(살인, 강도, 사망사고, 실종, 행려병자 처리 등), 재외국민의 체포 및 재판(영사 면회, 변호인 조력권, 인권침해 등 파악), 인터폴 적색수배자 등 국외도피사범 국내송환 등의 업무수행이 고도의 전문성을 요구한다는 판단에 따라 재외국민 거주 및 왕래가 잦은 지역의 재외공관에 경찰관을 파견하여 재외국민보호 업무를 담당하도록 하고 있다.

이 외에 해당국 언어 구사능력과 업무수행 능력도 매우 중요하나, 가장 중요한 것은 해외에서 발생하는 사건 사고 처리를 위해 영사가 어떤 마음 자세로 임하느냐가 가장 중요하다고 생각한다.

산동성 방문 자국민들에 대한
총영사관 소개 및 안전교육 장면

재외국민보호 워크숍(영사협력원, 고문변호사단과 함께)

자주 발생하는 사건 유형 및 대처 요령

산둥성에는 한국 기업들이 다수 진출해 있어 현지 중국인들과의 토지 임대료 및 임금 등 경제 분쟁으로 인한 감금, 협박, 폭행, 기업 업무방해 등의 사건이 빈발하여, 현지 정부 및 공안당국과 적절한 해결책을 모색하고 있다.

그 밖에 산둥성 내 칭다오, 옌타이, 웨이하이, 지난 등 대도시는 치안 환경이 좋고, 지진 및 태풍 등 자연재해 피해가 거의 발생치 않아, 우리 국민이 밀집 거주하고 있다. 그러나 한국과의 접근성이 좋아 한국인과 관련되는 범죄가 날로 증가하는 추세이다.

중국 여행이나 체류 중 각종 사건 사고 시 대처요령은 다음과 같다.

경제분규(채권·채무)로 인한 납치 감금, 업무방해를 당할 때
① 사건 발생 유형
한국 기업인이 임금체납이나 물품 대금 미지급을 원인으로 중국 직원들 또는 거래상대방에 의해 사무실, 집 등에 감금하거나, 공장 문을 쇠사슬로 걸어 잠그고 문밖에 모래나 컨테이너, 자동차 등을 이용하여 업무방해하고 전기나 수도도 끊는 경우가 자주 발생하고 있다. 사인 간의 채무를 담보하기 위해 사람을 동원하여 우리 국민을 계속 따라다니면서 폭행과 협박을 하고, 도주를 방지한다는 이유로 여권을 빼앗은 뒤 집에 들어와 밖으로 못 나가게 감시하는 경우도 있다.

② 중국 공안의 대응 방식

중국 공안은 직접적이고 명백한 폭행 등 불법행위가 어느 정도 이루어지기 전까지는 개입하지 않으려는 경향이 있고, 사인 간 채권추심을 위한 납치 감금의 경우 형사 처벌의 가능성이 크지 않고 파출소 조사 후 피의자들이 석방되어 다시 우리 국민을 납치 감금하는 경우도 많다. 설령 중국인들의 불법행위가 있다 하더라도 한국인이 도망가면 남아있는 중국인 민원을 걱정하여 공안이 소극적으로 대응하는 편이다.

③ 총영사관 대응 및 피해 대처 요령

총영사관은 우리 국민에게 정부의 보호를 받고 있다는 사실을 깨닫게 하고, 심리적 안정을 꾀하기 위해 반드시 현장 출동을 원칙으로 한다. 중국 정부를 상대로 우리 국민의 신변안전 확보와 법의 테두리를 벗어나는 중국인들의 행위를 법에 따라 처리할 것을 강력히 요청하고 있다. 이와 같은 피해를 당했을 때는 제일 먼저 중국 공안 신고(110)와 관할 총영사관에 즉시 알려야 한다.

불법체류(행려병자) 문제

① 사건 발생 유형 및 문제점

　　　　중국 현지에서 장기간 불법 체류하는 우리 국민이 경제적·건강상 이유로 총영사관에 귀국 지원을 요청하는 사례가 최근 지속적으로 증가하고 있다. 불법체류는 중국 공안에서 처리할 업무임에도 한국으로 귀국하고자 하는 우리 국민을 총영사관에서 처리해주지 않는다며 항의하는 경우가 많고, 중국은 불법체류자의 경우 경제적 능력(통상 인민폐 1만 위안의 벌금 및 항공료 등)이 있는 경우에만 처리해주어, 벌금을 낼 능력도 없고, 중국에서 생활할 능력도 없는 우리 국민이 귀국 지원을 요청할 경우 총영사관에서 지원할 현실적 수단이 많지 않다.

※ 통상 총영사관을 방문한 장기불법체류자는 더는 버틸 수 없어 영사관을 찾아왔는데 벌금이 없으면 귀국할 수 없다니, 여기서 죽으라는 이야기가 아니냐면서 총영사관을 비난하는 일도 있다.

② 총영사관 대응

　　　　불법체류자의 귀국 요청 시 총영사관은 사안을 개별적으로 분석하여, 인도주의적 관점에서 처벌(벌금 및 구류) 면제를 요청하거나, 외교부의 긴급구난비(예산상 제약이 매우 큼), 당지 한인회 등 민간단체의 후원금으로 항공료 등을 마련하는 때도 있으나, 환자나 사회적 약자 등 극히 일부에 국한된다. 또한, 산둥성 정부와 총영사관과의 영사회의 시 당지 불법체류자에 대한 자진 신고제(가제) 등을 의제로 제안하는 등 불법체류자 구제 방안을 계속 연구하고 있다.

사망사고

① 사망사고 특징

청다오 총영사관은 산둥성 1개 성을 담당하고 있음에도 베이징, 상하이, 선양 등 재외국민이 비슷한 공관에 비해 사망사고가 압도적으로 자주 발생하고 있다. 해외 장기 체류 중에 제대로 된 치료를 받지 못한 병사가 많고, 관광객이나 주재원들의 돌연사(심장마비, 뇌출혈 등), 과음에 따른 질식사 등이 특히 빈발하고 있다.

※ 최근 3년간 청다오 181명, 선양 104명, 베이징 83명

② 병원 내 사망이나 사인이 명백한 정상 사망 외 비정상 사망의 경우

명확한 사망원인 규명을 위해 중국 공안의 장기간 수사에 시신 처리가 지연되는 경우에는 빠른 장례 절차 진행이 어려워 유가족의 불만이 고조되는 사례가 많고, 현지에 출장 또는 여행 중 사망한 경우 유족들이 현지에서 직접 업무처리를 할 수 없어 총영사관의 지원이 절실하다.

③ 총영사관 대응

단기 체류자 또는 당지에 유족이 없는 경우 가능한 범위 내에서, 도착비자 지원, 공항 영접, 시신 확인, 사망 증명서 발급, 동 증명서에 대한 공증·인증·영사 확인 등 최대한 지원하고 있고, 중국 공안의 유가족조사 시에는 가능한 한 동행하여 사망원인을 명확히 확인하고 있다.

여권 분실(여권 분실)

① 여권 분실의 중대성

비자가 면제된 국가에서는 여권을 분실하는 경우 총영사관을 통해 임시여권을 재발급받으면 귀국하는 데 별다른 어려움이 없지만, 중국은 반드시 출국용 비자 재발급을 요구하고 있기에 여권을 분실하면 공안 조사를 포함하여 여러 경로의 절차를 밟아야 할 뿐만 아니라 막대한 시간적, 경제적 손해를 감수해야 한다.

② 여권 및 비자 재발급 절차의 복잡성

여권을 분실한 경우에는 제일 먼저 관할 파출소에 방문하여 여권(별지 비자) 분실 사실을 신고하고, 출입경관리국에 분실증명서 발급 신청(통상 2~3주 소요)하고, 총영사관에서 임시여권 발급을 신청해야 한다. 임시여권이 발급되더라도 재차 출입경관리국에 방문하여 출국용 비자를 신청(통상 5일 소요)하는 등의 4단계를 거쳐야만 한다. 출장 및 여행자의 경우 상당한 기간 중국 현지에 머물러야 하므로 이러한 출국 비자가 필요한 중국의 시스템에 대한 불만이 총영사관에 향하는 경우가 많다.

강도, 절도, 상해, 폭행,
물품을 분실(여권 피탈, 분실 포함) 피해를 당했을 경우

위와 같은 피해를 당했을 때는 공안국(신고 전화 110)에 신고를 하고 즉시 관할 총영사관 재외국민보호 담당 부서에 연락하여 처리 절차를 문의하거나 도움을 요청해야 한다. 특히, 상해 등의 피해를 당할 시에는 사건 입건 후 조사 시 법의(의사) 감정을 받아야 하는데, 이는 국내와 다르게 공안이 지정한 의사에게만 진단서를 발부받아야 한다. 최근 외교부에서는 '영사 콜센터 무료전화 앱'을 시범 운영하고 있으니 플레이스토어나 앱스토어에서 해당 앱을 다운로드받아 사용하면 해외에서 위급한 상황을 맞이할 때 유용하게 사용할 수 있다.

가족이나 친지가 실종되었을 경우

영사관에 신고할 때는 실종자의 여행/체류 전후의 상세한 설명과 함께 실종자와의 관계 입증 서류(가족관계증명서 등)를 영사관에 팩스 및 이메일로 송부해야 하며, 국내 연락처를 반드시 통보해야 한다.

여행 중 지갑의 분실이나 사고로 금전이 부족할 경우

해외에서 뜻하지 않은 일이나 여행경비 부족으로 금전적으로 어려움에 처한 경우는 '해외신속송금제도'를 이용하여 1회에 한해 미화 3천 불까지 가능하다. 해외신속송금제도는 총영사관에 경비지원 요청을 하면 어려움에 처한 사람에게 지정된 계좌를 알려주고, 국내가족이나 지인이 직접 지정계좌에 입금하면 관할 영사관에서 입금 확인 즉시 긴급경비를 지급하는 제도이다.

중국 수사기관에 체포 또는 구금되었을 경우

중국 공안 등 수사기관에 의해 체포되거나 구금되었다면 절대 당황하지 말고 침착하게 수사당국의 절차에 따르고, 중국어를 이해하지 못할 때는 통역지원을 요청하거나 영사의 면담을 요청해야 한다. 중국어로 작성된 조서나 문서의 내용을 정확하게 알지 못할 시에는 함부로 서명하거나 손도장을 찍지 않아야 하고, 변호사를 선임하고자 할 때는 영사에게 변호사 소개를 요청할 수 있으며, 변호사 비용, 보석금, 소송비, 통역비 등은 본인이나 가족이 부담한다.

중국생활법률

중국 법원의 조직

중국의 심판기관은 우리나라와 같이 법원이고, 중국의 법원은 우리나라와 달리 4급 2심 종심제로 4급의 법원에서 두 심급의 심리를 거쳐 사건을 종결하는 제도를 채택하고 있다. 2심 법원의 재판 결과는 종국 판결로 당사자는 이에 대해 상소할 수 없다. 1개의 최고법원이 베이징에 있고, 각 성 및 직할시에 고급법원이 있으며, 각 시에는 중급법원, 각 현과 구에는 기층법원이 있다.

변호인의 선임

중국 형사소송법에 의해 범죄혐의자, 피고인은 스스로 변호권리를 행사하는 외에 변호인을 선임할 수 있으며 전문적인 변호사를 선임할 수 없거나 경제적 능력이 없을 때는 보호자, 친구, 친척을 변호인으로 지정할 수 있다. 중국은 수사단계에서 피의자의 가족, 친척, 지인들에 대한 면회가 거의 허가되지 않고, 선임된 변호사와 영사만이 면회할 수 있다. 변호사는 수사단계, 기소단계, 재판단계에 모두 관여할 수 있기에 가급적 수사단계에서 변호사를 일찍 선임하여 대처하는 것이 유리하다.

국선변호인 제도

　　　　재판단계에서 피고인이 경제적으로 곤궁하거나 기타 원인으로 변호인을 선임하지 못할 때는 법원은 법률지원 의무가 있는 변호사를 지정하여 피고인을 변호하게 할 수 있다. 따라서 한국인이 중국 법원에서 피고인으로 재판을 받는 경우라면 관할법원에 국선변호인을 지정해줄 것을 요구할 수 있고, 실무상 외국인이 신청한 경우에는 거의 인용된다고 보면 된다.

중국 형법 공소시효

　　중국 형법 제87조는 공소시효에 대해 다음과 같이 규정하고 있다.

① 법정최고형이 5년 미만의 유기 징역인 경우에는 5년
② 법정최고형이 5년 이상 10년 미만인 유기 징역의 경우에는 10년
③ 법정최고형이 10년 이상 유기 징역의 경우에는 15년
④ 법정최고형이 무기 징역, 사형인 경우에는 20년, 단 공소시효가
　　경과한 후에도 반드시 소추해야 하는 사안의 경우에는 최고검찰
　　원에 보고하고 심사비준을 얻으면 소추 가능

성매매 행위 시 처벌규정

　　　　중국에서 유흥업소 여종업원과의 일반적인 성매매를 한 경우에는 형법에 의한 형사처벌이 아니라 치안관리처벌법에 의한 행정처벌을 받게 된다. 성매매가 적발된 경우에는 10일 이상 15일 이하의 행정구류에 처하고, 5,000위안 이하의 벌금을 부과한다. 외국인의 경우에는 실무적으로 행정구류와 벌금 처분과 동시에 강제 출국을 병과하는 경우가 많기에 각별 유의해야 한다.

중국 투자 및 사업(개인사업자, 법인설립 등)

　　　　중국의 사업자유형은 우리나라와 마찬가지로 개인사업자와 법인사업자로 구분되나, 외국인의 경우 중국에서 개인사업자로 등록할 수 없고, 반드시 중국 국적자만이 개인사업자로 등록할 수 있다. 따라서 중국에서 사업을 영위하기 위해서는 중국법인을 설립해야 하며, 중국은 외국인 투자에 대해 업종을 장려류, 제한류, 금지류로 나누고 그 외의 업종은 허용업종으로 구분하고 있다. 중국에서 법인을 설립하기 전에 반드시 중국 현지 법률전문가의 상담을 통해, 취급하고자 하는 업종이 ① 금지업종이나 제한업종에 해당하는지 여부, ②영업장소의 합법성 여부, ③독자, 합자 또는 합작으로 설립할 것인지 여부, ④출자금 납입 및 방식에 대해 충분한 검토를 거쳐야 한다.

중국에서 취업한 외국인이 의무적으로 가입해야 하는 보험

중국에서 취업 중인 외국인은 원칙적으로 양로보험(국민연금), 의료보험, 실업보험(고용보험), 공상보험(산재보험), 생육보험(여성근로자 출산급여, 출산·의료비용 지원 사회보험) 등 5대 보험에 모두 가입하여야 한다. 다만, 한-중 간에는 사회보험 면제와 관련한 협정이 체결되어 양로보험과 실업보험은 일정한 조건으로 면제가 가능하다.

상표출원

중국에서 상표를 출원할 때 영문과 중국어만이 문자 상표로 식별되고, 만약 한국어로 상표를 출원한다면 문자가 아닌 '도안' 상표로 식별된다. 따라서 중국시장을 공략하기 위해서는 향후 중국시장에서 사용하게 될 한국 상표의 발음과 의미를 반영한 중문 상표를 작명하여 상표를 출원하는 것이 유리하다. 중국 상표국에 출원된 상표는 상표국의 검색시스템을 통해 유사한 선행상표가 존재하는지 반드시 확인해야 하며, 상표출원으로부터 등록까지 대략 1년가량 시간이 소요된다.

중국 입국 후에는 제일 먼저 거주신고부터

출입국관리법 제45조에 의거, 외국인은 중국 입국 후 반드시 거주신고를 해야 한다. 다만, 호텔 등 허가된 숙박업소에 투숙할 때는 '숙박등기'로 대체가 가능하다. 허가된 숙박업소 이외의 장소(예 : 민박집, 친인척의 집 등)에 투숙할 때는 집주인의 신분증이나 임대차계약서 및 본인의 여권 등을 지참하고 관할 파출소에 가서 '임시숙박등기표'를 작성해야 하고, 도시지역 체류는 24시간 이내, 농촌지역 체류는 72시간 이내 신고를 해야 한다. 만약 신고를 누락한 사실이 적발되면 과태료가 부과된다.

운전면허 취득

한국의 운전면허를 소지하고 있는 경우에는 중국에서 필기시험만 합격하면 중국의 운전면허를 취득할 수 있다. 한국어로 기재된 100문항 중 90점 이상을 득하면 된다. 만약 한국 면허가 없을 때는 운전면허 학원에 등록하여 필기와 실기시험을 모두 거쳐야 한다.

중국인과의 결혼 및 혼인신고

국제결혼 혼인신고의 경우에는 한국과 중국 중 어느 나라에서 신고하는지에 따라 그 절차가 달라진다.

①한국에서 먼저 혼인신고 하는 경우

중국 배우자 미혼증명 호구지 공증처 공증 → 각 성, 자치구, 직할시 외사판공실 인증 → 한국 혼인신고 등록지 제출 → 혼인관계증명서 발급 → 혼인관계증명서 번역 및 공증 → 외교부 인증 → 주한중국대사관 영사확인 → 중국 호적공무원 제출 및 혼인신고

②중국에서 먼저 혼인신고 후 한국에서 혼인신고하는 경우

한국 배우자 혼인관계증명서 발급 → 혼인관계증명서 중국어 번역 및 공증 → 외교부 인증 → 주한중국대사관 영사확인 → 중국 호적 관서 제출 및 혼인신고 → 결혼증명서 발급 → 결혼증명서 한국어 번역 및 호구지 공증처 공증 → 외사판공실 인증 → 한국 호적 소관부서 제출 및 혼인신고

중국에서 체류 중 유의해야 할 사항

중국에 체류하거나 여행하는 우리 국민은 중국의 법률과 행정 관할이며 중국의 법률과 관행을 존중하고 준수해야 한다. 우리 국민이 가해자거나 피해자 여부를 불문하고, 중국의 사법절차에 따라 수사하고 재판이 진행된다는 점을 유념해야 한다.

영사가 영사서비스 범위를 넘어 우리 국민의 주장만 대변할 경우 중국의 내정을 간섭하는 것이 되며, 이는 국제법 위반에 해당한다. 호텔 등 숙박업소에 투숙할 때는 귀중품은 호텔에 맡기거나 객실 내 금고에 안전하게 보관하고, 모르는 사람이 전화로 유인할 때는 여행 가이드나 친지에게 신중하게 연락하여 대처해야 한다.

보이스피싱 범죄에 당하지 않으려면

중국에서 영사로 재직하면서 보이스피싱 범죄와 관련된 사건은 매일같이 끊임없이 발생하였다. 그 범행수법도 매우 다양하고 신출귀몰하여 이루 글로 다 표현할 수 없을 정도이다. 보이스피싱 범죄를 당하려고 당하는 것이 아니라, 누구나 그 상황이 되면 어쩔 수 없이 당하게 된다.

최근에는 가족을 사칭하여 문자로 접근한 후 개인정보를 탈취해 자금을 가로채는 신종 보이스피싱이 발생하고 있다. 사기범들은 휴대폰 고장, 분실 등을 이유로 평소와 다른 전화번호를 사용하여 문자를 보내며 주민등록증 사본, 은행 계좌번호 및 비밀번호, 신용카드 번호 및 비밀번호 등을 요구하고 있다. 그리고 원격조정 앱 설치를 유도하여 피해자 명의의 계좌 개설 후 자금을 이체하고 대출을 받는 신종 수법을 사용하니 각별히 주의해야 한다.

또한, 택배 회사 직원을 사칭한 수법, 상품권 판매사기, 쇼핑몰 거래 사기, 구글 기프트 카드 구매 사기 등 신종 피싱 사기가 기승을 부리고 있다. 문자나 메신저로 금전 또는 상품권 구매를 요구받았다면 반드시 본인 여부를 전화로 확인하고, 출처가 불분명한 URL 주소는 절대 클

릭해서는 안 된다.

그리고 인터넷 거래 시 해당 거래 플랫폼이 아닌 외부 오픈 채팅을 통한 안전거래 사칭 URL 접속에 특히 주의해야 한다. 외부 오픈 채팅을 통해 URL 주소를 클릭하는 순간 그때부터 그 전화기는 내 전화기가 아니라 해킹을 당해 사기꾼의 손에 넘어갔다고 봐도 무방하다. 보이스피싱, 스미싱, 원격사기, 악성코드앱, 메신저피싱, 몸캠피싱 등 신종 금융사기 피해를 예방하는 필수 앱을 설치하는 것을 권장한다. 구글 플레이, 앱스토어에서 '스마트피싱보호'를 검색하면 된다.

만약, 금융기관이나 수사기관을 사칭하는 보이스피싱은 구속영장, 공무원증 등 위조서류를 피해자들에게 제시하여 진위 판단을 어렵게 하므로 피해를 보기 쉬운데, 이를 위해 검찰청에서는 '보이스피싱 서류, 진짜인지 알려줘 콜센터'(찐센터)가 개설되었다고 한다. 이런 경우 찐센터 010-3570-8242(빨리사기)로 전화를 걸면 담당 수사관들이 신속 정확하게 서류들을 확인해 안내해준다고 하니 유념하고 보이스피싱 피해를 예방하였으면 한다.

실종자를 찾아내는 매뉴얼

2017년 2월 6일, 중국 산둥성 칭다오시에 거주하는 우리 국민 이일섭으로부터 '인터넷게임 관련 업무를 취급하기 위해 중국에 입국한 우리 국민 박성광(1982년생)이 2개월 넘게 연락이 끊겼다.'라는 실종신고를 접수하였다.

중국에 들어가거나 중국에서 생활하는 친인척의 소식이 뜸하거나 없으면 종종 실종신고가 들어온다. 중국에 있는 사람을 한국에서는 찾아볼 방법이 없기에 총영사관으로 신고하는 것이다. 실종 신고가 들어오면 제일 먼저 한국 경찰에 기본조회를 하고, 중국 공안에 접수한 다음 가족 동의를 구해 한인 커뮤니티에 인적사항을 올리는 방법으로 실종자를 찾아낸다.

나는 실종 매뉴얼대로 신고접수 즉시 박성광의 중국 거주지, 현지 연락처, 직장명, 지인 등의 연락처를 확인하고자 신고인에게 문의하였으나 신고인은 관련 사항에 대해 아무것도 아는 내용이 없었다.

총영사관에서 여권정보를 조회한 결과, 동인은 2016년 1월 25일경 산둥성 칭다오공항을 통해 중국에 들어왔고, 그 이후 출입국 내역은 전혀 발견되지 않았다. 그러나 시일이 지나 비자가 만료되었고, 현재는 중국에서 불법체류자 신분으로 체류 중인 것으로 추정되었다.

2017년 2월 13일, 나는 산둥성 공안청에 위 박성광의 출입국기록, 비자 유효기간, 주숙등기 기록 조회를 요청하는 협조공문을 발송하고 중국 공안에 실종신고를 접수하였다. 그리고 다음 날 14:00경, 신고인 이일섭과 면담하여 실종자의 인상착의, 특이사항, 사건 개요 등을 상세히 들었다.

실종자는 국내거주 지인과 그간 긴밀히 연락을 유지하였고, 설 연휴 때 한국에 방문할 계획이었으나, 갑작스럽게 연락이 끊겼다는 것이다. 실종자는 미혼으로 인터넷 게임 관련 일을 하였으며, 부모와의 불화로 3년 전부터 각자 독립적인 생활을 하였기에 가족들은 동인에 관한 사항을 자세히 모르고 있었다.

나는 신고인으로부터 실종자의 사진을 받아 인터넷 한인 카페 등에 동인의 사진, 동인의 인상착의, 특이사항 등을 게시하는 등의 공개적인 방법으로 실종자를 찾는 방안에 대해 가족의 동의 여부를 구하면서 적극적으로 수사하였다.

대표적인 한인 카페는 '칭다오 한인들의 모임(칭한모)'이다. 회원 수는 55,000명이고, 하루 방문자는 30,000명이나 되는 대형 한인 커뮤니티이다. 이 커뮤니티의 채익주 대표는 총영사관의 협조요청이 있으면 실종자의 특징 등을 정리하여 카페 공지 사항에 신속하게 게시해준다. 특별한 사유가 없는 한 지인들에 의해 쉽게 실종자에 대한 정보를 알아낼 수 있었고, 박성광도 '칭한모'의 도움으로 찾을 수 있었다.

음주 사망 계도 만화 홍보물 제작해

칭다오 총영사관은 산둥성 1개 성을 관할하고 있음에도 베이징, 상하이, 선양 등 재외국민이 비슷한 공관에 비해 사망사고가 압도적으로 많았다. 특히 중국에 장기체류하거나 출장차 방문한 40대 이상의 중년 남성이 심근경색, 호흡곤란 등으로 사망하는 경우가 많은데, 이는 중국 술을 과음한 것이 상당 부분 영향을 미친 것으로 보인다. 중국의 술은 한국의 술보다 도수가 훨씬 높고 술을 마신 후 생각보다 많은 사고가 일어나는 편이다.

이에 총영사관에서는 음주사고를 미연에 방지하기 위해 계도 만화 홍보물을 만들기로 의견을 모았다. 우선 술, 특히 바이주에 관한 정보를 작성하여 이를 부천시 문화사업과 만화총괄팀 주무관에게 메일을 발송하고, 추가 내용을 총영사관 사건팀과 지속적으로 통화하여 보완하였다. 이렇게 해서 아래와 같은 내용을 정리하여 홍보만화 리플렛이 완성되었다.

중국인들과의 교류, 중국에서의 비즈니스에 있어 술의 중요성은 두말할 필요가 없을 정도입니다. 꽌시(關系)와 비즈니스의 성공에는 거나하게 취해 흉금을 털어놓을 수 있는 진한 술자리가 필수이기 때문입니다. 그래서인지 중국에서 비즈니스를 하는 사업가들이나 주재원들, 중국 각계 인사들과 교류하고자 하는 외교관들이나 저와 같은 특파원들 할 것 없이 술자리에 대한 의미 부여가 남다를 수밖에 없습니다.

어차피 취하기 위해 마시는 술이긴 하지만, 중국과 우리의 술 문화에는 약간의 차이점이 있습니다.

중국인들은 중요한 손님에게는 반드시 '바이주(白酒)'를 대접합니다. 꼭 그런 건 아니지만, 알코올 도수 50도가 넘는 독주를 고르는 경우가 많습니다. 우리나라 술 문화처럼 2차, 3차, 4차로 장소를 옮기며 이어지는 시리즈 술자리는 거의 드물고 처음 앉은 자리에서 끝을 보는 방식입니다. 정말 흥이 나면 노래방 기계를 들여와 노래를 부르기도 하지만, 그렇다고 차수를 변경하지는 않습니다.

우리와 달리 첨잔 문화가 발달하다 보니 술잔이 조금만 비어도 바로바로 술을 따라 줍니다. 물론 우리의 '원샷!'에 해당하는 '깐뻬이(乾杯 혹은 干杯, 잔을 깨끗이 비워라.)!', '먼치엔칭(門前淸, 당신 문 앞을 치워라.)', '셴간웨이징(先干爲敬, 먼저 비워 존경을 표합니다.)' 같은 수많은 건배 독려 구호들이 쉴새 없이 이어지기 때문에 금세 술기운이 오르게 마련입니다.

어느새 술자리는 비즈니스고 뭐고 자연스럽게 한중 주력 대결장으로 뒤바뀝니다. 지는 거 죽도록 싫어하는 한국 남자들은 누가 시키지도 않았는데 스스로 국가 대표가 되어 필살기인 '폭탄주'를 꺼내 듭니다. 독주에는 단련됐지만, 혼합주에는 취약한 중국 비즈니스 파트너와 친구들이 여기저기 나뒹구는 모습을 보면, "오늘 술자리는 성공이야." 이런 자기 만족감에 다시 한 번 취하곤 합니다. 결국, 홈그라운드도 아닌 타지에서 적지 않은 업무상 스트레스를 동반한 강도 높은 술자리들을 감당하다 보면 몸에 무리가 오는 건 어쩌면 당연한 결과일지도 모릅니다.

주중한국대사관 영사부가 만든 자료에 따르면 지난해 중국에서 숨진 우리 국민은 모두 118명이었습니다. 사망자 가운데 39.8%인 47명의 사인은 돌연사였습니다. 그 뒤로는 병사 29명(24.5%), 자살 19명(16.1%), 사고사 17명(14.4%), 자연사 6명(5%) 순이었습니다. 그런데 대부분 돌연사는 심근경색이었습니다. 국내에서도 돌연사의 비중이 높아지고 있긴 하지만 중국 땅에서 사망한 10명 가운데 4명이 돌연사했다는 건 분명 시사하는 바가 있을 듯싶습니다.

영사부 관계자는 돌연사의 원인으로 조심스레 과도한 음주를 꼽았습니다. 그도 그럴 것이 중국에 장기 체류하는 한국인들은 주로 비즈니스 종사자들이고, 단기 체류자들의 상당수는 출장자들이라 스트레스와 과로에서 자유롭지 않고, 업무·직업상 알코올 도수 높은 중국 술에 만취할 가능성이 큰 게 사실입니다. 칭다오(33명)와 선양(18명), 광저우(17명) 등 한국 기업들이 밀집해 있는 지역에서 사망한 한국인의 숫자가 베이징(17명)이나 상하이(15명) 등 대도시 지역을 앞지른 것을 봐도 이런 추측이 꽤 설득력 있음을 뒷받침하고 있습니다.

이에 주중한국대사관 영사부 측은 이런 인과 관계를 입증하기 위해 관련 기관에 조사를 의뢰한다는 계획이어서 조만간 의미 있는 결과가 나올 것으로 보입니다. 중국 체류 우리 국민이나 단기 출장자들을 위한 절주, 금주 교육이 필요한 상황이 올지도 모르겠습니다.

음주로 인한 불행을 막기 위해 공격적인 건배 구호부터 바꿔보는 건 어떨까요? '원샷!', '깐뻬이!' 같은 강제적이고 무모한 구호 대신 건강을 생각하며 술자리 참석자들을 배려하는 구호도 얼마든지 있습니다. 프랑스와 이탈리아에서는 '당신의 건강을 위해'라는 뜻으로 "아보뜨르 샹떼!", "아레 샹떼!"를 외치고 스페인에서는 "살루트 아무르 이페세타스!(당신의 건강과 사랑과 돈을 위해서)"라 말하고, 바이킹의 후손인 북유럽에선 "스콜(건강)!"이라고 소리친다고 합니다.

중국에서 유용하게 써먹을 수 있는 건배 구호 몇 가지를 적어봅니다.

"샤오허지우, 두오츠차이!(少喝酒, 多吃菜 - 술은 적게, 음식은 많이)"

"웨이러지엔캉, 샤오허웨이샹!(爲了健康, 少喝爲上 - 건강을 위해, 절주가 최고)"

음주 사망 계도 만화 리플릿

제8장

-

산둥성 여행 추천

산둥성에서 꼭 가봐야 할 곳

태산이 높다 하되 – 태산(泰山) 일출

　　　　태산은 중국 산둥성 중부 타이산산맥의 주봉으로 높이 1,545m, 총면적 426㎢, 중국의 5대 명산의 하나인 동악으로 가장 신성하게 여겼던 산이다. 조선 중기의 문신이며 서예가로 이름이 높은 미인별곡의 작가 양사언의 시조의 배경이 되는 태산이 바로 중국 산둥성에 자리잡고 있다.

　나는 매년 12월 31일 밤에 태산 기슭의 홍문으로부터 산 정상의 남천문까지 6,293개의 돌계단을 밟고 태산 정상에 올라 새해 첫 일출의 장관을 경험하였다. 그 돌계단은 역대 중국 황제들이 태산을 오를 때의 어도였다. 중국 역대 황제들이 하늘의 뜻을 받드는 봉선(封禪) 의식을 거행한 곳으로 대권을 꿈꾸는 한국의 정치인들 사이에서 복을 비는 성산(聖山)으로 통한다.

　'태산을 오를 때 비를 맞으면 큰 뜻을 이룬다.'라는 속설 때문이다. 한국 정치인들 사이에서 태산이 주목을 받은 계기는 김대중(DJ) 전 대통령의 등정이었다. DJ는 국민회의 총재였던 1996년 6월, 대선을 6개월가량 앞두고 중국을 방문했다가 태산에 올랐다.

　DJ가 태산에 올랐을 때 마침 비가 내렸는데, 이때 중국인 가이드가

"대통령이 된다는 징조"라고 속삭인 것이 일행들을 통해 알려지면서 '태산에 오르면서 비를 맞으면 뜻하는 바를 이룬다.'라는 중국의 속설이 유명세를 탔다. 반기문 유엔 사무총장도 내가 총영사관에 근무할 당시 비 오는 날 우산을 쓰고 태산에 등반하였다고 들었다.

태산 등반(박창우 아시아나항공
칭다오 법인장과 함께)

중국은 한국과 마찬가지로 산에서 일출을 감상하는 문화가 있다. 황산, 보타산 등 주요 명산에서 일출을 맞이하려는 인파가 끊이지 않는다. 그중 으뜸은 바로 태산이다. 중국 오악 중 동악이자 지존으로 꼽히는 명산인 태산은 중국 고고학자이자 역사학자인 곽말약이 "태산은 중화 문화사의 축소판이며 결정판"이라고 할 정도로 정신사적, 종교적, 문명사적으로 중요한 산이다. 세계에서 유일무이한 봉선제(황제들이 하늘과 땅에 지내는 제사) 문화가 있고 중화 민족의 정신적 기원이기도 하다.

버스와 케이블카를 통해 정상 바로 밑 남천문까지 오를 수 있으나, 일출을 보려면 걸어서 올라가야 한다. 앞뒤로 수많은 등산객의 행렬이 이어지기 때문에 길을 잃을 염려는 없다. 중국 명절이나 새해에는 하루 수만 명이 방문하여 소원을 비는 곳이다. 태산 정상 부근에 수많은 여관과 식당들이 즐비하게 있어서 휴식을 취한 후 새해 일출을 볼 수 있다. 나는 운이 좋게도 새해의 장엄한 일출을 매번 볼 수 있었다. 나는 그렇게 일출을 보면서 새해 각오를 다지곤 하였다.

많은 한국 관광객들이 국내 대형 여행사를 통해 중국의 유명한 관광지를 가곤 하는데, 산둥반도 전 지역 현지 관광은 물론 중국 유명관광지 상품을 취급하는 현지 여행사 중에서 가장 큰 규모를 자랑하는 여행사 대표도 바로 우리 조선족 동포이다.

현지 여행사에 대한 불만이나 가이드와의 다툼을 이유로 총영사관에서 중재해주기를 요청하는 민원도 종종 있었기에 개인적으로 친분이 있는 중국 칭다오 장청투어 대표인 송태환 동생에게 "사업가로서 돈을 버는 것도 중요하지만, 한국 관광객들이 가슴속에 아름다운 기억이 남을 수 있는 프로그램을 개발하고, 여행가이드의 의식 수준을 높이는 데 신경 써 달라."고 자주 당부하곤 했다.

솔직히 한국 관광객들이 중국 여행에 불만이 많았던 점도 엄연한 사실이다. 송 대표도 그간 자신을 포함한 중국 현지 여행사들이 한국 손님들을 대상으로 영업이익에 주안점을 두고 쇼핑 위주의 관광 상품을 내놓은 점에 대해 흔쾌히 인정하면서 개선이 필요하다고 하였다.

송 대표는 그러한 문제점을 인식하고 지난 10여 년간보다 나은 서비스를 제공하기 위해 중국 유수의 호텔과 계약을 체결하여 최저 호텔요금 경쟁력을 갖추었고, 수백 명에 이르는 여행가이드에 대한 주기적인 교육을 통해 서비스의 질을 높였다. 또한 장가계, 태항산, 태산 등 중국의 유명관광지와 총판계약을 맺어 최고의 경쟁력을 갖추고 있다고 자신

있게 말했다.

송 대표 자신도 젊은 시절 한국에서 자장면 배달을 하면서 돈을 모았다면서 어려운 시절 자신에게 기회를 주었던 한국에 감사하는 마음을 가지고 있고, 그 은혜에 조금이나마 보답하려는 마음으로 한국 손님들을 잘 대접하겠다고 덧붙였다. 홈쇼핑 등을 통해 매우 저렴한 가격에 중국 여행이 가능하고 한국인을 위한 중국 관광 상품이 계속 개발되고 있는 것도 우리 동포들이 운영하는 여행사가 중국 현지에서 경쟁력을 갖추고 있기 때문이라고 생각한다.

해상왕 장보고의 숨결을 찾아서- 적산법화원, 장보고 기념관

적산법화원(赤山法華院)은 통일신라 흥덕왕(826 836) 때 장보고(張保皐)가 신라인 집단거주지였던 산둥반도 적산촌(赤山村)에 세운 사찰로서 '신라원' 중 가장 유명하였다.

장보고는 재당 시절 적산 지방에서 경제적 기반을 마련하였으며, 당나라 무령군(武寧軍)의 소장(少將)으로 있을 때 적산법화원을 창건하였다(823년). 이 사찰은 1년 수확량이 500섬이나 되는 토지를 기본재산으로 건립된 것으로, 장보고는 이를 통해 향후 무역활동을 위한 기반을 마련하였다.

적산법화원은 당나라에 거주하는 신라인의 신앙 거점인 동시에 항해의 안전을 기원하는 예배처였다. 이외에도 신라와의 연락기관 역할을 하였고, 당나라로 건너가는 신라의 승려는 물론 일본의 승려들도 이곳을 거쳐 가며 많은 도움을 받았다.

일본 천태종(天台宗)의 승려 엔닌[圓仁]이 쓴『입당구법순례행기(入唐求法巡禮行記)』에는 신라 불교의 의식이 자세히 기록되었다. 그 기록에 따르면 당나라의 승려로서 신라의 승려를 시봉(侍奉)하여 스승으로 섬기는 자도 있었다고 한다.

일본 승려 엔닌 일행이 머물다 돌아가 쓴 이 기록 때문에 한때 '일본의 절'로 잘못 알려지기도 하였으나, 한중수교 이후 이를 바로잡고 적산법화원 경내에 장보고 기념관이 세워져있다.

장보고 기념관 앞에서(산동성 공무원 시찰단과 함께)

적산법화원은 당나라 무종(845년) 때 불교 탄압으로 파손되었으나 일본인 승려 엔닌(圓仁)의 저술『입당구법순례행기』의 내용을 근거로 1998년 중건되었다. 현재 영성(榮成)시 석도진(石島鎭) 적산(赤山) 기슭에 자리잡고 있다.

적산법화원 경내에는 장보고 기념관, 기념비, 적산명신상 등 다양한 건축물을 만나 볼 수 있다. 장보고와 관련하여 한국 관광객들을 위한 한글 안내가 있어서 관람하는 데 별다른 어려움은 없기에 산책하면서 역사를 알아가는 재미가 쏠쏠하다. 적산명신상을 직접 가서 보면 높이만 50m에 이르러 사진에 다 담을 수 없을 규모를 자랑한다. 직산명신상을 뒤로 하고 석도(石島)의 멋진 풍경을 만끽하는 코스를 추천한다. 생각보다 볼거리도 많고 시원시원한 장관들을 마주하면서 대륙의 스케일에 감탄하지 않을 수 없게 된다.

공자(孔子)의 고향– 곡부(曲阜)

공자는 고대 유가 사상의 대가로 주대 문화의 전통의례와 전통음악의 보존지로 유명한 산둥성 곡부시에서 태어났다. 그가 태어난 음력 8월 27일에는 공자의 탄생을 기념해 예로부터 그에게 제사를 지내왔는데, 1984년에는 이를 계기로 '공자 탄신 고향 관광' 항목을 개발해 국내외 관광객들을 불러 모았고, 1989년에는 국제 공자문화제로 개칭했다.

그때부터 매년 9월 26일에서 29일까지 4일간 행사가 진행되는데 내용으로는 공자제, 대형 방고 '공자 제전 악무' 개막식, 공자 제전 전시회, 공자 고향 서예전, 공자 가족 묘지전 및 공자 출생지 유람과 공자 수학여행, 공자 고향 혼인풍속쇼, 산둥요리 짓기 등이 있다.

공자의 고향인 곡부시는 제남 남쪽에 위치한 산둥성의 작은 도시로, 제남에서 곡부행 직행버스가 많이 있다. 3시간 정도면 도착할 수 있는 거리로 공부, 공묘, 공림 등 공자의 흔적이 담긴 유적지와 유물이 보존

되어있다.

공부(孔府)는 중국의 역대 황제 중에 공자를 받들지 않은 이가 없었기 때문에 공자의 종손에게는 제후와 동등한 지위를 주었다. 송나라 때부터는 종손에게 연성공(衍聖公)이란 작위가 주어졌다. 그래서 공자의 종손은 제사를 모시는 기능 외에도 제후로서의 기능도 담당하고있었다.

공자가 살아있을 때는 가옥이 3칸뿐이었다고 한다. 이후 역대 황제가 그의 자손들에 대한 여러 차례의 하사를 거쳐 공부의 규모가 부단히 확대되었고 현재는 16ha에 달하며 대청 가옥이 463칸이다.

공묘(孔廟)는 공자를 모신 사당으로 사당 중에는 세계 최대의 규모를 자랑한다. 북경의 고궁(故宮)과 태안의 대묘(岱廟)와 함께 중국 3대 건축물의 하나로 꼽힌다.

대성전(大成殿)은 공자의 위패(位牌)를 모시는 전각(殿閣)으로 공자의 위패를 중앙에 모시고 안자(顔子), 증자(曾子), 자사(子思), 맹자(孟子) 등 4성(四聖)을 좌우에 모시고 있다. 대성전에 생민미유(生民未有 : 백성이 생긴 이래 공자와 같은 사람은 없다.)라는 대형 편액이 초층 문 입구에 걸려있다. 내부에는 금빛 찬란한 닫집을 짓고 공자상을 모시고있으며 위패에는 지성선사공자신위(至聖先師孔子神位)라 쓰여있다. 면류관을 쓰고 두 손을 공손히 모으고 홀을 잡고있는데 소상의 복장은 제왕에 해당하는 격식을 갖추고 있다. 소상은 문혁 때 파괴된 것을 1982년 황금 48량(兩)을 들여 복원한 것이라 한다.

공림(孔林)은 공자와 그 후손들의 묘가 있는 20ha나 되는 울창한 숲이다. 공림의 전문(前門)에 해당하는 지성임방(至聖林坊)에 들어서면 이림문(二林門)이 나온다. 이림문에는 삼림이 울창하게 둘러쳐져 있고 여기서 북쪽으로 뻗은 7km의 도로를 통하여 왼쪽으로 가면 주영교(株永橋)가 보인다.

삼도(參道) 앞에 있는 황색 유리 지붕을 얹은 붉은 벽 건물이 공자의 제자를 지낼 때 향단이 설치되는 곳이다. 그 뒤에 공자의 묘가 있다. 금색의 전서(篆書)로 '대성지성문선왕묘(大成至聖文宣王墓)'라고 쓰여있다. 공자의 문 왼편에 있는 작은 집은 제자인 자공(子貢)이 공자가 세상을 떠난 후 6년간 묘를 지키던 곳이다.

여기서 팁을 하나 주자면 공자 말씀 5문장을 중국어로 암송하면 삼공 즉 공묘, 공부, 공림을 무료로 입장할 수 있게 해주고, 합격증에 해당하는 인증서를 발급해준다. 외국인은 5문장만 외우면 되지만, 중국인의 경우 30문장을 외워야 무료로 입장할 수 있다.

유공도(劉公島)

중국 산둥반도의 동쪽 끝자락 웨이하이시에 있는 유공도는 북양함대의 사령부가 있었던 곳이다. 청일전쟁에서 패배한 치욕의 장소로 그날의 치욕을 잊지 않기 위해 갑오 전쟁 박물관을 유공도에 건립하여 교육의 장으로 활용하고 바다에서 건져 올린 전쟁 유품들과 사진 자료를 전시하고 있다. 웨이하이 관광 부두에서 배를 타고 20분 정도 소요된다.

하늘과 이어진 황하(黃河)와 인접한 유공도(劉公島)는 뒤로는 푸르른 웨이하이만(威海灣)을 끼고있어 '변경을 지키는 울타리', '침몰하지 않는 함대'라 불린다. 유공도는 동쪽 연해 지방을 지키는 군사 요충지이며, 중국 근대사에서 첫 번째 해군이었던 청정부 북양함대의 탄생지이자 갑오 청일전쟁의 격전지이기도 하다. 이 때문에 유공도는 유명한 관광지뿐만이 아니라 애국주의 교육기지이다.

유구한 중화 민족의 역사를 찾아서…,
웨이하이 화하성 신유화하 야간공연(威海 华夏城 神游华夏)

유공도에서 주간 관광을 마쳤다면 저녁에는 웨이하이시 경제구 시내에 있는 화하타운 관광단지의 동양문화 체험구역을 둘러보기를 추천한다. 이곳에서는 매년 5월부터 10월까지 매일 저녁 2회에 걸쳐 공연이 펼쳐진다. 중국의 역사를 한눈에 보여주는 초대형 공연으로 1,000여 명을 수용하는 거대한 객석이 360도 회전하는 배에 좌석이 설치되어 관람할 수 있는데 매회 좌석이 꽉 찰 만큼 웨이하이를 찾는 관광객들에겐 빼놓을 수 없는 관광코스이다.

화하성 입구에서 공연장까지 카트로 이동할 수 있지만, 주변의 멋진 조형물과 풍경을 감상하면서 도보로 이동하는 것을 적극적으로 추천한다. 주변 시설로는 웨이하이 화하 그룹에서 운영하는 호텔과 리조트, 그리고 대규모 공원들이 밀집해있는데 그 규모가 엄청나다.

화하성 신유화하 공연은 산둥성 관광국과 웨이하이시 인민정부가 연합하여 설립한 웨이하이 화하타운 관광그룹이 4.1억 위안을 투자하고, 중국의 저명한 대감독인 자오안리가 연출한 작품이다.

실제 산과 호수를 무대로 펼치는 초대형 공연으로 수시로 바뀌는 자연·인공 경관을 배경으로 수천 명의 출연진이 호수와 육지, 공중 등 사방팔방에서 중국의 5천 년 역사와 문명을 주제로 화려하고 거대한 장관을 연출한다.

화하성 공연 한장면

신유화하 공연은 중국 역사를 한눈에 볼 수 있는 한편의 역사 뮤지컬이라고도 할 수 있는데 간략하게 공연 내용을 소개하자면, '개벽천지'를 거쳐 '화합', '세외도원' 등 일곱 개 장면의 진산 진수의 무대 변화와 엄청난 스케일에 놀라 눈을 뜰 수가 없을 지경이다. 매회 장면마다 탄성을 지르게한다.

한 장면이 끝나면 배가 회전하면서 다음 세트장으로 이어지는데 하나의 산 전체가 무대이다. 공연에 참여한 배우들의 숫자만 해도 셀 수 없을 정도이고, 산 중턱에서 말을 탄 수많은 병사가 호수 아래까지 실제로 뛰어오고, 엄청난 규모의 폭포수가 떨어지는 장면을 보노라면 매 순간 감탄을 자아내지 않을 수 없다.

산둥성에 관광차 방문한 지인들에게 반드시 소개하는 코스이고, 공연을 본 지인들은 매번 "다음 생에 이런 공연을 또 볼 수 있을지 모르겠다. 너무 좋았다."라는 반응을 보였다. 웨이하이를 방문한다면 반드시 보고가길 추천한다.

제9장

-

삶의 현장에서

대림동에 법률사무실을 차려

　　주칭다오 대한민국 총영사관에서 지난 4년간 사건·사고를 전담하여 처리했던 경찰 영사의 소임을 마치고 한국으로 돌아왔다. 귀국 후 명예퇴직을 한 나는 대림동에 2019년 12월 13일 '물무산 법무사무소'를 차렸다. 공직을 시작하면서부터 50세가 되면 내가 소망하는 일을 조금은 젊을 때 시작하고 싶었다.

　　대부분의 공직생활을 수사 분야에서 근무하였고, 영사 재직 시에도 사건·사고 업무를 주로 취급하였기에 한국에 돌아와서도 가끔 어려움에 처한 중국인 친구들이나 중국동포의 애로사항을 전하면서 법률상담이 끊이지 않았다. 그들은 언어와 문화 차이, 다소 높은 문턱 때문에 한국에서는 적절한 법률서비스를 제공하지 못하는 것도 사실이었다.

　　내가 중국에서 근무할 때 그분들에게 많은 도움을 받았는데 이제 한국에 돌아와서는 여기에 살고 계신 분들에게 도움을 주었으면 좋겠다는 생각이 들었다. 마침 많은 중국 친구들이 내가 직접 그들을 위해 도움이 되는 일을 해주길 희망하는 건의도 받았다. 그래서 사무실을 차리게 된 것이다.

가끔은 돈이 없어서 사건을 해결하지 못하는 사람들도 있는데 듣다 보면 사정이 딱해서 서류를 다 작성해주고 그야말로 주머니에 있는 돈만 실비로 받는 경우도 종종 있다. 그들의 형언할 수 없이 고마워하는 마음은 이미 느낄 수 있었고, 사실 그것으로 충분했다. 사무실 위치는 한국에 있는 재중동포들이 많이 모여 사는 대림동으로 정했다.

물무산은 내가 태어난 전남 영광의 뒷산 이름이다. 무엇보다 내가 어릴 때부터 뛰어놀던 산이라 정감도 가고, 이 산 정상에 용바위가 있는데 용이 살았다는 전설이 있는 산이어서 영험하다는 소문을 어려서부터 듣고 자랐기에 물무산이라 이름 지었다.

한국으로 복귀할 때 칭다오공항 환송모습
(저자 우측이 백두산양로원 손옥남 설립자)

중국에서 4년간 영사로 재직한 경험을 자산 삼아 한국뿐만 아니라 중국에서 활동하는 한국인과 중국 동포를 위한 법률서비스에 몰두할 수 있으리라 생각된다.

사무실을 오픈하는 날 100여 개 축하 화분이 들어왔는데 그중에는 웨이하이 "5911" 사건 당시 부모들이 보내온 화환이 있어 가슴이 찡했다.

오픈식에는 전 주칭다오 대한민국 총영사관 이수존 총영사를 비롯한 동료 영사들이 많이 참석하여 축하해주었다.

주요 업무는 민사, 형사분야의 소송과 집행뿐만 아니라 부동산 등기, 개인 및 법인의 파산과 회생, 기업 법무, 성견후견 등 업무도 동시에 처리하고 있는데 나 외에도 5명의 법률전문가가 함께 근무하고 있다.

의뢰인의 고충을 청취하고 서류로 애로사항을 구현하는 데 많은 시간이 걸렸다. 그리고 법정에서 그들의 애틋한 마음을 진솔하게 전달해줄 뜻있는 변호사의 참여가 절실하였다.

그 와중에 최근 나와 함께 중국 동포들이 한국생활에 안착하는 데 어려움이 없도록 작은 힘이나마 돕겠다고 동참해준 김장환 변호사를 만나게 되어 큰 힘이 되고 있다. 그는 연세대학교 법학과를 졸업하고 43회 사법고시(연수원 33기)에 합격한 후 2004년 변호사 사무실을 개업했으며 신아 법무법인, 대화 법무법인 등에서 변호사로 활약했던 유능한 변호사이다.

무엇보다 의뢰인의 아픔을 나의 아픔처럼 생각해주는 따뜻한 마음의 소유자인 그를 만나 여러 이야기를 나누었다. 이길 수 없는 사건은 어쩔 수 없지만, 억울하게 져서는 안 될 사건은 절대 지지 않도록 돕겠다, 또 외국인이라는 이유로 불이익을 받지 않게 하겠다는 각오로 그는 나와 의기투합했다.

"이 영사님의 따뜻한 마음을 알았기에 그 여정에 흔쾌히 동참하겠습니다."

김장환 변호사와 함께하고부터는 나는 마치 천군만마를 얻은 듯 힘이 솟았다. 여러 곳에서 김 변호사의 능력을 탐냈지만, 나와 함께 일하기로 마음먹은 그 마음이 참으로 고마웠다.

사무실을 연 후 기억나는 사건 몇 가지만 소개한다.

조선족 동포 여성이 한국 남자에게 2억 원이라는 큰돈을 빌려주고 단 한 푼의 돈도 돌려받지 못해 경찰서에 형사고소를 하였는데, 고소장 내용에 하자가 있어 오히려 무고죄로 처벌받은 사안이었다.

한국 법을 잘 아는 한국 남자는 중국 동포 여성이 한국법을 잘 모른다는 점을 악용하여 그 여성에게 경제적, 정신적 피해를 주었음에도 담보로 제공한 부동산을 모두 처분하고 아무런 책임도 지지 않고 버젓이 잘살고있었다. 그런데 항소기간이 지나 형이 확정되었고, 민사소송을 통해 채권확보를 할 수 없는 상황에서 나를 찾아온 것이었다. 막대한 피해를 받은 동포 여성에게 제대로 된 법률 조언만 있었더라도 이러한 억울함은 당하지 않았을 것이다.

이 사건 외에도 환전하는 과정에서 보이스피싱 범죄조직에 이용당해 가해자로 오인되어 조사를 받는 동포들이 의외로 많고, 한국 기업에 물건을 납품하고 물품 대금을 받지 못하는 경우, 정당하게 일을 했음에도 임금을 받지 못하는 사안 등 나의 도움이 필요한 경우가 너무 많았다.

결혼을 앞두고 신혼방을 계약하기 위해 저축한 돈을 인출해야 하는

데 금융사기 계좌와 관련이 있다는 이유로 지급이 정지되는 사례도 있었다. 조사해보니 환전상을 통해 환전하는 과정에서 입금된 돈이 금융 피해자로부터 입금받은 계좌에서 재차 의뢰인의 계좌로 송금한 것이 이유였다.

나는 진술서와 의견서를 작성해서 해당 수사기관과 금융기관에 제출하고, 대전시에 거주하는 피해자를 경찰서에서 만나 그간의 상황을 충분히 설명하였다. 또한, 의뢰인에게 환전한 돈을 입금해준 환전상에게 우선 피해금을 변제하도록 조치함으로써 겨우 계좌를 풀 수 있었다. 이처럼 한국에 생활하는 동포들이 환전하는 과정에서 본의 아니게 피해를 받을 수 있기에 각별한 주의가 필요하다.

하루는 식당에서 일하면서 다리를 접질려 골절상을 당한 동포 아주머니가 딱한 사정으로 나를 찾아왔다. 원칙적으로는 근무 중에 다쳤으면 그 치료비는 당연히 한국인 업주가 부담해야 했다. 그러나 그 식당은 손님들의 상해에 대해서만 보험이 가입되어있었고, 동포 아주머니는 사장의 계속되는 요청을 거부할 수 없었고 한국 사정을 잘 알지 못해 마치 손님으로 왔다가 다친 것처럼 보험사에 신고한 것이었다. 그로 인해 아무 사정도 모르는 그분은 보험사기 피의자가 된 것이다.

나는 보험금을 편취하려는 영득 의사가 전혀 없었다는 점, 한국의 보험체계를 잘 알지 못한 상황에서 업주가 주도적으로 처리한 점을 주장하면서 그 아주머니의 억울함을 풀어주었다. 아주머니는 지금도 가끔 나에게 위챗으로 아침 인사를 해주시곤 한다. 한국에서 열심히 생활하시는 그분의 모습만 봐도 보람을 느낀다.

한번은 대림동에서 조선족 동포가 술을 마시고 택시를 타고 가다가 기사와 트러블이 생겨 신고당한 사건이 발생했다. 그는 경찰 입건, 검찰 기소를 거쳐 법원의 약식재판으로 인해 벌금형을 선고받았다. 폭행에 가담하지 않았고, 중국 동포 말투를 쓴다는 이유만으로 무시당하여 일방적으로 폭행을 당했음에도 아무런 대처를 하지 못한 것이다.

나는 그 즉시 정식재판을 청구하여 그의 억울함을 위해 법률 조력을 하였다. 한국에 거주하는 외국인이 500만 한화 이상의 벌금형이나 형사처벌이 내려지면 무조건 추방된다. 이 사건을 접한 나는 발 벗고 나서서 당사자의 억울함을 호소하여 원만하게 처리되었다.

20년간 형제처럼 지내던 한국 사람의 변심으로 큰 피해를 받은 분의 사연도 안타깝기 그지없다. 최근 코로나로 인해 중국으로부터 마스크 제조 기계가 많이 수입되었다. 웨이하이에서 낚시 관련 제품을 생산하는 기업의 대표인 동포분은 20년간 인연을 맺고 지내던 한국 기업가로부터 마스크 기계 도입을 위한 도움을 요청받고 단 한 푼의 이익도 남기지 않고 성심성의껏 도움을 주었다. 더군다나 자비를 들여 중국에서 기술자를 데리고 와서 설치까지 다 해주었으나, 마스크 과다 생산으로 가격이 대폭락하자 기계대금을 지불하지 않을 목적으로 도움을 주었던 동포를 형사처벌을 받도록 허위로 고소하면서 무고까지 하였다.

나는 해당 사건을 의뢰받는 순간 차오르는 분노를 참을 수 없었다. 한국 법을 잘 모른다고 자신의 이익을 챙기기 위해서 없는 죄까지 만들어 무고하다니…. 지금도 사건은 진행 중이고, 심장혈관이 막혀 건강이 좋지 못한 그 동포분은 제대로 된 치료도 받지 못할 뿐만 아니라 한국에 체류하는 동안 끊었던 담배를 하루에 3갑 넘게 피우고 계신다. 그만큼 억울함이 크다는 것에 대한 반증이다.

나는 어떻게든 그분의 억울함을 풀어드리는 데 최선을 다해볼 각오다. 다만 한 가지 아쉬운 점이 있다면, 억울함을 풀기 위한 증거가 되는 중국 은행의 거래 내역서, 중국 기업의 법인도장이 날인된 서류를 공증까지 했음에도 한국의 수사기관, 법원 등에서 진정한 서류로 인정하지 않으려는 태도를 보여 난감할 때가 많았다. 그 정도로 예전 중국에서 발행한 가짜서류가 많았다는 것이다.

이 지면을 통해 한국에서 생활하는 중국 동포분들에게 당부할 말이 있다.

종종 중국어와 한국어가 병행된 계약서를 접할 때가 많다. 중국어를 해석하면 큰 문제가 되지 않는 계약서인데, 한국어 번역이 제대로 되지 않은 계약서를 볼 때면 많은 아쉬움이 남는다.

일반인이라면 법률용어를 활용한 번역의 어려움도 있을 것이다. 가령 계약서 내용도 번역하다 보면 무슨 말인지 뜻이 통하지 않을 때가 있다. 내용도 어색하고, 뜻도 제대로 알 수 없을 때도 있다. 그래서 법률상담을 받을 때는 의뢰인이 전달하고자 하는 바가 무엇인지를 정확하게 파악해야 한다. 특히 어감이나 말투를 주의 깊게 듣는 것이 매우 중요하다. 그래야만 수사기관이나 법원에 그들의 의사전달을 명확하게 할 수 있다. 가장 중요한 것은 어떤 계약을 체결하든지 사전에 충분히 문구를 검토하고 법률책임의 근거를 명기해야 한다. 그래야만 나중에 법률 다툼을 통해 권리를 보전받을 수 있다. 그 방면에서는 내가 큰 장점이 있다고 자부한다.

사건을 처리하다 보면 억울한 사정이 있어도 그것을 입증할 증거를 모두 폐기하여 어려움을 당할 때가 종종 있었다. 대부분의 중국 사람들은 카카오톡보다는 위챗을 주로 사용한다. 환전을 의뢰받거나, 거래할 때 상대방과 주고받은 대화 내용이 주로 위챗에 담겨있다. 결국, 증거는 위챗에 있기에 되도록 대화 내용을 지우면 안 된다. 나는 종종 위챗 대화 내용을 캡처한 파일을 출력하고, 그 자료에 한국어로 된 설명을 곁들여 무죄를 입증하는 용도로 유용하게 사용해서 좋은 결과를 얻었다.

사실 중국 칭다오에서 근무한 연수는 4년이지만, 그간 사귄 친구가 한국에서 사귄 친구들보다 더 많은 편이다. 그래서 한국에 진출해 생활하는 조선족 동포들이 억울함을 당하지 않도록 하고 그들의 권익 신장을 위해 그 누구보다 발 벗고 노력할 책임이 나에게 있다고 생각한다.

사람에게는 누구나 재능이 있다. 그런데 나의 재능은 누군가를 도와주는 것이 아닐까 하는 생각이 든다. 다행히 그런 일이 나의 성격과 적성에도 맞는 것 같아 내 힘닿는 데까지 열심히 할 생각이다.

중성청태 한국 대표처 고문 맡아

　　나는 중성청태 한국 대표처의 고문으로 한국과 중국의 가교역할을 담당하고 있다. 또 법무법인 효명, 법무법인 맥 등 국내의 유수 법무법인의 고문도 함께 역임하고 있다. 중성청태(中成淸泰) 로펌은 중국의 실력 있는 로펌인 중성인화(中成仁和) 변호사 사무소와 청태(淸泰) 변호사 사무실이 지난 2015년 3월 합병하여 설립되었는데 두 곳 모두 20여 년간 성공적으로 업무능력을 인정받은 로펌이다.

중성청태 한국대표처 고문 위촉패

　　이뿐만 아니라 산둥성과 지난성에 본부를 두고, 제남, 칭다오, 베이징, 쯔보, 덕주, 빈저우, 둥잉, 요성, 성양, 옌타이, 웨이팡 등 12개 분소를 두고 있다.

　　또 수백 명에 이르는 우수한 변호사와 법률 전문가로 구성되었고, 영어, 중국어, 한국어, 일어, 러시아어 등을 능숙하게 구사하는 직원들이 있어서 효율적으로 업무를 분담하고 있다.

무엇보다 법무법인의 규모가 크고, 중국과 해외의 유명 로펌으로 구성된 중세율소 연맹에 가입함으로써 국내외 고객들에게 글로벌 법률서비스를 제공하는 시스템이 정비되어있다.

중성청태 법률사무소는 중고급 비소송 법률서비스와 전통적인 소송업무, 국제업무, 도시건설, 부동산, 회사증권, 금융보험, 지적재산권, 환경자원, 정부 컨설턴트, 중소기업법률서비스, 해사해상, 세법, 노동인력, 형사 등 전문분야를 망라하여 법률서비스를 제공하고 있다.

나는 중국의 대형 법무법인인 중성청태와 같은 든든한 우군을 배경으로 중국에 진출하려는 한국 기업의 안착과 중국에서 어려움을 겪고 있는 우리 국민에게 작은 도움이라도 되고 싶은 심정이다.

추천의 글

怀一颗赤子之心，勇担重任，在异国他乡为陷于困境的同胞提供帮助，让他们感受到爱、感受到温暖。您的坚毅、和善、负责的品格将会引领您更上一层楼！青岛市即墨区白头山老年公寓 金雪花

    국가를 위한 진정한 마음과 막중한 책임감을 가지고 타국에 있는 동포들의 어려움을 도왔던 이강원 영사…, 그를 통해 진정한 사랑과 따뜻함이 무엇인지를 느꼈습니다. 그가 가진 강인함, 선량함, 책임감은 그를 더욱 발전시키리라 확신합니다.

중국 칭다오시 지모구 백두산양로원 원장 김설화

    오랜 해외 생활 동안 느꼈던 대한민국 영사 시스템에 대한 불신과 원망을 한방에 잊게해주신 영사님, 대관 업무만 하시며 편하게 대우받고 지내실 수도 있으셨으나, 항상 현장과 교민의 곁에서 가족 같은 마음으로 고군분투하시던 열혈영사의 모습을 다시는 볼 수 없다는 게 아쉬울 뿐입니다.

중국 요녕성 안산화인 R&D센터 총경리 이건태

이강원 영사는 외교관이기 전에 친구였다. 처음 만나는 사람일지라도 그와 몇 번 만나면 이내 그의 인간적 매력에 빠져든다. 그래서인지 그의 주위에는 항상 그를 돕고자 하는 한국인, 중국인과 조선족 동포 친구들이 수두룩하였다.

　이강원 영사는 걸출한 외교관이었다. 그는 지난 2017년 5월 웨이하이 유치원 참사사건을 포함하여 4년 동안 칭다오 영사관에 근무하면서 매일같이 발생하는 한국인들의 사건, 사고를 처리했으며 그의 손을 거쳐 대부분 원만하게 해결되었다.

　그의 이러한 뛰어난 장점들은 어떻게 생기게 된 것일까 생각해보았다. 아마도 그의 타고난 붙임성과 리더십, 투철한 직업 정신, 그리고 조국과 한민족을 사랑하는 뜨거운 사랑을 가슴에 품고 있었기 때문이 아닐까 싶다.

한중관계가 바야흐로 밀월관계로 들어서는 시점에 이강원 영사와 같은 인재의 보석 같은 역할이 빛을 발휘할 시점이 온 것 같다.

흑룡강 신문사 산둥지사 박영만 지사장(산둥 주재 24년 차 기자 생활)

공무원 사명을 넘어 진정한 봉사와 희생으로 교민과 동포, 그리고 직원들까지…, 한 사람 한 사람의 존재감을 소중히 하며 자신을 헌신한 이강원 영사님과의 칭다오 시간은 함께한 분들이라면 그와의 이별을 마음 아파하고 잊지 못할 것입니다.

이번에 나오는 이강원 영사님의 책은 여러분들이 중국에서 생활하는데 조금이나마 든든한 나침반이자 지팡이가 되어드릴 것이라 확신합니다.

그간 겪어보지 못한 어려운 상황 속에서 힘들어하는 여러분들에게 이 글들은 따뜻함과 감동을 전달하고, 지친 삶 속에 새로운 희망을 찾게 도울 것입니다.

막막하고 힘들었던 순간, 손을 내밀고 일으켜주시는 이강원 영사님께 항상 감사드리며, 독자 여러분들도 이 책을 통해 이강원 영사님과 소중한 인연을 만드시길 바랍니다.

주칭다오 대한민국 총영사관 연구원 이은영

이런 영사님 또 없습니다.

제가 처음 봤던 이강원 영사님은 친근한 미소로 바로 사람에게 호감을 주는 그런 모습이었습니다. 특유의 친화력으로 사람을 끄는 묘한 매력을 지닌 분입니다. 한국인이 많아 사건 사고도 끊임없이 일어나는 중국 칭다오에서 사건·사고 담당 영사로서 항상 현장에서 움직이는 모습은 우리 칭다오 한국인들에게 큰 귀감을 주셨습니다.

이강원 영사님이 4년 칭다오에서의 생생한 모습이 담긴 책을 발간하신다고 하니 기쁨을 넘어 우리에게 꼭 필요한 책이라고 생각합니다. 나아가 한중간의 관계, 그리고 그 안에서 사람들 특히 조선족 동포를 바라보는 태도 등은 우리에게 새로운 시선을 던져줍니다. 제게 영사의 새로운 시선을 갖게한 이강원 영사님께 감사드립니다.

칭다오 한인들의 모임(칭한모) 대표 채익주

我所认识的李康源领事是一位非常热情、有责任心、有担当的外交人员。作为领馆的法律顾问，我见证了李领事在工作当中的兢兢业业和尽职尽责，同时又看到了李领事为凝聚民族感情，给予本地朝鲜族同胞的众多关心和帮助。李领事在著作中客观、真实、精准反应了朝鲜族的现实生活和民族特性，为中韩两国民众正确认识朝鲜族、消除误解、促进民族团结，有着重要的意义。

山东众成清泰律师事务所高级合伙人金允国

내가 아는 이강원 영사는 아주 열정적이고 책임감 있는 대한민국 외교관이다. 나는 영사관 고문변호사로서 이 영사가 맡은 일에 최선을 다하는 모습과 민족정감을 결집하기 위해 중국 동포에게 많은 관심과 도움을 주는 모습도 보았다. 이 영사는 조선족 동포들의 현실과 민족적 특성을 객관적이고 진실하게 반영하였다. 대한민국 국민이 중국 동포에 대해 제대로 인식하게 하고 그간의 오해를 불식시킴으로써 민족의 단합을 촉진하는 데 크게 기여하였다.

산둥성 중성청태 법률사무소 선임변호사 김윤국

특명, 재외국민을 보호하라

펴 낸 날 2021년 2월 20일
2쇄 펴낸날 2021년 3월 1일

지 은 이 이강원
펴 낸 이 이기성
편집팀장 이윤숙
기획편집 윤가영, 이지희, 서해주
표지디자인 윤가영
책임마케팅 강보현, 김성욱
펴 낸 곳 도서출판 생각나눔
출판등록 제 2018-000288호
주   소 서울 잔다리로7안길 22, 태성빌딩 3층
전   화 02-325-5100
팩   스 02-325-5101
홈페이지 www.생각나눔.kr
이 메 일 bookmain@think-book.com

• 책값은 표지 뒷면에 표기되어 있습니다.
  ISBN   979-11-7048-197-3 (03810)

• 이 도서의 국립중앙도서관 출판 시 도서목록(CIP)은 서지정보유통지원시스템 홈페이지(http://seoji.nl.go.kr)와 국가자료공동목록시스템(http://www.nl.go.kr/kolisnet)에서 이용하실 수 있습니다